Metamanagement

Tomo 1
Principios

DISEÑO DE TAPA Y MAQUETACIÓN DE INTERIORES
Estudio Manela y Asociados

FREDY KOFMAN

Metamanagement

La nueva con-ciencia
de los negocios

Cómo hacer de su vida profesional
una obra de arte

Tomo 1
Principios

GRANICA

BUENOS AIRES - MÉXICO - SANTIAGO - MONTEVIDEO

© 2001, 2003 *by* Ediciones Granica S.A.

BUENOS AIRES   Ediciones Granica S.A.
Lavalle 1634 - 3º G
C 1048 AAN, Buenos Aires, Argentina
Tel.: +5411-4374-1456 / Fax: +5411-4373-0669
E-mail: buenosaires@granica.com

MÉXICO   Ediciones Granica México S.A. de C.V.
Cerrada 1º de Mayo 21
Col. Naucalpan Centro
53000 Naucalpan, México
Tel.: +5255-536-1010
Fax: +5255-536-1100
E-mail: mexico@granica.com

SANTIAGO   Ediciones Granica de Chile S.A.
E-mail: santiago@granica.com

MONTEVIDEO   Ediciones Granica S.A.
Salto 1212
11200 Montevideo, Uruguay
Tel.: +5982-409-6948/+5982-400-4307
Fax: +5982-408-2977
E-mail: montevideo@granica.com

www.granica.com

I.S.B.N. obra completa: 950-641-329-0
I.S.B.N. Vol. 1: 950-641-330-4

Hecho el depósito que marca la ley 11.76623

Impreso en Argentina. *Printed in Argentina*

ALGUNOS COMENTARIOS PREVIOS A LA PUBLICACIÓN DE *METAMANAGEMENT*

FREDY KOFMAN ES UN EXTRAORDINARIO MAESTRO y sintetizador. Sus ideas combinan profundidad filosófica con aplicabilidad práctica. Sus seminarios han ayudado a miles de managers a desarrollar capacidades para la efectividad y la integridad colectivas. Celebro la publicación de *Metamanagement*, ya que hace accesibles sus enseñanzas a una audiencia mucho mayor.

Metamanagement es una obra fundamental para nuestros tiempos. Pocas ideas de la era industrial han sido más destructivas que la fragmentación entre la vida ética y el éxito económico. Se nos está acabando el tiempo para corregir esta fractura. Creo que Fredy Kofman ofrece un conjunto de herramientas únicas para integrar formas de vida honorables con organizaciones innovadoras.

Peter Senge, profesor del MIT y autor de
La quinta disciplina, **Boston, Massachusetts, EE.UU.**

La calidad y profundidad de *Metamanagement* lo convierten en un libro "extra-ordinario". Aplicar sus conceptos requiere un enorme compromiso personal, romper con la forma "natural" de hacer las cosas y hasta nadar en contra de la corriente cultural. Pero el esfuerzo bien vale la pena. La recompensa es un mejor manager, una persona más efectiva y una mayor calidad de vida.

Fredy Kofman es una de las mentes más brillantes y el mejor docente que he conocido. Su genio, sensibilidad y pasión por la sabiduría, lo hacen un gran compañero en el camino de expansión de la conciencia.

Vicente Di Loreto, director de Control Operativo, Grupo Clarín, Buenos Aires, Argentina

Metamanagement es lectura obligatoria para aquellos que quieren ser más efectivos en sus vidas, sea en los negocios, otras organizaciones o en sus relaciones personales. Fredy ha tomado las herramientas de la maestría personal y el aprendizaje organizacional y las ha traducido en aplicaciones concretas para el día a día. Tanto en Chrysler como en DTE Energy, el trabajo de Fredy nos ha permitido modificar nuestra cultura de manera mucho más veloz y sostenible que otros esfuerzos.

La filosofía de Fredy es cambiar el mundo a partir de la transformación personal. Si usted está buscando un libro para "arreglar a los demás", este es el lugar equivocado. Si está dispuesto a iniciar un viaje personal de aprendizaje y cambio, empiece a leer inmediatamente.

David E. Meador, vicepresidente senior de Finanzas y Tesorería en DTE Energy, y ex ejecutivo de Finanzas en Chrysler Corporation, Detroit, Michigan, EE.UU.

Metamanagement es un libro extraordinario que refleja el genio, la agudeza y el corazón de Fredy Kofman. Enfoca directamente los desafíos más importantes de la vida: decir la verdad (honestidad), vivir la verdad (autenticidad) y descubrir la verdad sobre nosotros mismos (madurez). La sabiduría del autor, junto con sus herramientas tan prácticas, generan efectividad, claridad e integridad. Las ideas de este libro tendrán impacto en el mundo de los negocios por muchos años.

Leo Burke, director de Executive Education de la Universidad de Notre Dame y ex decano de Motorola University, Chicago, Illinois, EE.UU.

La vida y obra de Fredy Kofman se enfocan en la producción de resultados económicos a través del comportamiento íntegro. Práctico, útil para la acción y profundo, *Metamanagement* es el regalo de un verdadero maestro. Los capítulos sobre responsabilidad incondicional y compromisos conversacionales por sí solos, hacen de este un libro de lectura obligatoria. Nadie verdaderamente interesado en desarrollar su conciencia y sus negocios puede obviar este estupendo trabajo.

Michael Putz, manager de Desarrollo de Negocios, Cisco Systems, San José, California, EE.UU.

Fredy Kofman aborda las cuestiones fundamentales a que nos enfrentamos los líderes de negocios, con principios, profundidad y pragmatismo. Mi trabajo con él ha producido un cambio fundamental en la manera como concibo las relaciones con clientes, accionistas, colegas y empleados. La diferencia entre Fredy y otros que han intentado utilizar enfoques parecidos está en que él rehúsa subordinar los principios trascendentes al éxito de corto plazo. Él sabe bien que esto no sólo no genera resultados satisfactorios, sino que alimenta el cinismo y vacuna contra la verdadera transformación.

Micael Cimet, vicepresidente corporativo y presidente de EDS América Latina, San Pablo, Brasil

Fredy Kofman es un genio con un corazón tan grande como su cerebro, si es que eso es posible. En este notable libro, Fredy nos lleva en un viaje emocionante hacia lo que sería el mundo de los negocios si tuviera tanto un corazón como una mente –una conciencia– integrales. El resultado es una teoría y una práctica de negocios capaz de transformar a las personas, a las organizaciones y al mundo.

Ken Wilber, autor de *A Theory of Everything: an integral vision for business, politics, science, and spirituality; Sexo, ecología y espiritualidad; conciencia sin fronteras; Breve historia de las cosas*, etc., Boulder, Colorado, EE.UU.

Fredy Kofman fue más allá que muchos de nosotros para buscar el corazón del management. Al volver, nos ayuda a comprender que nuestra efectividad y la de nuestras organizaciones depende mucho menos de los títulos universitarios que de la posibilidad de ejercer efectivamente nuestra humanidad en el trabajo del día a día.

Horacio Eduardo Quirós, director corporativo de Recursos Humanos, Grupo Clarín S.A., Buenos Aires, Argentina

Fredy Kofman captura la esencia del empowerment, no solo personal, sino también grupal y organizacional. La lectura de su trabajo seguramente provocará comentarios tales como "por supuesto", "es obvio", "siempre había creído esto". Pero la integración de este material en una disciplina aplicada con regularidad, es cualquier cosa menos obvia. Las herramientas de *Metamanagement* son la mejor clave que he encontrado para mejorar como manager y como ser humano.

Jim Neikirk, director de Servicios Corporativos, Entergy Corp., Nueva Orleans, Luisiana, EE.UU.

Hay en mi vida un antes y un después marcado por la lectura de *Metamanagement*. Su profundidad, su visión del mundo y su bondad son un desafío constante para la mente y el corazón. *Metamanagement* es una oportunidad única de asomarse a la identidad entre el Alma y la Mente Estratégica. Es una obra llena de inteligencia, sabiduría, creatividad, amor y coraje. Reúne a la filosofía más elevada con la práctica más contundente. Hará que sus lectores se alegren de haberlo abordado y se enorgullezcan de poner en práctica sus enseñanzas.

César Grinstein, profesor universitario y consultor, Buenos Aires, Argentina

Fredy Kofman pone patas para arriba las ideas convencionales sobre efectividad en el management. Su mensaje es directo, lleno de humor y maravillosamente práctico.

Susan Skjei, consultora y profesora, ex vicepresidenta y Chief Learning Officer (ejecutiva a cargo del aprendizaje), Storage Tek, Denver, Colorado, EE.UU.

Este libro será una inspiración constante para quienquiera que lo lea. Si eres empresario, o tienes participación en una estructura organizacional, este libro es para ti. Si eres padre o madre, o eres parte de una comunidad de trabajo, religiosa, política, o de negocios, este libro es para ti.

Mario Oyarzún, médico cirujano, especialista en microcirugía oftálmica, Concepción, Chile

Nada de cuanto he aprendido en mi carrera profesional me ha resultado más práctico que *Metamanagement* para mejorar la efectividad de los equipos y de las organizaciones con los que interactúo. Pero *Metamanagement* va más allá: los conceptos contenidos en este libro son manifestaciones de una profunda filosofía de vida que trasciende el mundo de los negocios. *Metamanagement,* al igual que los programas de Fredy Kofman están repletos de prácticas personales, alta adrenalina, y experiencias de aprendizaje imposibles de olvidar.

Ricardo Gil, director de Recursos Humanos para América Latina, Electronic Data Systems, Buenos Aires, Argentina

Metamanagement es una galería de arte donde se exhiben las soluciones más simples y originales para problemas aparentemente insalvables. El trabajo de Fredy Kofman es profundo pero sumamente práctico. Más de mil empleados de nuestra compañía conocen, comparten y se benefician de sus ideas.

Lic. Delfor Ibarra, gerente de Recursos Humanos y miembro del Comité de dirección, Ferrum S.A., Buenos Aires, Argentina

Metamanagement nos aloja en un espacio de reflexión donde la unidad del ser, su autoconciencia y compromiso nos hacen capaces de ir hacia lo grupal a fin de conducir las organizaciones hacia la excelencia.

Enrique Sturzembaum, gerente de Recursos Humanos, Pluspetrol, Buenos Aires, Argentina

Fredy Kofman es una de las personas más inteligentes e independientes que uno podría encontrar, un antídoto para esta era de pensamiento-rebaño y conformismo. Hay una arrogancia y auto-suficiencia en mucho de la "nueva economía" que requiere como compensación la humildad de pensar en los demás y preocuparse por ellos, actitudes que propone la disciplina de *Metamanagement.*

Peter Koestenbaum, maestro, consultor y autor de
Liderazgo: el otro lado de la grandeza,
San Diego, California, EE.UU.

Metamanagement es un valioso marco de reflexión en el camino de liderazgo. Su llamada continua a la acción alienta siempre la busca de una manera nueva, creativa, liberadora, de entender el entorno y afrontar el futuro con entusiasmo.
**Antonio Pérez, Country Manager de Electronic
Data Systems, Distrito Federal, México**

Metamanagement es la clave para la transformación y el desarrollo del ser humano en la corporación. La aplicación de sus ideas puede guiar a cualquier individuo y compañía a un nivel más avanzado de conciencia, rendimiento y satisfacción. Este libro es lectura obligatoria para todos aquellos que quieran adquirir métodos probados para cambiar personalmente y liderar el cambio en sus organizaciones.
**Bob Richards, presidente de Clarus Transphase,
Nueva York, EE.UU.**

Desde 1994, he trabajado con los principios, aplicaciones y filosofía de *Metamanagement.* He visto sus efectos benéficos tanto en mí mismo como en mis colaboradores. En lo personal, luego de tantos años de ver el management desde lo racional y lo lógico, me incorporó la posibilidad de vivirlo desde lo emocional y lo espiritual. Este trabajo me ayudó a apreciar el valor trascendente de las relaciones humanas. También me permitió lograr una armonía personal que, de haberla practicado desde mi juventud, probablemente me hubiera sometido a menos estrés, úlceras, hipertensión y tumores.

José Luis Roces, consultor internacional y profesor en la Universidad de San Andrés, la Escuela de Negocios de IDEA y la Facultad de Ingeniería de la Universidad de Buenos Aires, Buenos Aires, Argentina

El trabajo de Fredy Kofman con The Neenan Company ha generado una cuadruplicación de los ingresos y las ganancias en menos de tres años, y nos convirtió en una de las mayores compañías de construcción de Colorado. Hace tiempo que le vengo rogando a Fredy que publique los ensayos que tanto nos han ayudado a operar con conciencia y dignidad. Ahora que están aquí, ¡el resto depende de usted!

David Neenan, presidente y Chief Executive Officer de The Neenan Company, Denver, Colorado, EE.UU.

Al fin de este maravilloso viaje kofmanesco uno llega a la fuente de toda excelencia en management y liderazgo: uno mismo. Este libro es un requerimiento para todos aquellos que deseen ayudar a sus organizaciones (y a sí mismos) a alcanzar nuevos niveles de conciencia y desempeño.

Frank J. Trogus, vicepresidente de Tecnología de Equilon Enterprises, Houston, Texas, EE.UU.

Metamanagement opera como un "cricket de la conciencia" que permite que uno se vea como constructor de su realidad y artífice de su destino.

Horacio Rieznik, gerente de Procesos de Aprendizaje y Cambio, Grupo Clarín, Buenos Aires, Argentina

Durante mi vida profesional, la única experiencia de verdadera transformación que he encontrado es el trabajo de Fredy Kofman. A través de los años corroboro cómo cada una de las herramientas aprendidas me ayudan a resolver numerosas situaciones conflictivas de mi actividad laboral y personal. *Metamanagement* es una invitación a tomar un papel protagónico en la vida, a ser efectivo y auténticamente humano.

Alejandro Melamed, gerente de Desarrollo Organizacional de Coca-Cola, División Latinoamérica-Sur, Buenos Aires, Argentina

Fredy Kofman es un pensador original que despierta a la gente para que actúe con gran responsabilidad, integridad, y coraje. Es un escritor de conciencia y un escritor de talento. Tiene la habilidad de destilar ideas filosóficas en programas de acción pragmáticos que producen cambios inmediatos en la persona y la organización. Si usted quiere demostrar sus valores éticos más elevados en su vida de negocios, *Metamanagement* es la guía perfecta.

Tami Simon, Chief Executive Officer, SoundsTrue, Boulder, Colorado, EE.UU.

Metamanagement es un excelente trabajo sobre el liderazgo y el aprendizaje organizacional. Es una obra que hace un aporte muy importante a quienes trabajan o quieren profundizar en temas de desarrollo empresarial.

Mario A. Fiocchi, Fibertel, Buenos Aires, Argentina

Metamanagement no es un libro, sino un viaje pleno de revelaciones. Fredy Kofman nos ofrece las herramientas para mejorar el desempeño, las relaciones y la calidad de vida que las escuelas de negocios son incapaces de proveer. Esto es sabiduría práctica y no convencional. La guía más completa para el empowerment y el enriquecimiento en todos los dominios de la vida.

Greig Trosper, gerente general de Consultoría Empresaria, Electronic Data Systems, Plano, Texas, EE.UU.

Nunca me había encontrado con conceptos tan simples y a la vez revolucionarios. Sueño con que todo el mundo pueda tener acceso a los conocimientos que contiene *Metamanagement*.

Julio Colliard, empresario independiente, Buenos Aires, Argentina

CONTENIDO

ÍNDICE TOMO 1

PRÓLOGO
DE PETER M. SENGE

Durante los dos últimos diez años se ha visto una explosión de libros con recetas de management. El único problema es que la mayoría de esas recetas no son aplicables. La vida es demasiado contingente, compleja y emergente para ajustarse a una fórmula. Saber lo que debe hacerse, y ser capaz de hacerlo son dos cosas diferentes. En consecuencia, cuanto mayor es nuestro aprendizaje acerca de compañías excelentes, estrategias exitosas o líderes visionarios, menor es nuestra capacidad para construir esas compañías, poner en práctica esas estrategias o convertirnos en esos líderes. El "saber-acerca-de" (*know-about*) se halla mucho más avanzado que el "saber-hacer" (*know-how*) en el campo del management. ¿Qué es, entonces, lo que está faltando?

Irónicamente, creo que lo que está faltando es exactamente lo que según muchos best-sellers de management hace la diferencia: la dimensión humana en la empresa. A pesar de que llegan a esta conclusión, la mayoría de los libros no habla de cómo hacer para cultivar y activar esas capacidades humanas, capacidades que en definitiva determinan el éxito o el fracaso de cualquier cambio organizacional significativo. Hay un amplio acuerdo sobre qué necesitamos hacer, pero muy poca ayuda para aquellos que queremos hacerlo.

Creo que lo que más está faltando es, fundamentalmente, una profunda comprensión de lo que significa desarrollar una organización como una comunidad humana con conciencia. Fredy Kofman argumenta que una organización consciente comienza con el descubrimiento de aquello que nos resulta significativo, con un compromiso para alcanzar una visión que exceda a nuestras capacidades individuales, una visión que conecte a la gente en un esfuerzo común con sentido genuino. Tal compromiso nace en las personas que asumen responsabilidad incondicional ante su situación, y en la manera en que eligen responder a ella.

Antes de dedicarnos a construir una organización inteligente (*learning organization*), cada uno de nosotros debe escoger que le interesa más: saber o aprender. El verdadero aprendizaje nos pone frente al miedo, la incertidumbre, la vergüenza , la incompetencia, la vulnerabilidad y a la realidad de necesitarnos mutuamente. Al comprometernos con el aprendizaje, comenzamos a ver el trabajo cotidiano como una continua danza con el otro. Descubrimos que nuestros logros descansan en la calidad de nuestras conversaciones, porque la efectividad del trabajo conjunto depende de la comunicación, las relaciones y el compromiso con una misión común.

Como sostiene Fredy, una empresa florece o fracasa en base a su capacidad técnica y emocional, su integridad y su capacidad para generar "optimismo espiritual". Más importante aún, Fredy nos muestra lo que necesitamos para construir estas capacidades. En efecto, nos ofrece un mapa detallado y una especie de manual de instrucciones para construir una conciencia colectiva.

Cuando lo conocí, Fredy era un joven profesor de Contabilidad en el MIT, un profesor extremadamente inusual. Por ejemplo, solía comenzar sus clases haciendo que sus estudiantes escucharan a Beethoven; repetía la misma obra media docena de veces, para que los alumnos notaran que *cada vez* podían oír algo diferente. ¿Cómo era posible tal cosa cuando la música no había cambiado?

De esa manera ellos descubrían sorprendidos que la música no estaba en el CD *sino en su escucha*.

Este, señalaba Fredy, es el principio de la contabilidad: la información es valiosa sólo en tanto es interpretada por el modelo mental del oyente. Fredy argumentaba que el único propósito que justifica la medición del desempeño es el de aumentar la capacidad de la gente para producir los resultados que verdaderamente desea. Si esto se analiza en profundidad, se deduce que la verdad no está "en los números" sino en el sentido que somos capaces de darles. Más aún: la distinción entre la contabilidad que genera aprendizaje y la que no lo hace, yace en la capacidad de esta última para cultivar la conciencia de aquellos que deben usarla. El foco debe colocarse no en la información en sí misma, sino en el efecto que causa sobre los productores (contadores) y sobre los usuarios (managers) de dicha información. ¿Los ayuda a aprender y a superarse? ¿Los alienta a desafiar y mejorar continuamente sus supuestos? ¿Les permite verse como parte de una comunidad humana que aprende a crear su futuro?

Entonces, como ahora, Fredy afirmaba que la clave para la excelencia organizacional era la transformación de nuestras prácticas de control unilateral en culturas de aprendizaje mutuo. Cuando las personas se abren a desafiar y mejorar continuamente su mapa de la realidad, en vez de tratar a esas perspectivas como *La* verdad, liberan una tremenda energía productiva.

Las clases de Fredy no eran para todo el mundo. La mayoría de sus estudiantes las veían como una experiencia transformadora que les cambiaba la vida, por eso lo eligieron "Profesor del Año". Pero cada semestre, había uno o dos que se quejaban al decano y pedían que echaran a ese lunático que enseñaba contabilidad gerencial como práctica espiritual. Tampoco este libro es para todo el mundo. Como dice Dave Meador, vicepresidente de Finanzas de Detroit Energy, "si usted está buscando un libro para 'arreglar a otros', este es el lugar equivocado".

Recientemente, escuché en un encuentro de SOL (Society for Organizacional Learning), dos presentaciones de managers de mucho éxito: Roger Saillant, quien fue ejecutivo de Ford y ahora es CEO de una compañía de energía, y Grez Merten, ex gerente general durante diez años en la división más rentable de Hewlett Packard. Al cabo de cada presentación, quedé impresionado por el mensaje fundamental que cada uno de ellos había pronunciado. Era el mismo mensaje que he escuchado a lo largo de muchos años a un sin número de managers exitosos que reflexionan sobre su experiencia. La esencia de su trabajo radica en "liberar el poder de la gente", como dijo Salliant; en "aprovechar la imaginación y el compromiso del ser humano", en palabras de Merten. Y cada uno de ellos llegó a la conclusión de que este es un viaje profundamente personal "en el que se lucha cada día para ser un ser mas humano", según Salliant. Por fin, creo que los managers más dotados se dan cuenta de que lo externo y lo interno se reflejan mutuamente: "No pretendo ver una cualidad en mi organización que no puedo producir en mí mismo", explicó Merten.

Este simple mensaje me inspiró y me hizo pensar simultáneamente. Reafirmó lo que considero como el fundamento de toda organización creativa. Pero, al mismo tiempo, me recordó cuánto "conocimiento" del management tradicional contradice aún esta perspectiva. Sospecho que esto continuará siendo así hasta que haya suficientes formas de pensar y trabajar juntos que *realmente soporten* una manera diferente de *estar* y *ser* juntos.

El inventor y escritor Buckminster Fuller solía decir: "Si quieres cambiar el modo de pensar de una persona, date por vencido. No puedes cambiar la manera de pensar de otro. Dale, en cambio, una herramienta cuyo uso lo lleve gradualmente a pensar distinto". Fredy Kofman provee precisamente este tipo de herramientas. Aplicarlas, depende de los lectores.

PETER M. SENGE

PRÓLOGO

Digas lo que digas,
deja las raíces puestas, colgando.
Y la tierra,
para que quede claro de dónde viene.

Charles Olson

Todo lo dicho es dicho por alguien

LO DICHO OCULTA A QUIEN LO DICE. La palabra es un velo que esconde a quien la pronuncia. Cuando uno habla, parece que lo que saliera de su boca fuera "la verdad", un reflejo objetivo e independiente de la realidad. La ilusión de describir "lo que es", de presentar un objeto con independencia del sujeto, es causa de enormes sufrimientos. Lejos de ser un problema filosófico, la pretensión arrogante de considerarse el dueño de la verdad es la principal barrera a la comunicación respetuosa y la interacción efectiva. Separados por visiones irreconciliables, quienes operan en el paradigma de "yo tengo la razón", suelen encontrarse en "guerras santas" contra los herejes que ven las cosas "en forma equivocada". Esta calificación de *equivocado* convierte al otro en un exponente del *error*, del *mal*, del *pecado*. Así es como termina el amor y empieza el odio. Por eso Humberto Maturana, biólogo y filósofo chileno, concluye que no hay nada más importante para preservar el amor, que recordar que "todo lo dicho es dicho por alguien".

Presentarse es exponerse. Mostrarse es invitar al otro a conocer los rincones secretos del propio pensamiento. Este pensamiento no siempre es puro, ordenado, prístino y

29

brillante. Las ideas creativas a menudo resisten el corsé de la lógica. Por eso cuando abrimos nuestro pensamiento a la mirada del otro, es necesaria una cuota de humildad. La misma humildad que hace falta para invitar a un huésped a la cocina (desordenada en medio de la preparación de la comida), en vez de servirle la cena en el comedor. El plato terminado, el producto, esconde el proceso de elaboración. En el comedor, la cena aparece "mágicamente" lista para comer, la alquimia de su cocina queda oculta detrás de la puerta. Si uno invita a su huésped a cruzar esa puerta y entrar en la cocina, su perspectiva cambia completamente: el producto revela su historicidad, su dependencia de un proceso condicionado por las decisiones de quien lo ha elaborado. La comida deja de ser "una cosa en sí" y se convierte en "una cosa cocinada". Entonces, conocer a quien la hizo se torna vital para apreciarla en toda su riqueza.

Un ejemplo hermoso de esto es la película *La fiesta de Babette*. El film gira alrededor de una cena que la protagonista, Babette, prepara con todo el amor de su alma. Esta cena es una experiencia transformadora, mística, donde los invitados sienten cómo ese amor entra en su cuerpo y se convierte en parte de su ser. Pero aunque sus paladares y sus estómagos pueden absorber la bondad del banquete, sus mentes quedan al margen. Los comensales no son conscientes de todo lo que pasa en "la cocina"; cocina que se extiende hasta la importación de ingredientes imposibles de conseguir en el país. Por eso ellos pueden apreciar la comida biológica y emocionalmente, pero no con el intelecto. Por otro lado, el espectador es invitado a la cocina y adquiere así una perspectiva mucho más rica de los hechos.

Quien se oculta detrás de su discurso no está en paz con su debilidad. Al fin del famoso cuento, se descubre que el poderoso mago de Oz no es más que el mayordomo. El perrito Totó corre la cortina y desenmascara al mago como el pequeño sirviente manipulando palancas. Expuesto en su falsedad, el mago pierde su poder hipócrita. Pero una vez roto el hechizo, los protagonistas encuentran los tesoros de humanidad que habían estado buscando a lo largo de su viaje: el león su coraje, el espantapájaros su cerebro, el hombre de lata su corazón, y Dorothy el camino a casa. Aun el mago mismo, libre de su falsa pretensión, encuentra su autoestima.

Tanto en los cuentos como en los sueños, podemos interpretar a todos los personajes como aspectos de la personalidad de quien lee o sueña. El mago de Oz impresiona porque revela verdades profundas de la experiencia humana. Cada uno de nosotros siente la tentación de presentarse como poderoso, de esconderse detrás de la cortina de "la verdad" y mover las palancas de la lógica para convencer a su audiencia. Cada uno de nosotros ansía encontrar su coraje, su cerebro y su corazón; encontrar el camino a casa, el camino que lleva a la autoaceptación y a la verdadera autoestima. Para iniciar ese recorrido, es preciso dejarse desenmascarar y mostrarse como uno es. Por eso, antes de iniciar este libro quiero contarle quién lo ha escrito, quién está detrás de sus palabras.

Mi objetivo es auto-desenmascararme desde el comienzo. Este material es consecuencia de mis aprendizajes, de mis experiencias, de mi vida. Como poetizó Pablo Neruda ("confieso que he vivido"), toda obra es una declaración del autor. Mi intención es presentar material revolucionario, pero no nuevo; simple, pero no fácil. Podría decirse que este libro es meramente una expresión de sentido común. No estoy en desacuerdo con esa posición. La paradoja es que el sentido común rara vez se traduce en *práctica* común. Aunque el lector (al igual que muchos participantes de mis cursos) puede pensar una y otra vez "esto ya lo sabía", al reflexionar sobre su capacidad para aplicar este conocimiento intelectual, comprobará que *saber qué* es muy distinto de *saber cómo*. Mi propósito es ayudar a encontrar esos eslabones perdidos internos que conectan la información mental con el comportamiento en el mundo real.

Autobiografía: realismo ficticio

Es imposible presentar la totalidad de mi vida. No sólo no soy consciente de todo lo que ha pasado, de todo lo que soy; ni siquiera sé cómo organizar razonablemente aquello que conozco acerca de mí mismo. Por eso debo elegir, decidir qué es relevante para el lector y organizar una historia que no es ficción, pero tampoco es realismo puro. Ese es el cometido de toda narrativa: escoger ciertos sucesos significativos y armar un argumento coherente; no los únicos sucesos significativos, no el único argumento coherente, sino sólo algunos de los tantos posibles.

Crecí en la Argentina de los '60 y empecé a entender el mundo en la de los '70. Dos experiencias me afectaron profundamente: la economía inflacionaria y la violencia política. Cuando los precios aumentan mensualmente entre un 20 y un 30%, pasan cosas extrañas en la sociedad. Las personas se vuelven sumamente hábiles para negociar la inestabilidad; especialmente si son argentinas (en Venezuela definen al ego como "ese pequeño argentino que todos llevamos adentro"). La sociedad argentina resultó un excelente ejemplo de una paradoja sistémica: comportamientos individuales coherentes y racionales son capaces de generar comportamientos sistémicos incoherentes e irracionales. La inteligencia personal puede perfectamente convertirse en estupidez colectiva. Ingenuamente uno piensa que cuando cada elemento del sistema hace lo mejor posible, el sistema funciona lo mejor posible. No es así.

Uno de los principios fundamentales de la teoría de sistemas es que para optimizar un sistema es necesario sub-optimizar los sub-sistemas y que, si uno intenta optimizar los sub-sistemas terminará sub-optimizando el sistema. Aunque parece un trabalenguas, esto es una intuición fundamental sobre el funcionamiento del mundo. Por ejemplo, consideremos una heladería y tomemos dos de sus sub-sistemas: el departamento de calidad y el departamento de costes. Si la heladería se vuelca hacia la optimización del primero, probablemente los ingredientes sean tan caros que la empresa pierda dinero (si mantiene sus precios) o mercado (si los aumenta proporcionalmente). Si la heladería se vuelca hacia la optimización del segundo, probablemente los ingredientes sean de tan baja calidad que la empresa pierda mercado (si mantiene sus precios) o dinero (si los reduce proporcionalmente). La optimización del sistema implica encontrar el mix de calidad y coste que permita maximizar la rentabilidad. Ese punto de equilibrio se halla, generalmente, en el medio: ni todo calidad ni todo costes.

El problema es que tanto la gente que trabaja en calidad como la gente que trabaja en costes está comprometida con su meta sectorial. Lo normal es apegarse al objetivo local y perder de vista el objetivo global del sistema. Esta dinámica, que se repite en casi todas las organizaciones humanas, se me presentó claramente desde mi más tierna infancia. En la economía inflacionaria argentina, era obvio que cada uno actuaba en forma individualmente racional, haciendo lo mejor que podía para sobrellevar la situación. Pero la racionalidad de la persona se convertía, trágicamente, en locura de la sociedad. Todos hacían "lo correcto" en forma personal, pero el sistema total era un desastre.

Por ejemplo, frente al aumento continuo de los precios, los vendedores generaban sus expectativas asumiendo la continuación de la tendencia alcista. Entonces, incrementaban sus precios en forma inmediata: "Para qué esperar, si ya sabemos que todo va a seguir aumentando; mejor nos adelantamos y subimos los precios ahora mismo, y así quedamos cubiertos". Los consumidores, que esperaban que los precios aumentaran aún más en el futuro, se apuraban a comprar, aunque fuera carísimo. Estas compras validaban las expectativas de todo el mundo sobre la inflación creciente. La profecía autocumplida se enquistaba cada vez más en la economía del país y en la mente de las personas. (Por supuesto, este círculo vicioso tiene "patas cortas" cuando el Banco Central no lo convalida mediante la expansión del dinero y el crédito. Pero "parar la imprenta" en medio de expectativas inflacionarias generalizadas tiene un tremendo efecto recesivo, efecto que puede ser mucho peor que la inflación que pretendía contrarrestar.)

Esta brecha entre inteligencia individual e inteligencia sistémica me afectó profundamente y se convirtió en uno de los temas recurrentes a lo largo de mi vida. Más adelante, al trabajar con grandes corporaciones, descubrí que la paradoja de la racionalidad individual y la irracionalidad sistémica es una de las fuentes principales de pérdidas y despilfarro en las organizaciones. Hay una frase de Dilbert (un famoso personaje de historietas que satiriza ferozmente al mundo corporativo) que asegura que "para calcular el coeficiente intelectual (CI) de un equipo de trabajo, es necesario empezar por el participante con el CI más bajo y restarle 10 puntos por cada miembro del grupo".

El segundo de los principios de la termodinámica sostiene que el universo decae a lo largo del tiempo. La energía se va dispersando y la desorganización crece. El fenómeno se llama "entropía". La entropía, desgraciadamente, también parece ser el principio operativo de la dinámica de la mayoría de los grupos de trabajo. En vez de crear sinergia, los participantes terminan bloqueándose entre sí. Hasta 1978, la Argentina era famosa en el mundo futbolístico por tener una altísima proporción de estrellas (jugadores de alto desempeño) pero ser incapaz de ganar un campeonato mundial (equipos de bajo desempeño). Esta diferencia entre el rendimiento personal y el rendimiento sistémico siempre me ha fascinado. Me parece sumamente lamentable, casi trágico, que la increíble potencia del ser humano se vea tan recurrentemente dilapidada por estructuras colectivas que impiden que cada uno dé lo mejor de sí. Uno de los objetivos centrales de mi trabajo es proponer estructuras de pensamiento, comportamiento e interacción que potencien (en vez de debilitar) la energía de las personas que componen las organizaciones.

El desperdicio de recursos y energía no ocurre sólo en el plano material; el apego de las personas a su posición (apego que parece ser egoístamente racional), es también la fuente principal del conflicto interpersonal y finalmente del sufrimiento personal. Una de las extrañas coincidencias de mi vida fue el descubrimiento de "las cuatro nobles verdades" del budismo, al mismo tiempo que los problemas de la miopía sistémica.

De acuerdo con la filosofía budista, estas cuatro verdades fueron el contenido de la primera enseñanza de Buda después de su iluminación. La primera verdad, *dukkha*, afirma que la vida normal del ser humano (y sus organizaciones), está plagada de sufrimiento e insatisfacción (a lo que podemos agregar ineficiencia y despilfarro de recursos). La segunda verdad, *samudaya*, sostiene que hay una causa o fuente concreta de la cual proviene ese sufrimiento. Las dificultades no son aleatorias, sino consecuencia de ciertos patrones de pensamiento y comportamiento: la ignorancia, el apego, la codicia y el apetito insaciable por satisfacer los deseos del ego. La tercera verdad, *nirodha*, indica la posibilidad de investigar y extinguir la causa de estas irritaciones. Es posible transformar radicalmente el sistema y eliminar los efectos negativos. La cuarta verdad, *marga*, implica que hay un camino o forma para alcanzar ese objetivo. Es posible desarrollar una nueva forma de pensar, sentir y actuar que permita al ser humano encontrar felicidad y seguridad, en un mundo donde las únicas constantes son el cambio y la impermanencia.

Gran parte de mi vida ha sido dedicada a transitar este camino, y a invitar a otros a acompañarme. La experiencia temprana del desquicio inflacionario me llevó, muchos años más tarde, a buscar modos de mejorar la efectividad y la calidad de vida de los hombres y las mujeres de empresa. Tal vez parezca un delirio grandioso o ingenuo, pero mi sueño es hacer de este libro una suerte de invitación a tomar conciencia, adquirir cierta sabiduría y trascender las causas de la ineficiencia, el conflicto y el sufrimiento.

* * *

Me tocó ser adolescente en los años más negros de la Argentina. La escalada de violencia entre la subversión y las Fuerzas Armadas desembocó en la "guerra sucia". Esa mini-guerra civil fue brutal. Cada uno de los contendientes tenía como objetivo eliminar al otro. El propósito era erradicar definitivamente a quien no compartiera su ideología; eliminar las diferencias haciendo "desaparecer" a los diferentes. Cada lado reclamaba para sí el derecho moral del bien, de la verdad, de los valores supremos de la sociedad y la patria. Cada lado caracterizaba al otro como lo inmoral, el mal, la mentira, el vicio, el extremo degenerado, dispuesto a destruir los verdaderos valores de la Argentina. Esta antinomia validaba todo: bombas que mataban ciegamente, atentados contra familias, campos de concentración, torturas, asesinatos, robo de bebés. No había restricciones. Como en muchas guerras, a pesar de sus oposiciones superficiales, los dos lados tenían perspectivas bastante similares: "Esta es una batalla sin cuartel del bien (nosotros) contra el mal (ellos) y, en esta gesta histórica, todos los recursos son válidos".

"El fin justifica los medios." Esa frase demoníaca es un tobogán hacia el infierno. Cuando todo vale, desaparecen los valores. La integridad subordinada al éxito es una contradicción en sus propios términos: o la ética prima sobre la pragmática, o no es ética.

"Desaparecer" a alguien ("chuparlo", como se decía en la jerga) es el *summum* de la falta de respeto, la antípoda de la aceptación del otro como legítimo otro. Exterminar la diferencia requiere desconocer el derecho fundamental del otro a existir; desconocer el respeto que merece incluso aquello que no se ajusta a mi cosmovisión. En la Argentina tuvimos la (desgraciada) oportunidad de apreciar las consecuencias últimas de este proceso deshumanizante. Hubo vencedores y hubo vencidos, pero todos resultamos victimizados en el proceso. Víctimas, observadores, aun aquellos que luego fueron juzgados como perpetradores, todos quedamos manchados por esta guerra sucia. Yo también.

Aún tengo pesadillas. Recuerdo que una de las paradas del autobús que tomaba para ir al colegio secundario estaba frente a la puerta de la Escuela de Mecánica de la Armada. Años después, me enteré horrorizado de que en el sótano de ese edificio funcionaba un campo de concentración y tortura. Todavía no puedo creer que pasé por ahí todos los días sin sospechar nada. Aunque "no hice nada malo" siento una especie de culpa. Por conversaciones que he tenido con managers alemanes que pasaron su adolescencia en el horror hitleriano, mi historia es habitual entre aquellos que vivieron en sistemas represivos. Nadie puede mantenerse al margen del *karma* (palabra en sánscrito que significa "inercia" o "consecuencia de acciones previas") colectivo.

Vivir la consecuencia máxima de la falta de respeto me sensibilizó en alto grado. Al igual que muchos grupos democráticos que repudiaron la violencia de la guerra sucia, adopté el lema *"Nunca más"*.

Me comprometí apasionadamente con encontrar formas de interacción que honraran el valor intrínseco de todos los seres. Uno de mis intereses permanentes fue (y es) desarrollar modos de pensamiento y relación que nos permitan coexistir pacífica y hasta sinérgicamente, a pesar de (o más bien, gracias a) nuestras diferencias. Este interés ha sido otro de los hilos conductores de mi vida; no sólo como tarea ética, sino también como actividad de consultoría empresaria.

Al iniciar mi trabajo con compañías norteamericanas descubrí que, aunque en forma atenuada, las semillas de la "guerra sucia" están en el corazón de toda persona. A casi nadie se le ocurre eliminar a sus rivales físicamente, pero casi todos tienen el secreto deseo de eliminar las diferencias; como dice el refrán: o cambiamos a la gente (su forma de pensar) o cambiamos a la gente (quitándola del medio). Esta tendencia es parte de la condición humana, por lo que es imposible erradicarla mediante guerras externas. La única forma de trascenderla es mediante una toma de conciencia y el compromiso con el respeto por el otro. Como dice Alexander Solzhenitsyn, el gran denunciante de los horrores de la Rusia stalinista:

"[Qué fácil sería] si sólo existiera gente malvada allí afuera, cometiendo insidiosamente actos malvados, y si sólo fuera necesario separarlos del resto de nosotros y destruirlos. Pero la línea que separa el bien del mal corta el corazón de cada ser humano, y ¿quién de nosotros está dispuesto a destruir una parte de su propio corazón?"

La solución no pasa por destruir nada. El problema no está en la naturaleza del corazón, sino en la inmadurez de la conciencia que lo contiene. El deseo de destruir las diferencias nace del miedo atávico e instintivo a ser destruido por ellas. Cuando la persona alcanza un cierto nivel de evolución y se da cuenta de que su seguridad y autoestima no dependen de "poseer la única verdad", este pánico instinti-

vo a la diferencia queda sobreseído por la aceptación respetuosa –y la bienvenida jubilosa– de la pluralidad.

La paradoja es que las diferencias son potenciales
fuentes de problemas o de oportunidades. Cuando se las
sabe utilizar, se vuelven un recurso muy poderoso. Por
ejemplo, el arquitecto necesita al ingeniero para hacer los
cálculos de estructura, y el ingeniero necesita al arquitecto
para crear un edificio funcional y bello. Pero cuando la
gente no sabe cómo combinar sus diferencias en aras de
un proyecto común, las diferencias se vuelven un escollo.
Por ejemplo, el arquitecto acusa al ingeniero de ser un es-
quemático que limita su creatividad, y el ingeniero acusa al
arquitecto de ser un delirante que se lo pasa pergeñando
quimeras imposibles de construir.

* * *

Cuando llegó el momento de elegir una carrera universitaria, me incliné por la economía. Siempre tuve gustos ecléc-
ticos –me cuesta decidir, dirían mis críticos– y pensé que
las ciencias económicas me permitirían combinar mi interés por las ciencias exactas (matemática, estadística, análisis de sistemas), con mi entusiasmo por las ciencias humanas (psicología, historia, sociología).

Durante cinco años asistí a las clases, leí los libros, hice los ejercicios y aprobé los exámenes; consecuentemente, recibí mi título. Aprendí que la vida es una maximización sujeta a restricciones, que la escasez demanda la
aplicación racional de recursos y que los sistemas económicos son agrupamientos de agentes individuales que operan
en interés propio para satisfacer sus deseos y necesidades.
Lo que no aprendí fue por qué la economía argentina era
tan desastrosa.

Siempre había querido ser profesor, participar del
mundo académico de la investigación y la enseñanza. Co-

mo ya no podía quedarme en la facultad como alumno, me postulé a la docencia. Me aceptaron como adjunto de la cátedra Crecimiento Económico. Hay una frase que dice que "quienes saben, hacen; quienes no saben (o saben sólo en forma teórica), enseñan". Nunca tan apropiada como en mi caso. En mis clases me encontraba repitiendo las teorías que había aprendido, pero seguía sin ver cómo esas teorías podían ayudar a los seres humanos a vivir mejor.

Decidí entonces continuar mis estudios. Mi esperanza era encontrar algún secreto que sólo se les revelaba a quienes hicieran el doctorado en los Estados Unidos. Partí hacia la Universidad de California, Berkeley. Allí, después de tomar un curso sobre desarrollo económico, me di cuenta de que el mundo real era demasiado desordenado para mí. Abandoné toda esperanza de comprender a las personas de carne y hueso y decidí dedicarme de lleno a la economía matemática. Esta teoría es tan abstracta que tiene muy poco que ver con lo que la gente llama "economía", pero su gran ventaja es que uno puede hacer supuestos ordenados y derivar resultados con gran elegancia lógica. El problema es que al hacer estos supuestos, uno borra el 99% de lo que hace humano al ser humano. Prácticamente, se ocupa de estudiar robots u ordenadores que deciden en forma lógica. Así es como desaparecen las contradicciones propias de la realidad; así es como desaparece también la riqueza de la realidad.

Esta forma de enfrentar la vida está reflejada en un famoso chiste de economistas: tres náufragos –un físico, un químico y un economista– se encuentran en una isla. A su alrededor yacen cientos de latas de atún, pero nada que sirva para abrirlas. Hambrientos, los tres discuten cómo proceder. El físico propone: "Si tomamos una piedra y golpeamos el envase en el ángulo correcto, se abrirá". El químico argumenta: "Eso llevará mucho tiempo y esfuerzo. Si ponemos los envases en el agua salada, el metal se oxidará y podremos abrirlos fácilmente". El economista concluye: "¿Para qué hacer tanto lío? Supongamos que tenemos un abrelatas y se acabó el problema".

El supuesto de racionalidad es tan crítico como inflexible en economía. Usando un término técnico, los modelos no son robustos con respecto a él. Eso quiere decir que si uno relaja el supuesto aunque sea un poquito –la gente es irracional alguna que otra vez– la mayoría de los modelos pierden todo poder de predicción. En esas condiciones es prácticamente imposible obtener resultados significativos. Por eso, los economistas matemáticos han desarrollado una técnica infalible para "ordenar" un mundo donde los seres humanos no se comportan en forma racional: "Supongamos que los agentes económicos son racionales".

Durante años adopté esa idea y dediqué todos mis esfuerzos a derivar estrategias óptimas para maximizar la utilidad. Aprendí a evaluar riesgos, costes y beneficios, y a tomar decisiones inteligentes. Pero, al final, me encontré en una situación que destruyó completamente mi fe en la racionalidad humana: me enamoré y me casé.

Aún hoy recuerdo la conversación telefónica que tuve con mi padre: "Papá, me voy a casar", le dije. "¿Estás loco?", me preguntó. "Absolutamente", le contesté, "hace falta estar loco para casarse." Si uno se pone a hacer las cuentas, el coeficiente de riesgo/beneficio no cierra de ninguna manera. Es imposible casarse racionalmente; en especial con la evidencia estadística de los Estados Unidos, donde más del 50% de los matrimonios termina en divorcio. (Aun así, más del 75% de estos divorciados vuelven a casarse. No sólo no somos racionales sino que no aprendemos... ¡ni escarmentamos!)

Después de mi boda, me resultaba imposible seguir creyendo en las teorías que estaba estudiando. Si yo, que había pasado siete años trabajando en teoría de la decisión, no podía aplicar las herramientas matemáticas a la decisión más importante de mi vida, ¿qué les quedaba a los pobres diablos que ni siquiera podían resolver un sistema de ecuaciones diferenciales u operar algebraicamente en espacios matriciales? Entré entonces en una etapa de crisis y cuestionamiento: ¿para qué servía lo que estaba estudiando?

Aunque no le pude contestar esta pregunta a la sociedad, encontré una respuesta personal sumamente pragmática (aunque tal vez un tanto cínica): ser doctor en economía matemática me serviría para conseguir trabajo como profesor universitario. Esto podría satisfacer mis necesidades materiales, pero no mis aspiraciones intelectuales y espirituales. Decidí entonces complementar mis estudios con cursos de filosofía. Seguía interesado en entender el pensamiento y el comportamiento de los seres humanos. Pero ya no creía que las teorías económicas fueran el vehículo más fructífero para ello.

Por suerte, Berkeley tenía un estupendo departamento de filosofía y ciencias cognitivas. Encontré allí profesores brillantes que me abrieron nuevos horizontes: filosofía del lenguaje, filosofía de la mente, metafísica, ética, existencialismo, hermenéutica. Temas fascinantes que ocuparon mis últimos años del doctorado. Paradójicamente, estos estudios filosóficos me resultaron muchísimo más prácticos y aplicables que los modelos matemáticos. Por fin comencé a entender cómo organizan los seres humanos sus percepciones, construyen una imagen del mundo y actúan en consecuencia. Más aún: mediante el estudio del lenguaje empecé a comprender cómo la subjetividad se convierte en inter-subjetividad; cómo el "yo" se encuentra con el "tú" y entre los dos aparece el "nosotros".

¿Cómo es que un grupo de personas desarrolla una interpretación común de la situación en la que se encuentran? ¿Cómo es que la racionalidad individual puede ser integrada y trascendida en una racionalidad sistémica?

¿Qué papel juegan las emociones en la inteligencia? ¿Qué hace que ciertos grupos funcionen con excelencia mientras que otros son un desastre? Estas eran las preguntas que me abrasaban. Pero no son las que le tocan investigar a un profesor de economía teórica. Por eso, cuando me aprobaron la tesis y me dieron el título de PhD, salí a buscar trabajo en escuelas de negocios. Lo que nunca me hubiera imaginado es que había una rama de los negocios que lidiaba directamente con todos estos problemas filosóficos: la contabilidad.

Conseguí una posición en la Sloan Business School, del Massachussetts Institute of Technology (MIT). "Tenemos las más altas recomendaciones suyas", me dijo el decano, "pero no tenemos puestos en el área de economía. Lo que le podemos ofrecer es trabajo como profesor de contabilidad gerencial y sistemas de información". "¡Pero yo de eso no sé nada!", me alarmé. "Estamos dispuestos a darle tiempo para aprender", me contestó el decano, "nuestra oferta es darle un primer año sabático para aprender lo que necesite en esa área". "Pero si no enseño, ¿cuánto me van a pagar?" (aunque me gustaba la filosofía no me olvidaba de la economía). "Lo mismo que a los demás profesores de contabilidad y finanzas, exactamente el doble de lo que ganaría como profesor en una escuela de economía." En ese momento oí la áspera voz de Marlon Brando cuando en *El padrino* dice: "*I'll make you an offer you can't refuse*" ("Te haré una oferta que no puedes rechazar"), y sin más, acepté. "Por ese dinero", dije medio en broma y medio en serio, "¡estoy dispuesto a enseñar física nuclear!"

Durante el primer año me dediqué a hacer un mini-MBA (master en administración de empresas). Asistí como oyente a todas las clases fundamentales. Descubrí así dos cosas: 1) las teorías de la administración son mucho más fáciles que las teorías de la economía matemática, 2) la aplicación de estas teorías a la realidad de la empresa es tan difícil como la aplicación práctica de la economía matemática. Los problemas de la empresa no persisten porque los managers desconozcan la teoría de la administración (cientos de escuelas de negocios, seminarios, consultores y libros se ocupan de mantenerlos a todos perfectamente informados), sino porque esas herramientas teóricas por sí solas no bastan para resolver nada.

Como cualquier otro instrumento, estas herramientas necesitan un usuario capaz de aplicarlas de manera efectiva; un ser humano consciente, que pueda ajustar las ideas generales y abstractas a la situación particular y concreta que enfrenta. El desarrollo de este usuario no es una actividad especulativa o intelectual. Para convertirse en el tipo de persona capaz de operar y liderar de manera efectiva en el mundo de los negocios, uno debe someterse a una disciplina rigurosa, entrenarse como un atleta olímpico o un músico profesional.

Si se observa la actividad de un equipo deportivo o una orquesta, puede verse que destinan el 99% del tiempo a la práctica y sólo el 1% es tiempo de ejecución. El virtuosismo "natural" demostrado en la competencia o el concierto es cualquier cosa menos natural; ha sido construido minuciosamente durante interminables horas de ensayo. Como dijo un famoso músico: cuanto más practico en privado, más "talentoso" me vuelvo en público. Sin embargo, esta proporción se invierte en el mundo de la empresa: el 99% del tiempo (por lo menos) está ocupado por la ejecución, y (con suerte) el 1% queda para la práctica. No es nada sorprendente que el rendimiento de las personas, los equipos y las organizaciones sea tan inferior a su potencial.

Mi desencanto con el manejo de herramientas coincidió con mi encanto con el perfeccionamiento de usuarios. A partir de ese momento, dediqué todas mis energías a la transformación personal y a su manifestación en el management y la actividad empresaria.

Justo en el momento de mi llegada al MIT, Peter Senge acababa de publicar su best-seller *La quinta disciplina*. Mi admiración por su trabajo me llevó a buscarlo. Nuestra reunión fue un caso típico de amor a primera vista. Inmediatamente descubrimos ideas, intereses, objetivos y valores compartidos. Así comenzó una larga asociación que llega hasta el presente. Peter me invitó a colaborar en el Centro de Aprendizaje Organizacional, un consorcio entre la universidad y empresas, dedicado a la investigación y aplicación de nuevos modelos de liderazgo. Acepté, y me convertí en uno de sus investigadores senior. Allí desarrollé una serie de seminarios que luego co-lideré con Peter para las organizaciones afiliadas. Fue una época exultante. Pero todo tiene su lado oscuro.

Mi entusiasmo por el pensamiento sistémico, la comunicación y el liderazgo se equilibraba con mi desinterés por las clases tradicionales de contabilidad. Mi materia se fue convirtiendo en lo que el centro de estudiantes denominó "el curso de contabilidad más raro del universo". A partir de mis ideas filosóficas, me resultaba imposible enseñar que la contabilidad "refleja objetivamente" la "verdad externa". Hace más de 200 años Kant probó definitivamente que lo que llamamos "percepción objetiva" está condicionada por nuestras categorías cognitivas. Después de leer sus argumentos demoledores contra el realismo ingenuo, nadie puede sostener seriamente que la información contable sea independiente del método utilizado para producirla.

Por eso, mi clase no era convencional. En vez de estudiar la contabilidad como una fotografía, la presentaba como una obra de arte, o como un mapa. Todo mapa es una simplificación operativa del territorio, destinada a apoyar las decisiones del navegante. Por eso, antes de dibujar cualquier mapa es crucial preguntar para qué será usado; un mapa hidrográfico es totalmente distinto de uno topográfico, aunque los dos se refieran al mismo territorio. De la misma manera, un sistema de costes para la valuación de existencias dará resultados totalmente distintos de los de un sistema de costes para análisis de rentabilidad, aunque ambos se refieran a los mismos productos. Lo principal es romper la ilusión de "verdad" y entender que el sistema contable es una herramienta interpretativa y no un espejo objetivo de la realidad.

Hay una anécdota de Picasso que pone en evidencia la naturaleza interpretativa de toda "representación". Un hombre le encargó un retrato de su esposa. Día tras día el artista trabajó con la modelo en su taller. Finalmente, llamó a su cliente para mostrarle la obra terminada. Picasso descubrió la tela, y presentó su versión cubista de la mujer. El hombre, indignado, protestó: "¡Qué es esto! ¡Esta figura no se parece en nada a mi esposa!". Sacó una foto de su cartera y poniéndola delante de las narices de Picasso exclamó: "¡Aquí está! ¡Así es mi mujer!". Picasso tomó la foto y con gesto extrañado comentó: "¿Así es su mujer? ¡Qué pequeñita!".

Toda representación es interpretación, y para tener sentido depende de códigos generalmente implícitos. De hecho, el verbo en inglés *make sense* (hacer sentido) es sumamente apropiado, ya que el significado de la imagen no es algo "tenido" por la imagen, sino "hecho" por el observador. Esto se aplica por igual al arte, a las ciencias naturales y a la contabilidad. Cada disciplina genera una serie de convenciones que sus participantes usan para plasmar y comunicar sus ideas. Estas convenciones se manifiestan claramente en la cocina, pero al igual que en *La fiesta de Babette*, la mayoría de los empresarios consumen la información contable en el comedor. Ven los números en una hoja de papel o en una pantalla de ordenador y creen que "si así está escrito, así debe ser".

Los números esconden la metodología que los subyace. Muy pocas personas pasan a la cocina para comprender tanto su mecanismo de elaboración como los supuestos, a veces descabellados, que se esconden en su seno. (Imagino un restaurante con un comedor finamente decorado, pero con una cocina llena de mugre e insectos.) Por eso, los reportes adquieren una plus-realía (valor de realidad mayor al que se merecen). Cuando no comprendemos de dónde vienen las cosas, tendemos a verlas como productos y no como consecuencias de procesos. Esto nos lleva a aferrarnos a una perspectiva superficial que impide la comprensión y la comunicación efectiva.

Esta misma intuición es la que llevó a Deming a desarrollar su filosofía de la calidad total. Su argumento fue que, en vez de ver al error como una "cosa a arreglar", es mucho más positivo interpretarlo como "consecuencia de un proceso fuera de control". Por eso, en vez de tratar de resolver el defecto, se deben investigar sus fuentes para corregir el mecanismo que lo generó. Así, no sólo se arregla el defecto particular, sino que se mejora el rendimiento general del sistema. Para aprender de los errores es necesario pasar del comedor a la cocina. Cuando uno se siente cómodo recorriendo ese camino, entiende por qué los japoneses afirman que "un defecto es un tesoro".

En mi clase distinguía dos tipos de contabilidad: la externa y la interna. La primera se ocupa de los informes, enfatiza la técnica y el detalle. La segunda se ocupa de los pensamientos, enfatiza la cognición y el comportamiento. La contabilidad externa (de los ojos para afuera) es necesaria, pero la interna (de los ojos para adentro) es fundamental. Así como los maestros zen preguntan "¿Cuál es el sonido de un árbol que cae en el bosque donde nadie puede oírlo?", yo preguntaba "¿Cuál es el impacto de un informe contable que cae en un cajón donde nadie puede (o quiere) leerlo?". Para tener efecto, toda información necesita ser digerida por la conciencia de un individuo. Más aún: los distintos individuos de la organización deben encontrar una interpretación colectiva que integre las interpretaciones individuales.

Para operar en forma armónica, los miembros de una empresa deben acordar objetivos comunes (la misión y visión colectivas) y realidades comunes (la lectura de la situación). Esta realidad común se construye mediante el proceso de comunicación. La comunicación efectiva se basa en información fáctica que legitima las interpretaciones. La contabilidad es, a mi entender, una actividad lingüística que genera soportes interpretativos para estructurar realidades comunes, compararlas con la visión y definir acciones en consecuencia.

Durante esta etapa de mi carrera, la Chrysler me pidió que dictase un seminario. Uno de los ejecutivos que participó era el director del proyecto de aplicación de Activity Based Costing (abc). Esta metodología calcula los costes en forma más razonable que la tradicional: aplica costes indirectos en base a la utilización de los recursos generales en la elaboración de un producto, en vez de calcularlos simplemente en base al contenido de trabajo directo. El ejecutivo se acercó a mí, ya que su situación era exactamente la que había descrito en mi charla: técnicamente, el sistema era una maravilla; prácticamente, un fracaso. El problema era que la gente no usaba la información para mejorar sus operaciones. (Y, por supuesto, los resultados no iban a cambiar en tanto las personas no cambiaran su comportamiento.) Los managers operativos sospechaban que esa metodología no era más que otro intento de los contadores por controlarlos, y se hallaban en pie de guerra.

El director de Chrysler tenía otro problema muy corriente entre managers que vienen de áreas "duras" como la ingeniería, la computación, la contabilidad o las finanzas. Durante toda su carrera (incluyendo sus estudios universitarios) su foco principal había sido la disciplina técnica. Sus éxitos y promociones estaban basados en la excelencia demostrada en el desempeño de su función. Pero al ir subiendo de cargo, cada vez tenía menos contacto directo con su profesión y más necesidad de liderar a sus subordinados, que eran quienes realmente manejaban la operación. Esto le resultaba desquiciante, ya que nunca se había preparado para dirigir gente que supiera más que él. Su creencia, basada en ideas del siglo pasado, era que "el jefe es el que más sabe, el mejor operador del equipo". Y no es así. Hoy es frecuente que hasta la más novata de las secretarias maneje el procesador de textos mejor que su jefe.

El primer ítem de nuestra agenda de trabajo fue entonces la redefinición de su papel como líder. En un equipo excelente, cada persona es la más capaz para hacer lo que hace. Por eso, el micro-management (control detallista) no funciona. El líder necesita aprender que su poder de apalancamiento depende mucho más de su humildad y capacidad para apoyar a sus colaboradores, que de su pericia técnica. Sus competencias básicas son la delegación y el *empowerment*, la defensa de la visión y el comportamiento coherente con los valores.

Chrysler fue mi primer proyecto de aplicación. Durante los tres años siguientes trabajé con el equipo de abc y con el vicepresidente de finanzas para cerrar el circuito y convertir la información en acción efectiva. Para eso, fue necesario que los contadores abandonaran su rigidez *du role* y se comprometieran con el mundo de la operación. Una vez que aprendieron el lenguaje de sus clientes, pudieron dialogar de manera efectiva, explicar el funcionamiento del sistema, corregir aquellas cosas que creaban animosidad y transformarse en verdaderos agentes de cambio.

El proyecto de Chrysler me convenció totalmente del papel fundamental del lenguaje en la coordinación efectiva de acciones. No sólo porque permite pasar de la subjetividad (ideas en mi mente) a la intersubjetividad (ideas

METAMANAGEMENT 1. PRINCIPIOS

compartidas), sino porque afecta directamente la capacidad de tener ideas. Hasta que los managers de las plantas automotrices adquirieron el lenguaje de abc, las planillas que recibían les resultaban incomprensibles, carentes de significado y, por lo tanto, invisibles.

No hablamos de aquello que vemos, sino que sólo vemos aquello de lo que podemos hablar.

El lenguaje es un filtro que permite la aparición de ciertas realidades e impide la experiencia de otras. Al igual que el sistema nervioso, el lenguaje "vibra" sólo en cierta frecuencia. Lo que cae fuera de ese rango de longitud de onda, no existe. Por ejemplo, no podemos ver radiaciones infrarrojas ni oír ultrasonidos. De la misma forma, antes de la aparición del lenguaje del control de procesos estadísticos (SPC), nadie podía observar que una línea de montaje estaba "fuera de control". Esta observación sólo emerge una vez que existe la distinción semántica control/fuera-de-control. Para existir como posibilidad, el análisis estadístico de procesos requiere de un sistema de distinciones (un lenguaje) que lo soporte.

Aunque estas ideas me parecían vitales, a mis colegas más tradicionales les resultaban altamente sospechosas. Si bien los estudiantes me eligieron como "profesor del año" de Sloan y del MIT como un todo, mis colegas me etiquetaron como el "raro del año". Con mi asociación al grupo de pensamiento sistémico, mi trabajo enfocado hacia la práctica empresaria y mi desinterés por la contabilidad ortodoxa, las tensiones fueron creciendo.

Hicieron eclosión después de iniciar programas de liderazgo para ejecutivos de EDS, General Motors, Chrysler, Shell y otras corporaciones asociadas al Organizational Learning Center del MIT. La experiencia fue tan extraordinaria que le expresé al decano mi deseo de dedicarme enteramente a eso. Su respuesta aún resuena en mis oídos: "Necesitamos que dictes el curso de contabilidad. Además, no es una buena idea para un profesor joven concentrarse en temas revolucionarios. Tómate unos años (diez, más o menos) para establecer tu reputación ampliando alguna de las teorías ya aceptadas y conseguir *tenure* (un cargo vitalicio de profesor titular). Entonces sí podrás arriesgarte a ser revolucionario".

En ese momento me convencí de que no tenía futuro en la academia. El plan que me proponía el decano sonaba más a condena que a oportunidad, a prisión más que a visión. Esto desató una segunda crisis. Dejar la economía matemática había sido duro, pero dejar la academia era impensable. Toda mi vida había querido enseñar, había estudiado y trabajado diligentemente 25 años tras ese objetivo, había conseguido un puesto en el MIT (una de las mejores, si no la mejor, universidad del mundo), estaba en la cima de la montaña, finalmente había alcanzado mi sueño; y mi sueño resultó no ser lo que esperaba. Palabras como "abrumado", "desolado", "afligido", "devastado", no llegan a expresar la profundidad de mis sentimientos. Además, sólo pensar en abandonar la protección del útero institucional me ponía en estado de pánico. Perder mi cargo se me hacía como perder mi identidad.

Esta sensación se reflejaba en la diferencia entre mi *business card* objetiva y mi *business card* subjetiva. Mi verdadera tarjeta decía:

Fred Kofman, PhD

Professor of Management Accounting
and Information Systems

MIT

Pero en mi conciencia, esta tarjeta aparecía como

Fred Kofman, PhD

Professor of Management Accounting and Information Systems

M I T

Si me marchaba del MIT, ¿qué quedaría de mí? ¿Quién era Fred Kofman, más allá del profesor? Me di cuenta entonces de cuánto de mi identidad estaba basado en mi trabajo, mi posición, mi cargo; qué poco me conocía a mí mismo, cuántos esfuerzos había hecho para justificar mi existencia mediante logros externos. Emprendí entonces un camino de autoconocimiento, de desarrollo de una persona cuya entidad trascendiera las circunstancias de su profesión, sus éxitos y otras contingencias de la vida. Al mismo tiempo, encontré que mi situación no era singular. Cuando contaba esta historia en mis cursos, la mayoría de los managers se sentían identificados y confesaban tener exactamente el mismo miedo. Perder el empleo implica un golpe económico, pero mucho más aterrador es el golpe a la identidad. Este tema de la identidad y la autoestima incondicional se volvió entonces otro de los hilos conductores de mi trabajo.

Me quedé en el MIT seis años. A pesar de la tensión que me ocasionaba perseguir mis intereses no convencionales, la escuela Sloan fue una bendición por la que estaré siempre agradecido. Durante ese tiempo, desarrollé la base de los programas de management y liderazgo que hasta el día de hoy sigo enseñando. También afiancé mis relaciones con las corporaciones a las que ayudaba: poco a poco Fred Kofman iba ganando peso, se convertía en "texto" mientras que el MIT pasaba a ser trasfondo o "contexto".

* * *

En 1995 recibí una invitación para dar unas conferencias en la Argentina. Invité a Peter Senge a acompañarme ("sobornándolo" con una excursión de esquí). Nuestros seminarios despertaron suficiente interés como para que un grupo de empresas argentinas (Banco Río, CGC, EDS, Molinos, Techint, Telecom) con el auspicio del Instituto Tecnológico de Buenos Aires decidieran clonar el Centro de Aprendizaje Organizacional del MIT y crear un organismo similar en Argentina, bajo mi dirección académica.

Desde entonces, he estado trabajando en los Estados Unidos, Inglaterra, Holanda, México, Brasil, Chile y Argentina. En 1996 dejé el MIT y me mudé a Boulder, Colorado, donde vivo hoy con mi mujer y seis hijos. Mi familia y mis clientes son mis mayores fuentes de aprendizaje y satisfacción. A ellos dedico este libro.

El último velo

Una biografía no puede ser nunca "la verdad, toda la verdad y nada más que la verdad". Algunas verdades faltan (como por ejemplo que me separé de mi primera mujer y, demostrando mi tozudez –algunos dirían mi locura–, estoy casado nuevamente); otras, que aparecen, son parciales y contingentes (algunos de mis ex-colegas del MIT dirían que me he prostituido, subordinando el rigor científico al beneficio económico de la consultoría). La propia identidad, el sujeto de la biografía y el autor de este libro, son tan "reales" como un autorretrato cubista. Sólo una de las infinitas interpretaciones posibles. Como decía Rilke, "soy sólo una de mis muchas bocas; aquella que callará primero...".

Cuando me pregunto "¿Quién soy?", cuando me examino hasta las últimas consecuencias, todas las anclas que me aferran a mí mismo se deshacen en el misterio. Me siento a la deriva, perdido ante la profundidad insondable de mi ser. Empiezo pensándome como cresta de la ola (esa persona que veo en el espejo), termino sabiéndome una onda de amor en el océano infinito del ser. Me parece que Antonio Machado se refería a mí cuando advirtió que

> *Cuatro cosas tiene el hombre,*
> *que no sirven en la mar:*
> *ancla, gobernalle, remos*
> *y miedo de naufragar.*[1]

En ese naufragio me reconozco y, como Juan Ramón Jiménez, descubro que

> *Yo no soy yo.*
> *Soy éste*
> *que va a mi lado sin yo verlo;*
> *que, a veces, voy a ver,*
> *y que, a veces, olvido.*
> *El que calla, sereno, cuando hablo,*
> *el que perdona, dulce, cuando odio,*
> *el que pasea cuando no estoy,*
> *el que quedará en pie cuando yo muera.*[2]

Así como mi rito de pasaje a la edad adulta ocurrió cuando Fredy Kofman dejó de identificarse con el profesor del MIT, intuyo que mi pasaje a la sabiduría y la conciencia ocurrirá cuando Yo (quien verdaderamente Soy), deje de identificarse con Fredy Kofman. Este es tal vez el misterio más grande de todos; misterio que consideraremos en detalle al final de este libro. Mientras escribo, mientras me convierto en autor de esta obra, me pregunto con Jalalhuddin Rumi:

¿Quién habla por mi boca?
¿De dónde vine? ¿Qué se supone que debo hacer?
No tengo idea.
De una cosa estoy seguro: mi alma pertenece a otro lugar,
y es allí donde me propongo regresar.

Esta ebriedad comenzó en otra taberna.
Cuando vuelva a ese lugar recuperaré la sobriedad.
Mientras tanto,
soy como un ave de otro continente, atrapada en una pajarera.

Está llegando el día en el que volaré, libre.
¿Pero quién está ahora en mi oído escuchando mi voz?
¿Quién dice estas palabras con mi boca?
¿Quién mira con mis ojos? ¿Qué es el alma?
No puedo dejar de preguntar.
Si alcanzara a probar un sorbo de la respuesta
lograría escapar de esta prisión para borrachos.

No vine aquí por mi voluntad, ni por mi voluntad puedo
    partir.
Quienquiera que me haya traído
tendrá que llevarme de vuelta a casa.[3]

Todo lo escuchado es escuchado por alguien

Un texto es un diálogo entre el autor y el lector. Las palabras adquieren sentido cuando resuenan en la mente de quien las recibe. Por eso, el mismo texto permite distintas interpretaciones: cada persona puede leer otras cosas en palabras iguales. Aun la misma persona, en distintos momentos de su vida puede leer cosas diferentes en un mismo texto. Es una experiencia corriente descubrir en la segunda lectura sutilezas que a uno se le habían escapado en la primera. No es que las palabras sean otras, sino que la "caja de resonancia" (la mente) en la que esas palabras hacen eco, va cambiando con las experiencias de la vida.

Un ejemplo fascinante de ello es la película *El sexto sentido* protagonizada por Bruce Willis. Willis encarna a un psicólogo infantil, uno de cuyos pacientes es un niño que dice "ver gente muerta". El final de la película no sólo es sorprendente; en los últimos minutos uno se da cuenta de que en realidad la película que creyó ver no es la verdadera, y en un instante, re-interpreta todo lo que ha observado en las últimas dos horas. Una dinámica similar se da en el film *Sin salida* (*No Way Out*) de Kevin Kostner.

Así como he revelado parte de mi contexto para ayudarlo a interpretar este texto, lo invito a reflexionar sobre su contexto antes de que se zambulla en la lectura. ¿Qué lo hizo tomar este libro? ¿Qué busca en él? ¿Por qué es esa búsqueda importante para usted? ¿Qué se imagina que podría conseguir si encuentra aquí lo que busca? ¿Cómo podría usar esos conocimientos en beneficio propio y el de quienes lo rodean?

Ya sé, todavía no ha empezado a leer. Aún no sabe de qué se trata el libro. Tal vez ni siquiera tenga expectativas claras. Pero de acuerdo con la teoría de la acción humana que presentaremos en el Capítulo 1, si usted tomó este libro es porque tiene la ambición de ser más efectivo, de llevarse mejor con otras personas, de mejorar su vida. A pesar de tener poquísima información sobre el contenido, su conocimiento ha sido suficiente para incentivarlo a leer estas páginas. Por eso, mi pregunta no es un examen de comprensión, ni una adivinanza. No le pido un pronóstico de lo que aquí encontrará, ni de cómo lo usará. Sólo le pido que se conecte con su deseo, con la pulsión de aprender y trascender que lo llevó a tomar este volumen. Lo que intento es revelar la estructura de pre-disposición con la que usted se acerca a él.

Quiero proponerle un viaje, una aventura compartida en la que yo hago de guía. Me encantaría mostrarle un territorio nuevo y apuntar detalles que no son obvios para el observador casual. Pero esta aventura requiere co-participación. El viaje debemos emprenderlo juntos. Este libro es más un gimnasio que un cine. Sentarse y esperar que pasen las cosas es una receta para el aburrimiento. La experiencia requiere una actitud proactiva. Por eso le sugiero acercarse al texto con preguntas, con entusiasmo por mejorar su vida. Ese entusiasmo es la energía que le permitirá aprovechar la lectura.

La diferencia principal entre un vídeo de ejercicios físicos y un gimnasio de verdad se resume en una palabra: participación. Para sacarle provecho a este texto es necesario que usted "se meta" en él. Leer lápiz en mano, acordando, discutiendo, indagando, conectando ideas con experiencias, y sugerencias con situaciones concretas de su vida. El aprendizaje es un "deporte de contacto". Lo invito a leer, marcar y releer. Las ideas son engañosamente simples, por eso parecen fáciles. Sin embargo, hay escondidos en este texto principios, prácticas y filosofías totalmente revolucionarios. Lo que en una primera lectura parece "sentido común", en una segunda parece "una locura" y en una tercera "una posibilidad fascinante de cambio individual y cultural". Por eso le sugiero que no se quede con la primera impresión.

Uno va al cine, se sienta y mira la película. Esa es la manera de sacar provecho del espectáculo. Pero si uno va al gimnasio, se sienta y mira, se perderá lo más importante. La mejora de salud, la reducción del estrés, el sentimiento de bienestar no provienen de la observación; hay que "poner el cuerpo" y "transpirar la camiseta" para obtener los resultados. Imagine la siguiente escena ridícula: "Hace tres meses que me asocié y aunque pago mi cuota y vengo religiosamente, no he notado ningún cambio positivo", protesta el cliente insatisfecho. Sorprendido, el encargado del gimnasio le pregunta: "¿Qué clases tomó?". "¡¿Clases?!", se mofa el cliente, "¿quién tiene tiempo para clases?" "Ah," reflexiona el encargado, "ha estado usted usando las máquinas..." "Pero no, hombre. ¿No escuchó que no tengo tiempo?", insiste el cliente. "Si no toma clases y no usa las máquinas, ¿qué hace cuando viene al gimnasio?", indaga el otro. "Aprovecho para desayunar mientras miro a la gente hacer ejercicio..."

Para cosechar los beneficios del gimnasio es necesario hacer la gimnasia. Para cosechar los beneficios de este libro es necesario ponerlo en práctica. Más que como un texto de management, quisiera invitarlo a que lo lea como un manual de cocina. El sabor de las recetas sólo se le revela a quien las convierte, mediante esfuerzo personal, en alimento. Comer el papel del libro es tan insípido (e insalubre) como creer que uno sabe porque leyó y recuerda la información. Saber significa saber-hacer. El conocimiento no es información, sino capacidad para la acción. Mi deseo es que este libro sea una verdadera fuente de saber para usted.

Si conseguimos mejorar su efectividad en la tarea, su capacidad para relacionarse con los demás, su calidad de vida y su sensación interior de paz y felicidad, nuestra empresa será un éxito. Celebraremos al final el fruto de nuestro esfuerzo conjunto. Si este texto no resulta ser el vehículo apropiado para su aprendizaje, lo lamentaré, pero igualmente lo invitaré a celebrar su esfuerzo. El esfuerzo genuino por aprender, por trascender las limitaciones presentes, es un signo de integridad y compromiso personal en sí mismo. Más allá del resultado, me siento honrado por su consideración hacia mi trabajo y mis ideas, como posibles herramientas de crecimiento y desarrollo. Le prometo darle lo mejor de mí.

¡Empecemos el viaje!

AGRADECIMIENTOS

MI PRIMER AGRADECIMIENTO ES PARA EL DIRECTOR del club social que organizó el baile donde se conocieron mi mamá y mi papá. Gracias a él (y a otros miles de millones de factores) nací, viví y fui capaz de escribir este libro. No, no es un chiste. En el agradecimiento a ese hombre quiero honrar a la inimaginable confluencia de energías que generó este presente.

Los orientales dicen que si uno mira cuidadosamente cualquier cosa, descubre que no hay tal cosa como algo separado e independiente; que todo lo que aparenta existir en forma aislada no es más que un nodo en una red infinita de energías que se entrecruzan. Cuando miro este libro, descubro que no sólo no hay tal cosa como un libro-independiente-de-todo-lo-que-existe, sino que tampoco existe un autor-de-libro-independiente-de-todo-lo-que-existe. Este libro, su autor y su lector son eventos de probabilidad cero, circunstancias que aparecen en la gracia infinita del misterio universal.

Volviendo a la tierra, quiero agradecer a las distintas personas que han influido benéficamente en mi vida profesional: Guido Di Tella, que me alentó a ir a Berkeley; Albert Fishlow, que me recibió allí con los brazos abiertos; Drew Fudenberg, que me llevó al MIT; Fernando Flores,

METAMANAGEMENT 1. PRINCIPIOS

que me mostró la conexión entre filosofía, lenguaje y negocios; Pat Sculley, Greig Trosper y Marcia Clark, quienes pusieron en juego su reputación apoyando mis primeros programas en EDS; Dave Meador, que me abrió la puerta de Chrysler; Dave Prett, Jerry Golden, John Sequeira, Frank Trogus y Dale Holecek, quienes trabajan incansablemente para la transformación de Royal Dutch Shell; Wendy Coles, Dave Sharpe y Fred Schaafsma, líderes visionarios que sostienen la grandeza de General Motors; David Neenan, el CEO más anti convencional que jamás haya conocido y el responsable de mi enamoramiento de las montañas de Colorado; Patricio Villalonga, Andrés Ubierna, Ricardo Kofman y Vito Sgobba, mis socios y compañeros de ruta; Jorgelina, que trabaja incansablemente para mantener y ensanchar esa ruta; Vicente Diloreto, Ricardo Gil y Nicolás Posse, clientes, maestros y amigos entrañables; el grupo de "Champions", los managers de Recursos Humanos de las compañías consorciadas en Argentina (Patricio Benegas de Telecom, Miguel Punte de Techint, José Luis Roces del Banco Río, Enrique Stürzembaum de Tecpetrol, Salvador Ventriglia de Citibank, Mario Fiocci de CGC, Ethel Outeda de EDS); y los ingenieros Domingo Giorsetti y Ernesto Ruiz por el ITBA; Micael Cimet, vicepresidente de EDS, que sueña el sueño de los justos y lidera con el corazón. Tony Pérez y Chu Tung, sus *country managers* de México y Brasil, que apuestan a una visión de excelencia más allá de lo convencional. Y tantos otros que han acariciado mi vida con sus alas angelicales.

Aunque es imposible poner todos los nombres, quiero expresar mi gratitud a todos los participantes de mis programas. Sus preguntas, sus desafíos, sus aportes y su energía son fuente permanente de entusiasmo y motivación. En el crisol del aprendizaje todos nos fundimos, nos mezclamos y nos volvemos a separar. Al final, cada uno se lleva un poquito de los demás. Siento que mi vida se ha enriquecido extraordinariamente cada vez que me introduje en ese crisol en compañía de almas bondadosas.

Muy especialmente quiero reconocer mi deuda de gratitud con dos maestros, dos gigantes intelectuales y espirituales sobre cuyos hombros me afirmo: Peter Senge y Ken Wilber. Peter Senge me abrió todas las puertas con generosidad desbordante. Desde el primer momento me empujó y apoyó para ser más, para crecer, para probar cosas nuevas. Incontables veces garantizó mi trabajo frente a compañías que dudaban de confiar sus ejecutivos senior a un joven de 30 años. Ojalá algún día pueda pagar tanta bondad apoyando a otra gente en su crecimiento así como Peter me respaldó a mí. Ken Wilber es un fenómeno. Si no fuera tan humano, creería que es extraterrestre. En mi opinión, es uno de los filósofos más importantes de la historia. No sólo por su capacidad mental, sino por la infinita belleza de su alma. Leer sus libros, conocerlo y finalmente llegar a trabajar a su lado ha sido un privilegio y una bendición. Peter y Ken: agradezco al universo vuestra presencia en mi vida.

Rosita, Luis y Lucila han pasado cientos de horas intentando hacer legibles mis pensamientos; tarea ímproba si la hay. Su capacidad editorial, su esfuerzo y su compromiso amoroso con este proyecto han ido muchísimo más allá del deber. Sirva este agradecimiento como la medalla de honor correspondiente. De más está decirlo: ellos son totalmente inocentes. Cualquier error remanente es consecuencia de mi terquedad. Probablemente el fallo provenga de alguno de los desacuerdos donde me emperré e insistí en dejar la frase como a mí me gustaba. (No es mi culpa si el castellano se resiste a amoldarse a mis deseos...)

.   "Los libros no se compran por la tapa", dice el refrán. Sin embargo, los editores sabios –como Juan Granica– saben que muchísima gente compra los libros justamente por la tapa. Por eso les confían este trabajo sólo a los mejores diseñadores gráficos. Si es por la tapa, este libro debería ser un best-seller gracias al excelente trabajo de Leonardo, Sergio y Ezequiel.

Por fin quiero agradecer el apoyo incondicional de mi familia: Kathy, amor de mi vida, que se fue a dormir sola tantas noches sin nunca ponerse celosa del ordenador; Sophie, Tomás, Paloma, Michelle, Janette y Rebecca que jugaron tantos fines de semana sin su papá. Gracias por aceptar mi pasión por mi trabajo y por quererme como soy.

Fredy

Referencias

1. Machado, Antonio: "Cuatro cosas tiene el hombre", poema XLVII de *Proverbios y cantares*, en *Antología poética de Antonio Machado*, Santillana, 1996.
2. Jiménez, Juan Ramón: "Yo no soy yo", poema CXXV de *Eternidades*, Losada, Buenos Aires, 1966.
3. Harvey, Andrew: *Rumi: The Way of Passion*, Two Frog Press, 1993.

INTRODUCCIÓN

Metamanagement
–Del gr. meta–, *prefijo (equivalente al latín, trans-),*
"más allá, fuera de": más adelantado, más profundo, más inclusivo,
en un estado de desarrollo más avanzado; situado más allá, trascendente;
que ha sufrido una metamorfosis o transformación;
–y el inglés management, *sust. derivado del verbo* to manage,
"dirigir", este a su vez derivado del latín manus, *"mano": acto, manera o*
práctica de la gerencia; administración, dirección, guía, control, supervisión;
personas que dirigen o lideran una organización; habilidad gerencial,
habilidad ejecutiva, liderazgo; acción de dirigir o controlar los asuntos o
intereses de una compañía o un negocio; acción de manejar, administrar,
gobernar, liderar, supervisar, dirigir, conducir; acción de llevar a cabo,
conseguir, triunfar, poder, arreglar, organizar,
especialmente en situaciones difíciles.

Adaptado del *American Heritage Dictionary*

"LOS PARTIDOS SE GANAN EN EL CAMPO DE JUEGO", dice un viejo refrán futbolístico. Aunque parezca una verdad de Perogrullo, no es la que define el foco de la enseñanza y la bibliografía de management. Considerando la cantidad de horas de cátedra y libros que se dedican al liderazgo, la visión y la estrategia global versus la cantidad que se orientan a la operación concreta, las habilidades y comportamientos específicos, uno pensaría que los partidos los ganan los directores técnicos y no los jugadores. La gran mayoría de los académicos y autores se dirigen a los altos directivos. Muy pocos son los textos que se preocupan por aplicar en la "arena de batalla" las grandes ideas que se discuten en la sala de comando.

Esta infatuación por las alturas estratégicas y desprecio por el llano se traduce en máximas simplistas como "los managers hacen las cosas correctamente, los líderes hacen

METAMANAGEMENT 1. PRINCIPIOS

las cosas correctas" ("*managers do things right, leaders do the right things*"). Frases como esta menoscaban a quienes cargan sobre sus hombros el peso de la operación diaria. De acuerdo con ellas, el líder es el estratega sofisticado y visionario capaz de guiar a la empresa hacia su destino de grandeza. El manager (y ni hablemos de los empleados) es un simplón laborioso que tal vez algún día adquiera el vuelo necesario para ser líder. Aunque el ingenio del refrán resulte simpático, es una trivialidad peligrosa. El manager no es un aspirante a líder al que no le alcanza el coeficiente intelectual. El manager es quien se encarga de hacer que la maquinaria organizacional funcione efectivamente día tras día.

Como dice Peter Drucker[1], "El management [es la clave] para la obtención de los resultados de la institución. Tiene que empezar desde los resultados deseados y tiene que organizar los recursos de la institución para alcanzar esos resultados. Es el órgano que hace a la institución –sea un negocio, una iglesia, una universidad, un hospital o un asilo para mujeres golpeadas– capaz de producir resultados".

Drucker rescata al management como una práctica que trasciende al mundo de los negocios. Los managers son los pilares sobre los que se basa la sociedad moderna. "El centro de una sociedad, una economía y una comunidad moderna no es la tecnología. No es la información. No es la productividad. *Es la institución conducida como el órgano de la sociedad para producir resultados.* Y el management es la herramienta específica, la función específica, el instrumento específico para hacer a las instituciones capaces de producir resultados. (...) Es importante afirmar –y hacerlo enfáticamente– que management NO es simplemente gestión de negocios, al igual que la medicina NO es simplemente obstetricia. Hay, por supuesto, diferencias entre los managements de distintas organizaciones: la misión define la estrategia y la estrategia define la estructura. *El ma-*

nagement es el órgano específico y distintivo de todas y cada una de las organizaciones."

La excelencia competitiva de la organización depende tanto de los líderes, como de los managers. Junto con los trabajadores, ambos constituyen las tres patas que sostienen la productividad, rentabilidad, adaptabilidad y supervivencia de la compañía. Si cualquiera de ellas falla, el sistema no funciona. Cada estamento de la organización es importante en sí mismo. Los líderes necesitan enfocarse hacia el exterior, analizar los mercados, inventar futuros y esbozar caminos para concretarlos. Su atención debe centrarse en las grandes líneas estratégicas, en la visión inspiradora y en la coordinación de la energía de la gente. Autores como Gary Hammel, C. K. Prahalad[2], John Kotter[3] y Warren Bennis[4] han demostrado fehacientemente el papel crítico del liderazgo en la innovación, el cambio y la adaptación organizacional al mundo crecientemente turbulento en que vivimos.

Los managers necesitan enfocarse hacia lo interno, atender a las necesidades del personal y ayudarlo a rendir su máximo potencial. Su atención se dirige a los detalles tácticos que deben cumplirse para alcanzar los objetivos de los planes y presupuestos. Ellos son los encargados de "bajar a tierra" las ideas revolucionarias de los líderes, organizando la estructura, asignando los recursos y manteniendo el control operativo. Mientras los líderes operan con visiones inspiradoras, los managers operan con sistemas de evaluación de desempeño, planes y presupuestos. Libros como *La disciplina de los líderes del mercado* y *Empresas que perduran*[5] enfatizan la importancia del management para mantener a una empresa vibrante y rentable en el largo plazo.

Los generales no pueden ganar la guerra sin soldados, y los soldados no pueden ganar la guerra sin los generales. El esfuerzo es cooperativo y cada uno debe cumplir su función. Mi objetivo no es elevar el estatus de ningún grupo ni rebajar el de ningún otro. Lo que quiero hacer es revertir la tendencia que pinta a los líderes glamorosamente y a los managers como cuasi-líderes que esperan la oportunidad de hacer un trabajo más sutil y sofisticado. Con la intención de equilibrar la situación, entonces, quiero presentar ciertas investigaciones recientes que indican que el comportamiento de los supervisores y managers de primera línea es tal vez uno de los factores más críticos para el éxito de cualquier organización. De acuerdo con estos estudios, el rendimiento de la organización está basado en el de sus empleados, y nada es más importante para elevar tal rendimiento que la influencia de sus supervisores directos.

En su libro *The Service Profit Chain*[6], Heskett y Sasser alegan que sin importar cuál sea el tipo de negocio, la *única* manera de generar ventajas competitivas (y la consiguiente rentabilidad) es construir un ambiente de trabajo que atraiga, concentre y retenga a los empleados talentosos. La creación y mantenimiento de dicho ambiente es responsabilidad directa del manager. Una visión inspiradora y una estrategia sólida son condiciones necesarias, pero no suficientes para ello. El mundo en que los empleados viven todos los días está determinado fundamentalmente por el comportamiento de su manager.

Considerando los descubrimientos de Warren Bennis y Bart Nannus[7] en *El arte de mandar,* esta es un área con inmensas oportunidades de mejora. Bennis y Nannus encontraron que "Menos de uno de cada cuatro trabajadores afirma que está trabajando al máximo de su potencial. La mitad dice que no pone en su trabajo más que el mínimo esfuerzo necesario para mantenerlo. Y la gran mayoría, un 75 por ciento, declararon que podrían ser significativamente más eficientes que lo que son actualmente".

¿Qué atrae a los empleados más talentosos? ¿Qué les permite desplegar su mayor potencial? ¿Qué enfoca esa energía y la armoniza con los objetivos organizacionales?

¿Qué hace que estos empleados permanezcan en la compañía? En tres palabras: un manager excelente.

El manager excelente

En su libro *First, Break All the Rules* (Primero, rompa todas las reglas), Marcus Buckingham y Curt Coffman[8] reportan los resultados de dos investigaciones sobre efectividad organizacional desarrollados por la Organización Gallup desde 1975 hasta hoy. Basado en la premisa de que los empleados talentosos son el fundamento de una organización exitosa, el primer estudio se concentró en la pregunta: "¿Qué esperan y necesitan de sus empleadores tales empleados?". Gallup encuestó a más de un millón de empleados de un amplio rango de compañías, industrias y países.

El descubrimiento más importante, informan los autores, es que "*los empleados talentosos necesitan managers excelentes. El empleado talentoso puede sumarse a una compañía por sus líderes carismáticos, sus beneficios generosos y sus programas de entrenamiento sobresalientes, pero cuánto tiempo se quedará y cuán productivo será mientras esté en la empresa, lo determina la relación con su supervisor inmediato*".

Los autores se preguntaron entonces: "¿Cómo hacen los mejores managers del mundo para encontrar, captar y conservar a los empleados talentosos?". Consultaron a 400 organizaciones, entrevistando a 80.000 de sus managers; desde los excelentes hasta los corrientes. Para determinar quién era excelente y quién era corriente, usaron medidas objetivas de rendimiento, como ventas, rentabilidad, satisfacción de clientes, índices de retención de personal e indicadores del clima interno. La combinación de estos dos estudios es la investigación empírica más extensa jamás llevada a cabo sobre el tema.

Los investigadores de Gallup encontraron que los managers excepcionales creaban un ambiente de trabajo en el que los empleados contestaban las siguientes preguntas (en orden de importancia) con las afirmaciones más enfáticas:

¿Sé lo que se espera de mí en el trabajo?

¿Tengo los materiales y el equipo que necesito para hacer bien mi trabajo?

¿Tengo la oportunidad de expresar mis mejores capacidades cada día en mi trabajo?

¿He recibido en los últimos siete días algún reconocimiento o felicitación por hacer un buen trabajo?

¿Le importo como ser humano a mi supervisor?

¿Se preocupa mi supervisor por mi desarrollo profesional y humano?

¿Son tomadas en cuenta mis opiniones?

¿Es mi trabajo importante como parte de la misión y el propósito de la compañía?

¿Están mis colegas comprometidos con hacer trabajos de alta calidad?

¿Tengo un buen amigo en el trabajo?

¿He hablado con alguien sobre mi progreso en los últimos seis meses?

¿He tenido oportunidades durante este último año para aprender y crecer?

La variabilidad de las respuestas dentro de la misma organización indicó que la experiencia de los empleados dependía principalmente de su relación con su manager, y no de las políticas y procedimientos globales de la corporación. El manager, no el sistema de remuneraciones, ni el de entrenamiento, ni el líder carismático, era el factor crítico en la construcción de un lugar de trabajo excepcional. Como dicen los autores, "no es que estas cosas no sean importantes. Es simplemente que el supervisor directo es *más* importante. Él define el ambiente de trabajo e influye en él. Si es capaz de establecer expectativas claras, conocer a sus empleados, confiar e invertir en ellos, estos pueden perdonarle a la compañía su falta de programas de bonos o *stock options* (opciones de compra de acciones). Pero si la relación con el supervisor está fracturada, no hay beneficio alguno (masajes, gimnasio, paseo de perros, etc.) que pueda persuadir a los empleados talentosos a quedarse y rendir. Es mejor trabajar para un gran manager en una compañía conservadora, que para un manager mediocre en una compañía con una cultura innovadora".

¿Hay alguien que esté en desacuerdo con estas conclusiones? Son tan "obvias" y contundentes como la que afirma que el cigarrillo es dañino para la salud. Tampoco parecen tan difíciles de aplicar; casi se pregunta uno cómo hay managers que no se enfocan en las doce preguntas. Si usted se está preguntando eso y es fumador, simplemente pregúntese por qué no deja el cigarrillo ahora mismo. (Si usted no fuma, pregúntele a un amigo que fume.) La recomendación de Buckingham y Coffman es endiabladamente simple... y difícil de llevar a cabo. Los mismos investigadores dan la razón inadvertidamente al considerar la filosofía de los managers excelentes.

Lo que natura no da...

Su deprimente destilación de la sabiduría de management es: "La gente no cambia mucho. No pierda el tiempo intentando obtener lo que no tiene. Trate de alentar aquello que ya tiene. Eso, de por sí, es bastante difícil". O, como dice el refrán, "lo que natura no da, Salamanca no presta". Los managers opinan (y los autores concuerdan en ello) que es imposible modificar el modelo mental de las personas. Cada individuo posee ciertos patrones específicos (los autores llaman a estos patrones "talentos") de pensamiento, emoción y comportamiento, que derivan directamente de su constitución neurológica y su evolución psicológica. Aunque es posible influir un poco en estos patrones, los managers y los autores afirman que es imposible alterar su naturaleza básica. "No es cierto que cualquiera que se lo proponga puede llegar donde quiera si lo intenta con suficiente intensidad", afirman. "Hay cosas que son inmodificables. Por eso, lo mejor es buscar individuos con el talento necesario para sobresalir en cierta posición y luego darles las habilidades y conocimientos prácticos necesarios para triunfar."

De acuerdo con esta filosofía, hay personas que tienen talento para el management y otras que no lo tienen. La excelencia se consigue escogiendo y promoviendo a quienes poseen los dones necesarios. Quienes no han nacido para eso serán más felices dedicándose a otra cosa. Tal vez el problema es que en muchas compañías, la única forma de avanzar en la carrera es acceder a posiciones de management. Esto hace que muchos empleados excelentes en la gestión individual sean promovidos, como dice el principio de Peters, hasta alcanzar su nivel de incompetencia.

Las habilidades y los conocimientos son transferibles, concluyen los autores; el talento, no. Es infructuoso intentar dotar de talento a quienes no lo tienen; lo redituable es entrenar a los talentosos, proveyéndolos de las habilidades y conocimientos necesarios para descollar en su trabajo. Cada persona de talento es un diamante en bruto. El potencial está allí, pero para que rinda resultados concretos debe ser impulsado por las habilidades y conocimientos necesarios para la tarea.

Como dice Martin Seligman[9], claramente hay un núcleo central de talentos inmodificables. Esos patrones recurrentes de pensamiento, sentimiento y comportamiento se derivan de una fisiología determinada genéticamente o estructurada por influencias tempranas (antes de la pubertad) que esculpen la red neurológica como un jardinero modela un bonzai. Por ejemplo, no importa cuántas horas me pase entrenando, jamás llegaré a jugar al fútbol como Maradona, al básquetbol como Michael Jordan o al tenis como John McEnroe. Jamás podré tocar el piano como Arthur Rubinstein, el violín como Isaac Stern o la guitarra como Paco de Lucía. Puedo mejorar mi desempeño en fútbol, básquet o tenis; puedo aprender a tocar el piano, el violín o la guitarra; pero nunca seré un *world class performer*, una estrella de nivel internacional.

Hay gente que tiene una capacidad empática (terapeutas y maestros excelentes) que va más allá de todo posible entrenamiento; esa gente estaría totalmente perdida tratando de operar con la precisión matemática necesaria para ser un excelente contador público. Tan perdidos como un contador tratando de ayudar a un niño a aprender la conjugación del verbo "caber". Usando el mundo de los ordenadores como analogía podríamos decir que estos talentos son como circuitos integrados o microchips cuyos circuitos lógicos han sido impresos físicamente –cableados o "marcados a fuego"– lo que los hace inmodificables. En la jerga informática esto se llama lo *hard* (duro) como en "hardware".

En el otro extremo, hay una capa superficial de hábitos modificables. Estos patrones recurrentes son poco más que inercias que extrapolan comportamientos pasados. Por ejemplo, yo estoy acostumbrado a dormir del lado izquierdo de la cama, pero no sería traumático intercambiar lados con mi esposa. O, cuando vivía en Argentina saludaba a las mujeres automáticamente con un beso en la mejilla, sin embargo en los Estados Unidos me acostumbré (después de sorprender a algunas norteamericanas) a saludar sin besos. De la misma forma, un creativo que se nutre del desorden caótico puede aprender a dejar su lugar de trabajo ordenado al final del día; o un programador introvertido puede desarrollar una capacidad de relación que le permita entenderse con sus clientes. Estas rutinas modificables son como programas cuyas instrucciones están en estado maleable o "blando" (*soft*, como en "software").

Entre la superficie y el núcleo está la gran zona gris de lo "tal vez modificable". En esa zona se ubican (progresivamente) los distintos hábitos de acuerdo con su posibilidad de cambio, que depende de factores internos (como la "dureza" o "arraigo" en las vías neuronales que los subyacen) y externos (como la efectividad de la metodología utilizada para modificar la conducta). Por ejemplo, hay cientos de historias clínicas sobre el hipnoterapeuta Milton Erickson[10] que describen su misteriosa habilidad para modificar patrones de conducta en pacientes que habían sido declarados "casos perdidos". Igualmente, hay muchos que después de un ataque cardíaco abandonan inmediatamente hábitos que antes parecían "absolutamente rígidos" como fumar, tomar alcohol o comer grasas animales. Estos súbitos vegetarianos, abstemios y no fumadores hubieran jurado –antes de su infarto– que jamás en la vida podrían prescindir de la satisfacción de consumir las cosas que dejaron de un momento para el otro.

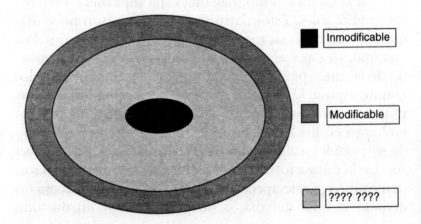

Inmodificable

Modificable

???? ????

Qué es modificable y qué no lo es, depende de la estrategia de cambio. La misma puerta es "imposible" de abrir con la llave equivocada, y "fácil" de abrir con la correcta. Tal vez el talento más importante del ser humano es su plasticidad, la fluidez de su mente para reconfigurar patrones de pensamiento, sentimiento y comportamiento según las demandas del entorno. Este es un meta-talento, ya que da a la persona la capacidad de adquirir los talentos necesarios para enfrentar los desafíos que se le presentan en distintos momentos de su vida.

Habilidades y meta-habilidades

Cada trabajo requiere de ciertas destrezas específicas: una enfermera necesita aplicar inyecciones, un iluminador de cine necesita leer fotómetros, un artista gráfico necesita usar ordenadores. Cada trabajo requiere de ciertos conocimientos específicos: un contador necesita conocer los principios de contabilidad generalmente aceptados, un vendedor necesita conocer las características de los productos de su cartera, un camarero necesita conocer los platos del día. El trabajo de management también tiene sus requerimientos específicos, y son, precisamente, aquellas habilidades y conocimientos que permiten crear un ambiente de trabajo que invite a los empleados a responder con afirmaciones rotundas las doce preguntas precedentemente expuestas.

Así como hay habilidades específicas (el iluminador no necesita saber aplicar inyecciones ni la enfermera usar un programa de diseño gráfico), hay ciertas habilidades generales. Las habilidades generales son muy importantes, porque constituyen la base del desarrollo de las habilidades específicas. Por ejemplo, para aplicar una inyección es necesario tener un cierto nivel de destreza manual. La misma habilidad psicomotriz subyace a la capacidad de tocar el piano. Por supuesto que los movimientos superficiales son distintos, pero si miráramos una tomografía computarizada del cerebro, veríamos que el patrón de disparos neuronales del pianista practicando escalas y el de la enmera aplicando inyecciones son similares.

En esta obra nos enfocaremos en habilidades y conocimientos del más alto orden de generalidad. Las llamaremos "meta-habilidades". Estas habilidades son tan básicas que cualquier persona las necesita para operar en forma efectiva en su interacción con otras (ya sea en ámbitos profesionales o sociales). Por ejemplo, sería extremadamente difícil programar con efectividad sin dominar los principios de la lógica proposicional. Igualmente, es extremadamente difícil coordinar acciones con efectividad sin dominar los principios de los pedidos, las promesas y las conversaciones de negociación de compromisos. Y por la misma razón, es imposible trabajar en equipo de manera efectiva sin saber investigar los razonamientos que llevan a que distintas personas arriben a distintas conclusiones y propuestas de acción.

Como dijimos arriba, tal vez la mayor de las meta-habilidades del ser humano sea su capacidad reflexiva. Mediante un "desdoblamiento" lingüístico, cada uno de nosotros puede ser, al mismo tiempo, sujeto y objeto de análisis. Lo hago, por ejemplo, cuando digo "me siento bien", donde "yo", como sujeto, puedo sentir y evaluar de acuerdo con ciertos criterios de bienestar el estado de "me", o "mí mismo", es decir, "yo" como objeto. Esto me permite "auto-reprogramar" ciertos patrones de pensamiento, sentimiento y conducta que atentan contra mi bienestar. Puedo acostumbrarme a usar diariamente el hilo dental, salir más temprano para llegar a la oficina con menos estrés o respirar hondo y contener mis emociones, en vez de estallar iracundo cuando el mundo no se ajusta a mis deseos. Esta capacidad es la base de todo aprendizaje y desarrollo de las personas.

Todos los seres humanos tenemos el talento para alcanzar un nivel razonable de competencia en las habilidades fundamentales expuestas en esta obra. (Precisamente, son estas capacidades las que nos distinguen como humanos.) Por supuesto, algunos tienen aptitudes naturales más afinadas que otros; no todos pueden sobresalir o ser *world class*; pero todos pueden aprender estas meta-habilidades y usarlas para mejorar su efectividad, sus relaciones y su calidad de vida.

El saber aplicado requiere contextualización

Dijimos que el desarrollo de habilidades no es prioritario en la literatura de management. Pero la situación es peor aún. La pequeña cantidad de material que enfoca el problema de la ejecución consiste mayormente en "recetas" específicas, instrucciones paso-a-paso. A pesar de la utilidad de tales recetas, su alcance es limitado. La realidad rara vez se ajusta a conceptos preestablecidos. En el 99% de los casos, el escenario concreto en el que el actor deberá desempeñarse, tendrá diferencias significativas con el contexto abstracto en el que se ejemplificó el uso de la técnica. Para operar en forma efectiva, la persona debe ser capaz de recontextualizar y adaptar su conocimiento a las circunstancias que se le presentan.

No se trata ya solamente de saber pisar el acelerador para hacer que el automóvil vaya más rápido; para conducir en forma efectiva sobre una superficie resbaladiza, es necesario saber que a veces pisar el acelerador *no* hace que el automóvil acelere; más aún, acelerar sobre hielo puede causar una pérdida de adherencia, una patinada y el consiguiente desastre. El consejo descontextualizado "pise el acelerador para ir más rápido" es simplemente un primer paso en el camino del aprendizaje. Para operar en el mundo real, es necesario desarrollar el *criterio* para adecuar dicho consejo a las condiciones siempre cambiantes a las que el conductor debe enfrentarse.

Este criterio es otra meta-habilidad, una habilidad que sirve para potenciar otras habilidades de orden inferior. En el mundo del deporte, por ejemplo, el preparador físico no se ocupa de pulir el saque, la volea o el revés de un tenista; de eso se encarga el *coach* o director técnico. El objetivo de la preparación física es crear una infraestructura de fuerza, flexibilidad, resistencia y agilidad que ayude al tenista a jugar –incluyendo sacar, volear y pegar de revés, entre otras cosas– de manera más efectiva. La misma infraestructura es igualmente beneficiosa para un jugador de fútbol, de baloncesto o de rugby. Por supuesto que cada deporte tiene sus requerimientos físicos particulares, pero todos se desarrollan sobre la misma base de fuerza, flexibilidad, resistencia y agilidad.

En el mundo de los negocios, hay una falta aguda de "preparadores físicos". Por un lado, existen cientos de libros técnicos sobre "cómo hacer que...", por otro lado, existen cientos de libros teóricos sobre "la filosofía de..."; pero los libros sobre "cómo *ser* el tipo de persona capaz de *manifestar* la filosofía del negocio *haciendo* que..." brillan por su ausencia. Tal el vacío que este libro pretende llenar.

Ser, hacer, tener

"La mejor manera de hacer es ser", dijo Lao Tzu hace unos dos mil años. A pesar de su antigüedad, el mensaje no ha perdido vigencia. "Para tener, es necesario primero hacer; y para hacer es necesario primero ser", dice Stephen Covey[11]. Lo visible (el efecto) llama la atención y oculta la importancia de lo invisible (la causa). Por eso, desde que el mundo es mundo, las personas, seducidas por el resultado, pierden de vista la infraestructura y el proceso que son pre-condición para obtenerlo. La paradoja es que para *conseguir* un resultado, es necesario primero *comportarse* de manera tal de producir ese resultado y para comportarse de tal manera, es necesario primero *ser* el tipo de persona capaz de comportarse así. No hay, en mi opinión, ocupación más práctica y efectiva que prepararse para *ser* la persona (equipo, organización) capaz de comportarse de la manera requerida para producir los resultados deseados.

Al concentrarse en el ser, la persona se vuelve mucho más flexible para modificar su hacer (y por ende su obtener). Igualmente, al concentrarse en sus valores fundamentales, una organización se vuelve mucho más flexible para modificar sus estrategias (y por ende sus resultados). Esta flexibilidad no es simplemente una buena idea; en un mundo en permanente cambio, es un requerimiento vital para la supervivencia. En su famoso libro *En busca de la excelencia*[12], Tom Peters y Bob Waterman propusieron una lista de cualidades que constituían el fundamento del éxito de cuarenta y tres compañías "excelentes". Algunas de las principales eran: una clara visión corporativa, valores profundos, y un alto nivel de congruencia entre los elementos de la estrategia y la estructura organizacional. Muchas compañías han tratado de emular los ejemplos de Peters y Waterman. Pero, tal como informan Pascale, Millemann y Gioja[13] en *Surfing The Edge of Chaos*, a cinco años de la publicación del libro más de la mitad de las cuarenta y tres compañías se hallaba en problemas. Hoy, sólo cinco de ellas se mantienen a flote.

Pascale y sus co-autores indican que esta tendencia hacia el fracaso parece estar creciendo. Por ejemplo, entre 1976 y 1985, el 10% de las empresas *Fortune 500* (las 500 más grandes de los Estados Unidos) desapareció de la lista. En los siguientes cinco años, el ritmo de desgaste saltó al 30%, índice que aumentó al 35% en el lustro posterior (1991-1996). "Es razonable asumir que (1) la mayoría de las organizaciones de la lista de Fortune hubiera preferido mantenerse allí y (2) estaban informadas de las amenazas competitivas con el tiempo necesario para emprender acciones correctivas. La pregunta es entonces: ¿por qué no lo hicieron?". Según los autores, porque no fueron capaces de movilizar a su gente de modo de que respondiera con la energía necesaria para sostener el éxito.

Esta movilización es un tremendo desafío. Como dice Drucker en la obra ya citada, "La institución tradicional está diseñada para la continuidad. [Y si es exitosa, mucho más comprometida con esta continuidad.] Todas las instituciones existentes, sean negocios, universidades, hospitales o iglesias deben, por lo tanto, hacer esfuerzos especiales para ser receptivos al cambio y para ser capaces de cambiar. Esto explica por qué las instituciones existentes se enfrentan a la resistencia al cambio. El cambio, para la institución tradicional, es una contradicción en sus propios términos".

En un análisis de corto plazo, estoy de acuerdo con estas conclusiones. En el momento del desafío, las corporaciones decadentes fueron incapaces de generar una respuesta adecuada y alterar su continuidad. Pero la historia es mucho más interesante si ampliamos el foco temporal. Haciendo una analogía con la salud de una persona, podríamos decir que alguien que se resfrió fue incapaz de movilizar su sistema inmunológico para hacer frente al desafío del virus. Pero si estudiamos las condiciones de vida de esta persona previas al resfrío, podríamos ver que su alimentación carecía de ciertas vitaminas, o que no tenía la costumbre de lavarse las manos regularmente, o que estaba pasando por un momento estresante en su trabajo. Estos factores, a pesar de no producir directamente el resfrío, afectan al sistema inmunológico y su capacidad para repeler las agresiones virósicas.

Lo mismo pasa a nivel organizacional. La pregunta más interesante no es si la empresa pudo o no movilizar a su gente. La pregunta fundamental es cuáles eran las meta-prácticas y las meta-competencias desarrolladas por la organización que le permitirían –o no– movilizar su energía para hacer frente a los desafíos del entorno. Ese es el nivel más profundo en el que se juega la supervivencia en el largo plazo. El presente es siempre el futuro (resultado) del pasado: la habilidad para hacer algo hoy es consecuencia de la preparación de esa habilidad mediante el entrenamiento de ayer. Asimismo, el presente es el pasado (causa) del futuro: la habilidad para hacer algo mañana se funda en la preparación de esa habilidad mediante el entrenamiento de hoy. Mi argumento es que las personas, los equipos y las empresas no están desarrollando hoy las meta-competencias (competencias de segundo orden o competencias de contexto que posibilitan la aparición de competencias de contenido) que les permitirán adaptarse, sobrevivir y prosperar en el mundo que se viene; o mejor dicho, en el mundo que se les viene encima.

Metamanagement

Metamanagement es un neologismo que pretende describir una nueva disciplina: la de desarrollar esta clase de meta-competencias en las organizaciones. Intenta representar el deseo de ir más allá del management tradicional. Más allá en dirección "río arriba" (*upstream*) ocupándose de aquello que está en los orígenes o en la raíz del management. Más allá en dirección "río abajo" (*downstream*) ocupándose de aquello que está en los objetivos o la finalidad del management. Más allá en dirección "río adentro" (*instream*) buceando en las profundidades filosóficas que subyacen a las técnicas de la superficie.

En la película *Don Juan de Marco*, el personaje de don Juan (representado por Johnny Depp) le asegura a su psiquiatra, el Dr. Miklar (Marlon Brando) que hay sólo cuatro preguntas que vale la pena considerar en esta vida: ¿Qué es lo sagrado? ¿De qué está hecha el alma? ¿Por qué vale la pena vivir? ¿Por qué vale la pena morir?. "Y la respuesta a las cuatro preguntas es la misma", asegura don Juan, "el amor." Aquí estamos haciendo, y con la misma seriedad, tres preguntas: ¿Qué hay en los orígenes del management? ¿A qué apunta el management? ¿Cuál es el fundamento filosófico del management? Y la respuesta a las tres preguntas es la misma: el ser humano.

El management nace con la preocupación de los seres humanos por utilizar sus recursos en forma efectiva para alcanzar sus objetivos. Parte de los recursos con los que cada persona cuenta, son las otras personas que operan en su entorno. El management no sólo se ocupa de la administración de cosas inertes, sino de la coordinación de acciones y del trabajo cooperativo de los grupos de personas. Por eso, es necesario ir más allá del management e investigar al ser humano como, diría Aristóteles, "causa material".

El management se orienta a producir los resultados que desea el ser humano, a ayudar a este ser humano a sentirse feliz, realizado, satisfecho con su labor y consigo mismo. El objetivo último no es material, sino humano y hasta podríamos decir, espiritual. Por eso, es necesario ir más allá del management e investigar al ser humano como aristotélica "causa final".

Por último, la filosofía del management debe subordinarse a la filosofía de vida de las personas que lo ejercen. La función apropiada para la persona es la de jinete, siendo la organización el caballo. El peligro es cuando se invierten los papeles, y los principios fundantes de la dignidad humana toman el segundo lugar frente a las necesidades operativas. Por eso, es necesario ir más allá del management e investigar a las personas y su ética como principio rector.

Hay otro sentido en el que el material de esta obra va "más allá del management". Las meta-habilidades que presento son tan generales que exceden al management en su ámbito de aplicación. A pesar de que los ejemplos están orientados al mundo de los negocios, el material es igualmente aplicable a cualquier otro aspecto de la vida. Este libro es acerca de los seres humanos, ya sea en el contexto organizacional o en el personal.

Ciencia de los negocios

El subtítulo de esta obra es "La nueva con-ciencia de los negocios". El juego de palabras apunta a dos términos importantes para comprender el sentido de estas páginas: ciencia y conciencia. El método científico (del que se habla en gran detalle en el Capítulo 26, Tomo 3, "Optimismo espiritual") es sin duda uno de los más grandes logros del pensamiento occidental. A partir de la aplicación disciplinada de los principios científicos, la humanidad dio un salto cuántico en su capacidad para manejar (*manage*) el mundo. Más adelante, los científicos del management lograron aumentos de efectividad igualmente impresionantes mediante la aplicación de esos principios. El problema, tanto en las ciencias en general como en el management, es que muchos practicantes dejaron de ser científicos y se volcaron al cientificismo materialista.

La diferencia entre ciencia y cientificismo es que la primera es una disciplina y el segundo es una ideología. La ciencia se basa en un método mediante el cual los miembros de una comunidad competente (los científicos) proponen hipótesis, las contrastan con el mundo en forma experimental y observan los resultados para ver si las hipótesis resisten la confrontación empírica. De ninguna manera la ciencia dice que lo único que existe son objetos materiales. De hecho, la matemática es una ciencia perfectamente respetable cuyo objeto de estudio es imposible de encontrar en el mundo material.

El cientificismo materialista es una creencia, infundada, en que el mundo está compuesto sólo de cuerpos concretos que se mueven de acuerdo con las leyes de la física. De la misma manera, los cientificistas del management afirman que lo único que existe son cuerpos (humanos) moviéndose de acuerdo con las leyes de la física y del behaviorismo más crudo. Para los managers materialistas las personas son hatos de respuestas pre-programadas. El arte de dirigir es encontrar los estímulos que generen las respuestas deseadas. La pregunta para ellos es: "¿Qué botón debo pulsar ahora para obtener el comportamiento deseado?".

El ser humano posee, ciertamente, un cuerpo que se mueve de acuerdo con las leyes de la física. También posee ciertas tendencias para responder frente a estímulos. Pero creer que esto es *todo* lo que posee un ser humano constituye un despropósito mayúsculo. Además de cuerpo, el ser humano tiene una mente capaz de albergar pensamientos y emociones. Y además de una mente, el ser humano tiene una voluntad, un alma, un espíritu capaz de sostener ideales trascendentes, principios éticos, sentimientos místicos y una conexión con todo lo que existe. Concentrarse en el aspecto de "cosa" del ser humano y negar la existencia de sus otras dimensiones es equivalente a vivir en una pequeña celda en el sótano de un castillo con decenas de salones majestuosos.

Opuestos a los cientificistas, están los líricos. Por lo general se trata de psicólogos o sociólogos que ven claramente las dimensiones inmensurables del ser humano. Sus llamadas de alerta, sus indicaciones de que hay algo más, son encomiables. El problema es que su lenguaje es tan extraño para los managers, que su mensaje tiende a ser desechado. Es muy difícil para un ingeniero o un contador traducir a su "lengua materna" las disquisiciones filosóficas del existencialista. Frustrados, los managers se vuelcan entonces a lo que entienden: reingeniería de procesos, cambios en la estructura organizacional, programas de incentivos, información contable para evaluar el rendimiento, sistemas informáticos para automatizar operaciones. Las preocupaciones por la dimensión humana o cultural quedan relegadas al departamento de recursos humanos; siempre y cuando "quede presupuesto para esos lujos".

Pero ocuparse de las personas como clave del éxito de la empresa no es un lujo, es una necesidad imperiosa. No hay ninguna duda de que las empresas ex-*Fortune 500* que perdieron su primacía tenían a su disposición todos los recursos técnicos (y quizás algunos más), que los que tenían sus competidores. Son extremadamente raros los casos en los cuales una nueva tecnología es monopolizada por una compañía que la usa para desalojar del mercado al líder anterior. Lo normal es que la empresa titular pierda su primacía por "ser incapaz de movilizar sus recursos". En español, esto significa que la caída es consecuencia de la falta de energía, voluntad o inteligencia *de la gente* para actuar con resolución frente a la amenaza que enfrentaba la empresa. La habilidad de la gente para responder a los crecientes desafíos competitivos que plantean los mercados de hoy no es "*nice to have*" (algo que es bonito tener), sino "*must have*" (algo que se debe tener).

Lo que hace falta es una ciencia del management capaz de tender un puente lingüístico y conceptual entre el mundo de lo mensurable y el de lo inmensurable. *Metamanagement* intenta esbozar algunas ideas generales sobre lo que sería esa ciencia. Mi objetivo es presentar, en forma rigurosamente racional, teorías y prácticas usualmente identificadas con lo lírico o emocional. Este es un libro de poesía científica (o ciencia poética) dirigido a quienes saben que "hay algo más" que los áridos modelos cibernéticos de la empresa, pero que no pueden soportar la lógica turbia y deconstruccionista de los filósofos post-modernos.

Metamanagement aspira a ser una disciplina completamente práctica. (El volumen dos, para horror de los puristas teóricos, está plagado de "recetas para la acción".) Pero en vez de ser un mero "manual de cocina", aspira a derivar recomendaciones eminentemente prácticas, a partir de sólidas teorías filosóficas, psicológicas y sociológicas sobre la naturaleza del ser humano y sus organizaciones. (Los volúmenes uno y tres, esta vez para horror de los "cocineros", están repletos de razonamientos lógicos y argumentos conceptuales.) Como ha escrito Kurt Lewin, no hay nada más práctico que una buena teoría. Y como dice Douglas McGregor[14], "Todo acto de management se basa en supuestos, generalizaciones e hipótesis, es decir, en una teoría acerca de la naturaleza humana y más específicamente acerca de la motivación en la naturaleza humana. Nuestros supuestos son frecuentemente implícitos, algunas veces inconscientes, a menudo en conflicto. De todas maneras ellos determinan nuestras acciones. Teoría y práctica son inseparables".

En esta obra planeo presentar la teoría (volumen uno), derivar la práctica (volumen dos) y revelar la filosofía subyacente (volumen tres). Mi esperanza es que al ver la imagen completa, tanto quienes tienen un sesgo operativo como quienes tienen un sesgo conceptual, encuentren un lenguaje común que les permita trabajar en armonía dentro de un nuevo marco de sentido. Este cambio filosófico no apunta sólo a la efectividad gerencial. Como dice Abraham Maslow[15] en *Maslow on Management*, "Cuando la filosofía del hombre (su naturaleza, sus objetivos, su potencial, su satisfacción) cambia, entonces todo cambia, no sólo la filosofía [del management,] de la política, de la economía, de la ética, los valores y las relaciones interpersonales, sino también la filosofía de la educación, de la psicoterapia y del crecimiento personal, la teoría de cómo ayudar a los hombres a convertirse en lo que pueden y profundamente necesitan devenir".

Conciencia de los negocios

La otra interpretación del subtítulo es "la nueva conciencia de los negocios". Hace unos diez años, cuando llegué al MIT, Peter Senge[16] revolucionaba al mundo empresario con su libro *La quinta disciplina*. El subtítulo del libro es "el arte y la práctica de la organización inteligente". Su argumento (con el que concuerdo totalmente) era que las empresas inteligentes debían estar construidas sobre principios de adaptación sistémica al cambio continuo, de auto-organización basada en una visión compartida, y de aprendizaje permanente a nivel individual, grupal y organizacional. Tanto Senge como los que le siguieron desarrollaron disciplinas y herramientas objetivas para elevar la capacidad de acción de las empresas. Mucha menos atención, sin embargo, recibieron las competencias subjetivas: los valores éticos, la madurez psicológica, la cosmovisión integradora, en fin, la *conciencia* necesaria para que los individuos pudieran practicar las disciplinas y usar las herramientas con efectividad. Esta aversión a entrometerse en la dimensión interior del ser humano es comprensible (preocupación por invasiones a la intimidad), pero no justificable. La falta de atención al espacio interior de la persona se constituye en un impedimento para crear una organización de alto desempeño, capaz de aventajar a sus competidores en forma sostenible en un contexto de cambio permanente. Más aún: esta falta de atención puede generar eficiencias tan depravadas como las demostradas por los burócratas nazis en los campos de concentración.

Cuando una persona se desarrolla hasta los niveles superiores, se vuelve capaz de aprovechar todo como herramienta creativa. Su afán de aumentar la prosperidad (la suya y la de todo el resto del mundo) se manifiesta en la aplicación inteligente y creativa de todos los recursos disponibles. Una persona evolucionada es una fuente inagotable de beneficios económicos y sociales, un catalizador que transforma la materia prima del mundo en "alimento" para el cuerpo, la mente y el alma de todos aquellos que entran en contacto con él. Por eso, el objetivo principal no es poseer alguna herramienta o recurso concreto sino convertirse en el usuario capaz de utilizar cualquier cosa como fuente de riqueza. Enfocarse en las condiciones externas desatendiendo la necesidad de desarrollar la conciencia no sólo es improductivo sino hasta peligroso. En palabras de Abraham Maslow, "Primero debes ser una buena persona y tener un fuerte sentido de identidad. Inmediatamente después, todas las fuerzas del mundo se convierten en herramientas para tus propósitos. En seguida, ellas cesan de ser fuerzas que causan, determinan y forman y se convierten en instrumentos que la persona usa para sus deseos. Lo mismo es verdad para el dinero. En las manos de una persona fuerte y buena, el dinero es una gran bendición. Pero en las manos de personas débiles o inmaduras, el dinero es un peligro terrible y puede destruirlas a ellas y a todos los que están alrededor. El mismo principio es verdadero para el poder, tanto sobre cosas como sobre otra gente. En las manos de un ser humano sano y maduro —uno que ha alcanzado completa humanidad— el poder, como el dinero o cualquier otro instrumento, es una gran bendición. Pero en las manos del inmaduro, vicioso o enfermo emocional, el poder es un peligro horrible".

En armonía con la intuición de Maslow, las investigaciones de Don Beck[17] han mostrado que individuos y organizaciones con un mayor desarrollo de conciencia (capaces de desapegarse de sus propios puntos de vista e integrar distintas perspectivas en una cosmovisión integral) son hasta diez veces más creativos y efectivos que sus colegas más tradicionales. En la misma línea, han aparecido cantidad de libros que demuestran con abundante respaldo empírico que los valores y la madurez psicológica de las personas y la cultura organizacional (Schein[18], Moore[19], Christiansen[20]) es tan crucial para el continuado éxito económico de la organización, como los son las herramientas objetivas en sí mismas. No hay herramientas efectivas, sólo hay herramientas que permiten una mayor efectividad del ser humano que las usa. Sin un usuario capaz de valerse conscientemente de ellas, no hay efectividad posible. Por eso, el desarrollo del usuario y su madurez subjetiva son tan importantes como el desarrollo de técnicas y su excelencia objetiva.

Uno de los propósitos de esta obra es alentar a las organizaciones a volverse más conscientes. La conciencia incluye y trasciende la inteligencia. No se trata ya solamente de operar con mayor racionalidad cognitiva, sino también de desarrollar la capacidad emocional y la fuerza espiritual. Vivir "a conciencia" significa prestar atención a todo lo que ocurre, dejando que toda la información relevante brille en el espacio de atención. Operar con conciencia significa estar siempre dispuesto a percatarse de las consecuencias de las acciones que uno emprende, compararlas con sus objetivos y valores, y corregir lo que sea necesario. Tener conciencia significa considerar a los demás y su interioridad como datos relevantes para decidir qué hacer; como dice Martín Buber, reconocer al otro como un "tú" y no como un "eso". Este libro es una convocatoria a las personas, los equipos y las organizaciones a trascender la inteligencia y comprometerse a desarrollar la conciencia.

Estructura de la obra

En los capítulos que siguen presentaré las meta-habilidades (o habilidades fundamentales) que, en mi opinión, son necesarias para mantener una ventaja competitiva sostenible en los mercados del siglo XXI. No escribiré sobre estrategias, arquitecturas organizacionales, métodos de control de gestión u otras habilidades "de superficie". Considero que hay una multitud de libros excelentes que tratan esos temas. Tampoco me preocuparé por justificar mis técnicas con análisis cuantitativos. A pesar del apego académico a las regresiones y correlaciones matemáticas, considero que en el mundo de la práctica empresaria, lo que vale es la aplicación al caso concreto. Por eso prefiero las anécdotas e historias ejemplificadoras a las pruebas formales o estadísticas.

Gracias a mi entrenamiento en modelaje matemático y ciencias de la cognición, conozco las penosas limitaciones del lenguaje para capturar la realidad. La vida no es "condensable", por lo que ninguna descripción puede hacer honor a su riqueza. Tal vez por eso el zen afirma que "los que saben no hablan, y los que hablan no saben" (y los que escriben saben aún menos...). Por otro lado, el impulso de compartir descubrimientos e intuiciones es incontenible. Este afán de expresar lo inexpresable es el origen de la poesía y la literatura. A lo largo del libro utilizo poemas y cuentos para ilustrar ciertas ideas (y sus resonancias sutiles), que escapan al árido lenguaje técnico. La poesía puede parecer incompatible con la precisión tecnológica. Para mí son formas complementarias que, en conjunto, permiten acceder a las distintas facetas de ese diamante infinito que es la realidad.

El material que presento aquí ha sido creado en el laboratorio de la consultoría y el trabajo concreto con mis clientes. El desarrollo de las herramientas es inductivo: a partir del encuentro repetido de un problema, busco características comunes para entender su esencia, y luego trato de formular estrategias capaces de resolverlo. Ciertos principios filosóficos orientan mi búsqueda, pero la única prueba valedera de una solución es su valor para ayudar a quienes deben lidiar con el problema. No puedo garantizar que las recomendaciones de esta obra funcionen para todo el mundo, pero sí puedo afirmar que han pasado la rigurosa prueba de más de diez años en el "campo de batalla", sirviendo a más de cinco mil participantes en seminarios. Con ese respaldo me animo a someterlas a la consideración del lector.

Esta es una obra dividida en tres volúmenes, no tres obras unidas bajo un mismo título. Hay una progresión natural desde el prólogo hasta el epílogo, que enhebra la totalidad de los capítulos en una sola secuencia y construye las nuevas ideas sobre la fundación de aquellas ya explicadas. Aunque es posible leer partes en forma desordenada o restringirse a uno de los tres volúmenes, no lo recomiendo. Mi sugerencia es leer en orden del principio al fin, volviendo cada tanto a repasar algún concepto. A riesgo de hacer engorrosa la lectura he incluido abundantes referencias en las que relaciono el tema presentado con conceptos introducidos en otros capítulos. Espero que eso ayude al lector a percibir la unidad conceptual del texto.

En el Capítulo 1, "Aprendizaje, saber y poder", presento al aprendizaje como el motor del desarrollo humano. La aspiración de alcanzar objetivos que van más allá de las habilidades presentes es lo que mueve al hombre a adquirir nuevas competencias y trascender sus límites, creando nuevas posibilidades.

En el Capítulo 2, "Responsabilidad incondicional", distingo entre la actitud de víctima y la de protagonista. La víctima se concentra en las restricciones que le impone una realidad inmanejable. El protagonista se enfoca en su capacidad para responder a estos desafíos, en armonía con sus valores e intereses. Nadie tiene la garantía de conseguir lo que quiere, pero el protagonista tiene siempre la posibilidad incondicional de comportarse honorablemente.

En el Capítulo 3, "Aprendiendo a aprender", investigo con más detalle los pasos del aprendizaje. El propósito de este esquema conceptual es ayudar, a quienes quieran aprender, a encarar esta actividad en forma ordenada y efectiva. Desenmascaro también a los enemigos más frecuentes del aprendizaje, sugiriendo estrategias para evitar sus efectos perjudiciales.

En el Capítulo 4, "Problemas, explicaciones y soluciones", sostengo que no existe tal cosa como un problema. No es que no haya problemas, sino que los problemas no son cosas; son opiniones de alguien que no está conforme con alguna situación. A partir de esta definición, el proceso de resolución de problemas (particularmente cuando es encarado por un grupo en vez de un individuo aislado) cambia radicalmente.

En el Capítulo 5, "Modelos mentales", propongo que el mundo que se nos aparece no es el mundo real o externo, sino una imagen filtrada y procesada por nuestro modelo mental. Las fuentes de este modelo mental –y de su consiguiente estructuración de la realidad subjetiva– están en la biología, la cultura, el lenguaje y la historia personal. Dado que distintas personas provenimos de distintas culturas, con distintos lenguajes y ciertamente hemos vivido distintas historias personales, tendremos serios problemas para comunicarnos si cada uno cree que *su* realidad es *la* realidad.

En el Capítulo 6, "Del control unilateral al aprendizaje mutuo", analizo estos dos patrones de pensamiento y acción, y presento una filosofía de management basada en la comunicación abierta y franca. Más allá de las técnicas manipuladoras, el manager orientado al aprendizaje sabe que es imposible obtener el compromiso por la fuerza; premios y castigos pueden, a lo sumo, producir cumplimiento. Si uno quiere enrolar la energía de su gente en aras de un propósito común, es necesario desechar el control unilateral.

En el Capítulo 7, "Esquizofrenia organizacional", muestro cómo los comportamientos individuales (de aquellos consustanciados con el modelo de control unilateral) generan patologías organizacionales. Haciendo una analogía con el análisis de Gregory Bateson sobre la esquizofrenia, encuentro parecidos preocupantes entre conductas patógenas en la familia y en las organizaciones. Así como el objetivo de la terapia es ayudar al paciente a salir de la trampa que le tienden estos patrones de conducta, mi objetivo es ayudar a los managers a evitar los efectos nocivos (para ellos, sus empleados y sus organizaciones) de las rutinas defensivas.

Los siete capítulos descritos (más el Prólogo y esta Introducción) constituyen el primer volumen de *Metamanagement: Principios*. Su objetivo es establecer un marco conceptual que pueda organizar las herramientas y metodologías que presento en el segundo volumen: *Aplicaciones*.

En el Capítulo 8, "Check-In", introduzco una técnica simple y efectiva para abrir y cerrar reuniones. La técnica permite, en primer lugar, coordinar objetivos y crear un espacio de información compartida que sirva para dar un contexto común a la tarea. En segundo lugar ayuda a abrir un contexto donde cada uno de los participantes tenga la posibilidad de expresar sus ideas y expectativas sobre la reunión, siendo escuchado respetuosamente por los demás. Esto genera un clima humano conducente a interacciones efectivas. Los participantes de mis cursos opinan unánimemente que este proceso es el más fácilmente ejecutable en el trabajo cotidiano.

En el Capítulo 9, "Conversaciones públicas y privadas", presento una técnica para analizar conversaciones difíciles y aumentar el nivel de efectividad y franqueza con que nos desenvolvemos en ellas. Distinguiendo lo dicho de lo que uno mantiene secreto en su mente, presento el dilema entre honestidad y respeto. (¿Cómo puedo ser simultáneamente honesto y respetuoso, cuando pienso que el otro es un estúpido?) Para resolver este dilema es necesario ir hasta el corazón de verdad que subyace a la superficialidad tóxica y reactiva de la mente. Esa verdad profunda resulta siempre productiva, respetuosa y tremendamente íntegra.

En el Capítulo 10, "Observaciones y opiniones", explico cómo la confusión entre estos dos actos del habla genera incontables problemas entre las personas, afectando tanto su productividad como sus relaciones. Al aclarar la distinción, propongo estrategias para no caer en dicha trampa y mejorar todo tipo de interacciones (profesionales y personales). Estudio también las diferencias entre juicios productivos (fundados y orientados hacia la acción), de los improductivos. Finalmente aplico los estándares de productividad para analizar juicios sobre personas (caracterizaciones) y las evaluaciones de desempeño.

En el Capítulo 11, "Exponer e indagar", describo una serie de técnicas para rediseñar las conversaciones difíciles analizadas en el Capítulo 9. Distingo dos pasos en la danza conversacional: exponer, cuando uno presenta sus ideas y explica el razonamiento que lo lleva a sostenerlas, e indagar, cuando uno escucha las ideas del otro e intenta comprender el razonamiento que lo lleva a sostenerlas. Uno es la imagen especular del otro, por lo que basta con que una sola persona conozca las técnicas, para elevar el nivel global de la conversación. Al indagar, uno "guía" a su interlocutor para que pueda explicar de manera efectiva su posición. Al exponer, uno "responde" a las preguntas de indagación que su interlocutor le hubiera hecho si conociese la técnica.

En el Capítulo 12, "La escalera de inferencias", analizo la velocidad sorprendente con que nuestra mente salta del hecho a la conclusión, muchas veces haciendo osadas inferencias en forma automática. El problema no resultan ser esas inferencias, sino la inconciencia con la que se hacen y la creencia posterior de que estas inferencias constituyen "hechos". Tal vez la tendencia más peligrosa de la mente es a "tirar la piedra" (hacer una inferencia) y "esconder la mano" (pretender que se trata de un hecho observado en el mundo exterior).

En el Capítulo 13, "Resolución de conflictos", propongo un método para tratar con creatividad las diferencias de opinión (y propuestas para la acción). La garantía es que si las partes se avienen a seguir el proceso, indefectiblemente llegarán a una solución consensuada. Con pequeñas alteraciones, el mismo método sirve para la resolución de dilemas. El dilema es un conflicto *intrapersonal* en el que distintos aspectos de la persona pujan por obtener lo que quieren. Así como la escucha respetuosa de todas las partes en conflicto es condición esencial para una negociación exitosa, la atención de todas las partes *internas* es condición esencial para la resolución exitosa de un dilema. Este capítulo sirve también como resumen y repaso de los conceptos presentados en los cuatro últimos.

En el Capítulo 14, "Pedidos y promesas", aplico una lupa a estos actos conversacionales, definiendo sus elementos constitutivos y analizando los accidentes lingüísticos que pueden descarrilar la coordinación efectiva de acciones. Planteo una forma de pedir y prometer, que maximiza las probabilidades de establecer compromisos firmes y confiables para todas las partes. Finalmente, ofrezco una definición de integridad con estándares claros que sirven como guía para la acción.

En el Capítulo 15, "Compromisos conversacionales", expando el tema del capítulo anterior para estudiar las respuestas alternativas a un pedido, y las maneras productivas e improductivas en las que puede desarrollarse la conversación subsiguiente. A continuación derivo un proceso de diálogo mediante el cual un equipo u organización puede establecer normas (compromisos) consensuadas para guiar su comportamiento. A pesar de la simplicidad de los conceptos, esta es una de las áreas donde existen las mayores oportunidades de mejora. Pocas personas, y menos organizaciones, operan con eficiencia e integridad en el área de los compromisos. En el apéndice relaciono los compromisos, la confianza, el funcionamiento organizacional y la economía global mediante una historia clásica de Leonard Reed, "Yo, el lápiz".

En el Capítulo 16, "Recompromisos conversacionales", considero la manera de restablecer la efectividad, la confianza y la integridad cuando alguien no cumple con su compromiso. En el caso de ser uno quien rompe su palabra, planteo una técnica para ofrecer disculpas y negociar la manera de minimizar los daños al "acreedor" de la promesa. En caso de ser el otro quien rompe su palabra, ofrezco una técnica para hacer un reclamo efectivo que permite reparar el daño a la tarea, solucionar la pérdida de confianza y preservar la dignidad de todas las partes.

En el Capítulo 17, "Comunicación multidimensional", sugiero una forma de expresar el descontento cuando lo que el otro ha quebrado es una expectativa propia (y no un compromiso). En particular, estudio aplicaciones de esta metodología a la evaluación de desempeño. Aunque similar a la de recompromisos conversacionales, la técnica presenta ciertas diferencias significativas. De todas formas, el objetivo es siempre el mismo: mejorar la efectividad, profundizar la relación y aumentar la calidad de vida de todos los participantes. Igualmente importante para este objetivo es saber expresar el aprecio, gratitud y admiración cuando el otro se comporta con altura. El final del capítulo está destinado e desarrollar esta actividad como práctica permanente en el grupo de trabajo.

En el Capítulo 18, "El perdón", considero la situación en la que ninguna técnica "funciona". Hay veces en que todas las herramientas son inefectivas para mejorar el resultado de una interacción. En esos casos, perdonar es una forma efectiva de liberarse del enfado y el sufrimiento. Por supuesto, la noción de perdón capaz de producir esos resultados no tiene nada que ver con la comprensión tradicional del término.

En el Capítulo 19, "Meditación, energía y salud", sugiero una serie de ejercicios para aumentar la conciencia y reducir el estrés en la vida cotidiana. Mi argumento es que la meditación no sólo no es "algo raro", sino que es una de las actividades más importantes para desarrollar la capacidad de enfoque, atención y ecuanimidad frente a los desafíos de la vida. Además de este entrenamiento para ponerse "en estado metafísico", incluyo un apéndice con mis investigaciones sobre cómo alcanzar un estado físico que permita desempeñarse con un alto nivel de energía.

El Capítulo 19 concluye el volumen dos y sirve como puente al volumen tres, *Filosofía*. Mi expectativa es que a esta altura el lector encuentre convincentes mis argumentos en favor de las herramientas conversacionales. La pregunta entonces es: si esta metodología de trabajo es tan buena y parece tan simple, ¿por qué es tan difícil de aplicar? Más interesante aún: ¿qué puede uno hacer para desarticular las tendencias inconscientes que sabotean el mejoramiento de la efectividad, las relaciones y la calidad de vida de las personas?

En el Capítulo 20, "El dilema del cambio", estudio el "sistema inmunológico" de nuestro modelo mental como bloqueador fundamental del cambio. Existen fuerzas conservadoras internas que contrapesan automáticamente cualquier intento de transformación. Esta oposición no es una defensa autodestructiva de la persona, sino una autoprotección frente a lo desconocido. Es fundamental comprender los valores que uno intenta proteger mediante su resistencia al cambio. Sólo mediante la resolución creativa del dilema entre los valores que alientan la innovación y los valores que luchan por la preservación (sin descartar a ninguno de ellos), podemos diseñar estrategias efectivas de cambio.

En el Capítulo 21, "Emociones", argumento que las emociones, pensamientos, sensaciones y la fisiología forman un sistema que debe ser entendido en forma global. Específicamente, la emocionalidad tiene una lógica interna perfectamente consistente. Mi intención es despejar algunos de los errores conceptuales más corrientes con respecto a la vida emocional –por ejemplo, las emociones son incompatibles con la racionalidad– y ofrecer una manera de entender las emociones, capaz de transformarlas en valiosas consejeras.

En el Capítulo 22, "Inteligencia emocional", construyo un "vocabulario básico", describiendo las historias y pensamientos que subyacen a cada una de las emociones principales. A diferencia de la emoción emergente que necesita ser aceptada y contenida sin condicionamientos, estas historias son pasibles de análisis racional. Convenientemente, las herramientas necesarias para este análisis son las ya presentadas en el volumen 2.

En el Capítulo 23, "Competencia emocional", combino los conceptos de los dos capítulos anteriores con las prácticas meditativas descritas en el Capítulo 19. El resultado es una guía práctica para trabajar con las emociones propias y las de los demás. La clave es poder, al mismo tiempo, validar sin enjuiciar la experiencia emocional y analizar en forma crítica las creencias y opiniones que la generan. El objetivo es desarrollar competencias que permitan integrar las emociones al mundo organizacional como fuentes relevantes de información y relacionamiento productivo entre las personas. En el apéndice comparo mi modelo con el de Daniel Goleman.

En el Capítulo 24, "Valores y virtudes", enfoco el tema de la ética, buscando un conjunto de principios que sirva como guía para la acción. Cualidades como responsabilidad, excelencia, disciplina, honestidad, humildad y respeto, emergen como la columna vertebral de una vida honorable y productiva. Mi examen de estos principios no es un proyecto conceptual. La adopción de un código de conducta es crucial para todo aquel (individuo, equipo, organización) que desee vivir conscientemente.

En el Capítulo 25, "Identidad y autoestima", explico cómo muchos de los "vicios" de comportamiento en las organizaciones (y en la vida en general) se derivan de un problema de autoestima. Y que este problema de autoestima proviene de una idea errónea sobre la identidad, una lamentable equivocación entre quién uno es en realidad, y quién uno cree que es. Busco las raíces evolutivas de esa confusión y ofrezco un método para atacar las ideas inconscientes que empobrecen la vida de quien las sostiene. Los conceptos y las prácticas del Capítulo 19 sobre meditación prueban ser esenciales en esta tarea aclaratoria.

En el Capítulo 26, "Optimismo espiritual", abordo de lleno la pregunta que quedó en suspenso en el capítulo anterior: "¿Quién soy?". Para analizar esta cuestión con todo rigor, acudo a la ayuda del método científico, destruyendo al pasar algunas de las concepciones erróneas que identifican a la ciencia con cientificismo. La respuesta es tan sorprendente como impresionante: en el nivel más profundo, cada uno de nosotros es Aquel que puede decir "Soy el que Soy". Más impresionante aún, esta conclusión de insondable profundidad está a la mano de cualquier "investigador" dispuesto a sentarse consigo mismo durante 10 minutos para calmar su mente.

En el Capítulo 27, "Volviendo al mercado", uso un mapa zen del camino de la iluminación para encontrar una espiritualidad comprometida con el mundo. Propongo la actividad empresaria como una oportunidad maravillosa para ejecutar en el día a día la conciencia trascendente de aquel que quiere operar "más allá del management". El "*estar* en el mundo (o el mercado) pero no *pertenecerle* (ser de él)" prueba ser la clave desde la cual es posible interpretar las ciencias económicas como el estudio de las formas nobles para trascender la absorción egoísta con la satisfacción de los propios intereses y subordinarla a un espíritu de servicio.

En el Epílogo, retomo el tono personal del Prólogo. Comparto con el lector mis reflexiones acerca de mi ascenso al Aconcagua. Con mi historia personal, espero invitarlo a "meterse de lleno" en la maravillosa aventura del aprendizaje y la transformación permanente. Pero no quiero esconder las dificultades de la empresa: además de maravillosa, la aventura es a veces pavorosa. Cuando uno cambia los ojos, escribía Proust, no puede volver a ver los horizontes que conocía. Y, como reza el refrán, "Nada ha cambiado; sólo yo he cambiado; por lo tanto, todo ha cambiado". El cambio demanda el abandono de lo conocido. Por otro lado, cuando uno deja de aferrarse a lo conocido, se le abre un mundo maravilloso e insospechado. Digamos con Bill Holm[21] :

Alguien bailando en nuestro interior
sólo aprendió unos pocos pasos:
el "haz-tu-trabajo" en ritmo de 4/4,
el vals del "no-aspires-a-tanto".
Él no ha advertido aún a la mujer

de pie lejos de la lámpara,
esa con ojos negros,
que sabe la rumba,
y pasos extraños en ritmos sincopados
de las montañas de Bulgaria.
Si danzan juntos,
pasará algo inesperado.
Si no lo hacen, el próximo mundo
será muy parecido a este.

Aquellos que no quieren que el próximo mundo sea muy parecido a este, aquellos que quieren bailar con esa mujer misteriosa que ama las sombras, deben estar dispuestos a pagar el precio: deben abandonar los ritmos clásicos —el 4/4, el vals— y aprender a danzar la rumba y las síncopas de las montañas de Bulgaria. Me imagino que en un baile de gala donde la norma son los valses almidonados, la rumba no sería bien vista. De hecho, durante muchos años el tango fue considerado "inmoral", digno sólo de malvivientes y mujeres de vida ligera. Su intensidad, su sensualidad y su atrevimiento lo hacían "peligroso" para el *statu quo*; fue una danza capaz de "pervertir" a las "personas de bien" que bailaban castamente sin acercar demasiado sus cuerpos.

Esta obra intenta, también a su manera, invitar a quienes la lean a bailar una danza "peligrosa". Algunos tal vez hasta me acusen de "pervertidor". Sería un honor estar en compañía tan buena como la de Sócrates. No quiero que el próximo mundo sea parecido a este. Hay demasiado sufrimiento, demasiadas oportunidades desperdiciadas, demasiada desconexión entre la gente, demasiada pobreza y miseria. Peor aún, este sufrimiento, este derroche, esta soledad y esta miseria son innecesarios. Si sólo aprendiéramos a bailar una nueva danza, las posibilidades serían infinitas. El paraíso no es un lugar al que se llega muriendo;

creo firmemente que el cielo es un estado de conciencia que es posible –y absolutamente imperioso– desarrollar en vida; aquí y ahora. Quiero hacerme eco de la súplica desesperada de Kabir[23]:

> *Amigo, busca la verdad mientras estás con vida.*
> *¡Zambúllete en la experiencia mientras estás vivo!*
> *Eso que llamas "salvación" pertenece al tiempo antes de la*
>   *muerte.*
> *Si no rompes tus cadenas mientras estás vivo,*
> *¿crees que vendrán los fantasmas a hacerlo después?*
> *La idea de que el alma se unirá con lo extático,*
> *simplemente porque el cuerpo se pudra,*
> *es una cruel fantasía.*
> *Lo que encuentres ahora, lo encontrarás luego.*
> *Si no encuentras nada ahora, terminarás simplemente*
> *con un apartamento vacío en la Ciudad de la Muerte.*
> *Si te enamoras del Universo ahora, en la próxima vida*
> *brillará en tu rostro la sonrisa del deseo satisfecho.*

Enamorarse del Universo ahora es empezar ya mismo a vivir en un mundo maravilloso, pero incomprensible para quienes siguen presos de lo conocido y no quieren abandonar las danzas tradicionales.

Como cuenta Richard Bach[23] en *Ilusiones*:

"Una vez vivía un pueblo en el lecho de un gran río cristalino. La corriente del río se deslizaba silenciosamente sobre todos sus habitantes: jóvenes y ancianos, ricos y pobres, buenos y malos, y la corriente seguía su camino, ajena a todo lo que no fuera su propia esencia de cristal.

"Cada criatura se aferraba como podía a las ramitas y rocas del lecho del río, porque su modo de vida consistía en aferrarse y porque desde la cuna todos habían aprendido a resistir la corriente. Pero al fin una criatura dijo: 'Estoy harta de asirme. Aunque no lo veo con mis ojos, confío en que la corriente sepa hacia dónde va. Me soltaré y dejaré que me lleve adonde quiera. Si continúo inmovilizada, me moriré de hastío'.

"Las otras criaturas rieron y exclamaron: '¡Necia! ¡Suéltate, y la corriente que veneras te arrojará, revolcada y hecha pedazos, contra las rocas, y morirás más rápidamente que de hastío'. Pero la que había hablado en primer término no les hizo caso, y después de inhalar profundamente se soltó; inmediatamente la corriente la revolcó y la lanzó contra las rocas, mas la criatura se empecinó en no volver a aferrarse, y entonces la corriente la alzó del fondo y ella no volvió a magullarse ni a lastimarse.

"Y las criaturas que se hallaban aguas abajo, que no la conocían, clamaron: '¡Ved un milagro! ¡Una criatura como nosotras, y sin embargo vuela! ¡Ved al Mesías, que ha venido a salvarnos a todas!'. Y la que había sido arrastrada por la corriente respondió: 'No soy más Mesías que vosotras. El río se complace en alzarnos, con la condición de que nos atrevamos a soltarnos. Nuestra verdadera tarea es este viaje, esta aventura'.

"Pero seguían gritando, aún más alto: '¡Salvador!', sin dejar de aferrarse a las rocas. Y cuando volvieron a levantar la vista, había desaparecido y se quedaron solas, tejiendo leyendas acerca de un Salvador".

Hay quienes prefieren aferrarse a las piedras y hay quienes prefieren fluir con la corriente (más allá de los magullones iniciales). Este libro es para los segundos, para aquellos que confían en esa energía vital que corre por sus venas, la misma energía que hace brillar a cada estrella. Retomaremos estos temas al final del volumen tres, en los capítulos sobre autoestima, identidad, optimismo espiritual y el Epílogo. Espero que a esa altura el lector se dé cuenta de que esto que ahora parece "poesía" (tal vez bella, tal vez incomprensible) es en realidad un preciso "manual operativo" para conducir a las organizaciones y su gente hacia un futuro mejor, un futuro que brilla con la sonrisa del deseo satisfecho.

Referencias

1. Drucker, Peter: *Management Challenges for the 21st. Century*, Harper Business, 1999.
2. Hammel, Gary y Prahalad, C.K,: *Compitiendo por el futuro*, Ariel, 1995.
   Hammel, Gary: *Liderando la revolución*, Norma, 1999.
3. Kotter, John: "John Kotter on What Leaders Really Do", *Harvard Business Review*, 1999.
4. Bennis, Warren: *Cómo llegar a ser líder*, Norma, 1997.
5. Treacy, Michael y Wiersema, Fred: *La disciplina de los líderes del mercado*, Norma, 1996.
   Collins, James y Porras, Jerry: *Empresas que perduran*, Norma 1997.
6. Heskett, Sasser y Schlesinger: *The Service Profit Chain*, Free Press, 1997.
7. Bennis, Warren y Nannus, Bart: *El arte de mandar*, Merlín, 1987.
8. Buckingham, Marcus y Coffman, Curt: *First, Break All the Rules*, Simon and Schuster, 1999.
9. Seligman, Martin: *What You Can Change... and What You Can't : The Complete Guide to Successful Self-Improvement. Learning to Accept Who You Are*, Paperback, 1995.
10. Rosen, Sidney: *Mi voz irá contigo. Los cuentos didácticos de Milton H. Erickson*, Paidós, 1986.
11. Covey, Steven: *Los siete hábitos de la gente altamente efectiva*, Paidós, 1995.
12. Peters, Tom y Waterman, Bob: *En busca de la excelencia*, Norma, 1982.
13. Pascale, Millemann y Gioja: *Surfing The Edge of Chaos*, Crowne Pub, 2000.
14. Douglas McGregor, *El lado humano de las organizaciones*, MacGraw Hill, Bogotá, 1994.

15. Maslow, Abraham: *Maslow on Management*, John Wiley & Sons, 1998.
16. Senge, Peter: *La quinta disciplina*, Granica, Buenos Aires, 1992.
17. Beck, Don, y Cowan, Cristopher: *Spiral Dynamics*, Blackwell, 1996.
18. Schein, Edgard: *La cultura empresarial y el liderazgo*, Plaza & Janes, 1988.
19. Moore, Geoffrey: *Living in the Fault Line*, Harperbusiness, 2000.
20. Christiansen, Clayton: *The Innovators Dilemma*, Harperbusiness, 2000.
21. Holm, Bill: en Bly, Robert et. al: *The Rag and Bone Shop of the Heart*, Harperperennial Library, 1993.
22. Kabir: "Poems" en Mitchell, Steven (traductor), *The Enlightened Heart*, Harperperennial Library, 1993.
23. Bach, Richard: *Ilusiones*, Javier Vergara, Buenos Aires, 1986.

CAPÍTULO 1

APRENDIZAJE, SABER Y PODER

En tiempos de cambio, los aprendices heredarán la tierra,
mientras que los sabelotodo se hallarán perfectamente equipados
para desenvolverse en un mundo que ya no existe.

Eric Hoffer

La gente dice que la vida moderna es estresante,
pero el estrés no es una característica de la vida ni del tiempo,
sino de las personas.
El estrés no llega desde el entorno,
viene de las mentes de los estresados.
Sufrimos desde el pensamiento.
Hacemos ciertos supuestos sobre el mundo,
y nos quedamos apegados a esos supuestos.
Hemos trabajado muy duro para elaborar nuestras ideas,
como para soltarlas cuando se vuelven inútiles.
Para sobrevivir debemos aplicar lo que hemos aprendido
de la experiencia, pero para crecer (...) tenemos que superar
constantemente lo que hemos aprendido en el pasado.

Brad Blanton, *Radical Honesty*

LO QUE SIGUE ES EL RESUMEN DE UNA CONVERSACIÓN que mantuve hace unos años con la vicepresidenta de operaciones de una compañía norteamericana.

Kofman: Entiendo que ustedes quieren aprender a mejorar la eficiencia en su cadena de suministros.

Vicepresidenta: Bueno, no exactamente. En verdad, queremos mejorar nuestra cadena de suministros pero no necesitamos "aprender". Ya sabemos cómo hacerlo.

Kofman: ¿Lo saben? ¡Magnífico! ¿Cómo funcionan las mejoras que introdujeron?

Vicepresidenta: No están operando aún. Sabemos qué hay que hacer, pero los operarios que deben llevar a cabo las mejoras no siguen nuestras instrucciones.

Kofman: Eso me hace pensar que ustedes no saben aún cómo mejorar la cadena de suministros.

Vicepresidenta: No, no, usted no entiende. Sabemos perfectamente cómo hacerlo, el problema a resolver es el de los operarios. Sencillamente no logramos que concreten las mejoras.

Kofman: Entonces, le reitero: ustedes no saben aún qué hacer para mejorar la cadena de suministros.

Vicepresidenta: (elevando la voz): ¿Acaso no escucha lo que le digo? Sabemos perfectamente qué hay que hacer. Hemos estudiado todo lo que necesitamos estudiar. El problema y la razón por la cual lo llamamos es el comportamiento de los operarios. Son ellos quienes deben llevar a cabo las mejoras, pero no lo hacen. Simplemente, queremos que usted los entrene...

¿Qué significa aprender?

La vicepresidenta tenía su respuesta: *aprender es obtener conocimiento, poseer la información correcta*. Esta definición enfatiza lo abstracto, lo racional y lo intelectual, y se desentiende de lo concreto, lo emocional y lo activo. De acuerdo con ella, para mejorar el funcionamiento de la cadena de suministros, hay que estudiar la situación, analizarla teóricamente, deducir una serie de recomendaciones y trasmitírselas a los operarios para que las ejecuten. Hasta allí llega la responsabilidad de los managers. Poner en práctica esos conocimientos, transformarlos en acciones efectivas, obtener el resultado deseado, todo esto no es parte de la definición de aprendizaje. No sorprende entonces que la vicepresidenta tuviera problemas de aplicación. Tampoco sorprende que ella se sintiera frustrada por mi "incomprensión". De acuerdo con su perspectiva, ella *sabía* (intelectualmente) cómo mejorar la cadena de suministros. El problema era estrictamente cómo llevarlo a cabo; y eso no era su responsabilidad.

Esta definición proviene de un modelo "informático" del conocimiento: saber es conocer datos, poseer información. Responde al modelo escolar: si podemos contestar las preguntas en el examen, queda demostrado que "sabemos" la lección. Tal definición es peligrosamente incompleta, ya que no atiende a la necesidad de desarrollar prácticas efectivas. Por eso se queda en un mero ejercicio teórico y rechaza la responsabilidad de mejorar las cosas en el mundo real. Para completar el proceso del aprendizaje, es necesario pasar de la información a la acción. Y para hacer del aprendizaje un proceso continuo, es necesario reflexionar sobre las consecuencias de la acción y descubrir desvíos entre lo planeado y lo producido. Estos desvíos se convierten en el nuevo problema a resolver.

Tanto en la filosofía de la educación (John Dewey[1]) como en las ciencias sociales (Kurt Lewin[2]) y en el management de calidad total (Edward Deming[3]), el círculo del aprendizaje continuo ha sido una constante entre quienes están más interesados en cambiar el mundo que en describirlo. Este círculo refleja un proceso sin solución de continuidad que contiene los siguientes pasos. 1) Descubrir: observar las diferencias entre lo que uno experimenta (o pronostica que va a experimentar en el futuro) y lo que uno quisiera que pase. 2) Inventar: analizar el sistema y diseñar acciones (soluciones) que modifiquen lo que sucede (o sucederá en el futuro) para adecuarlo a lo que uno quisiera que suceda. 3) Producir: poner en práctica estas soluciones llevándolas a cabo en el mundo real. 4) Reflexionar: observar las consecuencias de la solución ensayada evaluando su efectividad. Esta reflexión es la base de nuevos descubrimientos correspondientes al paso 1.

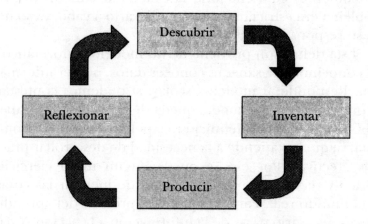

Figura 1. Círculo de aprendizaje continuo

El problema de la definición académica del aprendizaje es que se desentiende completamente del paso 3. Su abstracción no tiene "cable a tierra", por lo que se queda flotando en las alturas intelectuales. La caricatura del académico lo pinta en su torre de marfil, estudiando problemas que no tienen relación con el mundo real, o enfrascado en discusiones bizantinas sobre el sexo de los ángeles. Muchas veces, los ejecutivos de una compañía caen en el mismo error, pierden la conexión con la operación y se convierten en teóricos del management.

Otras veces, caen en el extremo opuesto, es decir se apresuran a "hacer algo" sin analizar el problema ni considerar las consecuencias de la acción. En una reacción impaciente a lo que consideran "parálisis por análisis", se lanzan a hacer cosas sin demasiada consideración. Aprender, para ellos, es hacer; cualquier cosa, pero hacer algo al fin. El problema de esta definición anti-académica es que no tiene guía conceptual, es miope y falta de perspectiva. La actividad irreflexiva desperdicia inmensas energías sin foco en el objetivo: *movimiento no es sinónimo de acción efectiva.* A veces, en lugar de demandar "¡No te quedes ahí sentado; haz algo!" sería conveniente pedir "No hagas algo (irreflexivamente); quédate sentado (y tómate un tiempo para pensar antes de actuar)", parafraseando el viejo refrán: "Pon tu mente en funcionamiento antes que tu cuerpo en movimiento".

Mi definición de conocimiento y aprendizaje intenta abarcar las dos partes de este proceso continuo. *Conocimiento es la capacidad de actuar efectivamente para producir los resultados que uno persigue. Aprendizaje es el proceso de incorporación de nuevo conocimiento.* En consecuencia, *aprender es aumentar la capacidad para producir los resultados que uno desea.* La diferencia entre mi definición y la de la vicepresidenta no es meramente semántica. La definición de aprendizaje tiene un gran efecto operativo; no sólo para los problemas de la cadena de suministros, sino para la vida de las personas y de las organizaciones.

La definición tradicional

En la definición tradicional, aprender significa adquirir una descripción precisa del mundo para luego aplicarla. Primero obtenemos un conocimiento teórico y luego lo ponemos en práctica. Esta descripción no es incorrecta, sino inefectiva. Dificulta la generación de nuevas competencias que satisfagan las necesidades de las personas.

El saber tradicional valora la abstracción teórica en detrimento de las acciones en el mundo real. Al concentrarse en la verdad, se olvida de la efectividad. Sabio es quien tiene información, no quien tiene la capacidad para alcanzar sus objetivos. El saber tradicional no alienta la creatividad y la invención. En su afán por expresar descripciones exactas, presenta al conocimiento como un producto terminado que los estudiantes (y los operarios) deben aceptar, en lugar de entenderlo como un proceso de incorporación de nuevas habilidades en el cual los estudiantes (y los operarios) necesariamente deben participar.

De esta forma, la concepción tradicional del saber quita poder a los estudiantes. En vez de buscar el saber-cómo (poder), los estudiantes quedan atrapados en la búsqueda del saber-qué (información). Así es el modelo de aprendizaje tipo archivo o banco de datos, donde la mente del estudiante es un vacío que debe ser llenado con información. En este modelo "bancario" del conocimiento, el maestro, que es quien sabe, realiza depósitos en la mente de los estudiantes para transferirles parte de su conocimiento, y se despreocupa de la aplicabilidad del mismo en la vida de quien está aprendiendo.

El modelo bancario del conocimiento está profundamente arraigado en el mundo de los negocios. El manager, que es quien sabe, realiza depósitos en la mente de sus empleados. El problema, como lo descubrió la vicepresidenta de la historia inicial, es que este conocimiento teórico no siempre es aplicable. (Además, la imposición externa suele generar rebeldía. A ningún ser humano le gusta ser "programado" como un ordenador.) Para transformar el saber-qué en saber-cómo, es necesario que el manager y el empleado trabajen en equipo. Es necesario que desarrollen juntos los engranajes que, como el piñón de una bicicleta, conviertan el pedaleo intelectual en propulsión para las ruedas prácticas.

Una definición operativa de aprendizaje y efectividad

En su libro *La acción humana*, Ludwig Von Mises[4] llama "satisfacción" al estado del ser humano que no se manifiesta, o no debe manifestarse, en la realización de acción alguna. "El hombre que actúa desea sustituir una situación menos satisfactoria por una más satisfactoria. Su mente imagina condiciones mejores o más ventajosas y su acción apunta a generar esa situación deseada. El incentivo que impulsa al hombre a actuar es siempre alguna insatisfacción. Un hombre perfectamente contento no tiene ningún incentivo para cambiar (...) Pero para hacer que el hombre actúe, la insatisfacción y la visión de una situación más satisfactoria no son suficientes. Una tercera condición se requiere: la expectativa de que el comportamiento tendrá el poder de remover o al menos aliviar la insatisfacción (...) Es por eso que el hombre se pregunta: ¿Cuándo y cómo debo intervenir para alterar el curso de los acontecimientos? ¿Qué sucedería si no intervengo...?"

He aquí que los dos primeros motores de la acción humana: realidad insatisfactoria y visión deseada, se enfrentan dialécticamente configurando una brecha. Esta diferencia, al igual que la diferencia de potencial de una batería, es la que genera la energía para el circuito de la acción. Sin una insatisfacción con lo existente y sin una visión de un futuro mejor, no hay razón para actuar. En todo esfuerzo hay un objetivo, una visión de futuro que impulsa al ser humano a utilizar sus capacidades y recursos para alterar la deriva natural de los acontecimientos.

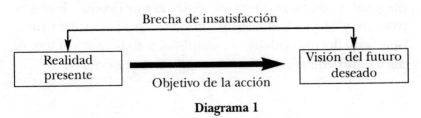

Diagrama 1

Es importante resaltar que esta brecha no constituye necesariamente "un problema" o "algo malo". La insatisfacción puede provenir perfectamente de una ambición que va más allá de la deriva natural de los acontencimientos. Por ejemplo, el deseo de retirarme a los 55 años puede impulsarme a ahorrar dinero hoy. No es que tenga (o prevea) un problema financiero, sino que tengo una aspiración que no podré concretar a menos que actúe en consecuencia. O, a nivel organizacional, el deseo de iniciar operaciones internacionales puede impulsar a algunos ejecutivos a encarar *joint ventures* con empresas de otros países. La organización en expansión no tiene (o prevé) ningún problema, sino que se ha planteado un objetivo que no podrá alcanzar a menos que actúe en consecuencia. La brecha de insatisfacción no tiene por qué ser reactiva (responder a un problema); bien puede ser pro-activa (responder a una aspiración).

El tercer componente de la acción humana es la asunción de responsabilidad y la confianza del actor en su capacidad para dirigir la deriva del mundo hacia su visión. Para actuar, el ser humano debe verse como protagonista de su destino, y no como víctima de sus circunstancias. El supuesto de la acción es que "no todo está escrito", ya que ella sólo tiene sentido desde la indeterminación del mundo y el libre albedrío del ser humano. Aun culturas normalmente fatalistas reconocen la necesidad de atribuirle poder causal a la persona; así, por ejemplo, existen un famoso dicho musulmán: "Rézale a Alá, pero ata tu camello" y otro similar judío: "Reza como si todo dependiera de tu plegaria, pero actúa cómo si rezar no importara". Para actuar en el mundo, el hombre debe tener el coraje de cambiar aquello que puede ser cambiado, más que paciencia para conformarse con aquello que no puede serlo.

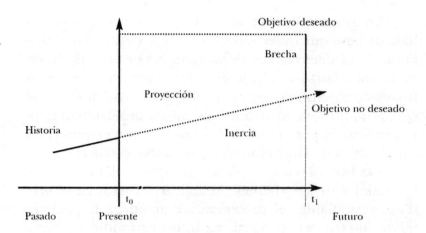

Diagrama 2

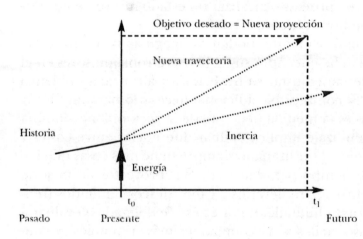

Diagrama 3

En el Diagrama 2 podemos observar cómo la proyección del pasado apunta a un futuro insatisfactorio. Llamamos "brecha de efectividad" a la diferencia entre el futuro proyectado (en ausencia de acciones correctivas) y el futuro deseado. *La esencia de la acción es la aplicación de energía en el presente para modificar la deriva del pasado hacia un objetivo futuro.*

Un ejemplo individual sería el de una persona excedida de peso que quiere adelgazar. De acuerdo con el Diagrama 3, el sujeto aplica cierta cantidad de energía (fuerza de voluntad) en el momento presente: hace ejercicios físicos y comienza un régimen alimenticio. Así, modifica el curso "natural" de los acontecimientos cambiando el futuro proyectado por el futuro deseado: uno en el que habrá bajado de peso. Un ejemplo organizacional sería el de una empresa insatisfecha con el tiempo que le lleva procesar los pedidos de sus clientes. Al aplicar recursos en el presente (estudiando el problema, diseñando e implementando nuevos procesos, tal vez informatizando o contratando más personal) la empresa apunta a acelerar los tiempos de proceso y alcanzar un estado futuro de satisfacción que hoy no tiene.

Metafóricamente, podemos imaginar una nave espacial que debe encender sus cohetes retropropulsores en el presente para ajustar su trayectoria y alcanzar su objetivo futuro. El combustible adicional necesario para modificar su curso es la medida del coste de la acción. La economía del aprendizaje implica evaluar diferencias entre costes y beneficios. El ser humano siempre tiene más cosas que hacer, que tiempo para hacerlas; más proyectos de mejora, que recursos para llevarlos a cabo (deseos ilimitados frente a recursos limitados). Por eso se ve obligado a evaluar a cada paso cuáles son las opciones más "rentables" y concentrar su esfuerzo en ellas.

Este "análisis de cartera" de posibilidades de acción no es nada simple. En la bibliografía sobre management hay gran cantidad de ejemplos de la miopía de personas y organizaciones que eligen –sin demasiada reflexión– concentrar sus esfuerzos en lo urgente mientras descuidan lo importante. La tendencia a la gratificación inmediata, la ceguera acerca de las consecuencias a largo plazo o la inhabilidad para considerar los efectos sistémicos de las acciones suele llevar a las personas a destinar sus escasos recursos (atención, pensamiento, esfuerzo, energía) a actividades de baja prioridad. La acción efectiva requiere una consideración global de los objetivos futuros y la situación presente de la persona o la organización. La efectividad no se refiere solamente a la consecución de los objetivos buscados, sino también a la elección de cuáles objetivos buscar.

Aprendizaje

El aprendizaje es lo opuesto a la locura. Una definición de esta última propone que "es hacer una y otra vez lo mismo, esperando un resultado distinto". De acuerdo con esta definición, muchas personas y organizaciones operan en un dudoso estado de salud mental.

Podemos interpretar al aprendizaje como una acción reflexiva, o de segundo orden. El aprendizaje es una forma de actuar para corregir errores cometidos en acciones anteriores. En el caso de intentar alterar el curso de los acontecimientos infructuosamente, al darse cuenta de que los recursos utilizados son desproporcionados en relación con el beneficio obtenido, o al descubrir que ha estado persiguiendo objetivos de corto plazo en detrimento de sus intereses fundamentales, el individuo puede detenerse a reflexionar sobre su conducta. Al analizar la cadena de medios a fines, puede evaluar la efectividad de su acción. Si concluye que esa efectividad es baja, puede preocuparse y aumentarla mediante una acción de segundo orden, una acción destinada a aumentar la efectividad de su accionar.

Un ejemplo típico es el del leñador que utiliza parte de su tiempo para afilar su hacha en vez de seguir talando árboles. Alternativamente, el leñador podría tomar este tiempo para hacer un "benchmarking" de sus compañeros y ver si puede copiar alguna técnica que sea más efectiva que la que estuvo usando hasta el momento. Esta inversión de tiempo y esfuerzo puede generar capital físico (una mejor hacha) o capital humano (una mejor técnica). Al aumento del capital humano lo llamamos "aprendizaje".

Al igual que la acción directa o de primer orden, el aprendizaje es un intento de sustituir una situación poco satisfactoria (falta de efectividad) por otra más satisfactoria (efectividad). Por consiguiente, la energía para el aprendizaje proviene también de la brecha que existe entre la realidad presente y la visión de una realidad más deseable. Tanto para actuar como para aprender, el individuo necesita contar con un ideal que lo impulse a utilizar sus recursos en aras de hacerlo realidad. Necesita, además, la firme convicción de poder modificar el curso de los acontecimientos mediante su capacidad de acción.

Acción y aprendizaje colectivos

Un grupo no tiene una "mente" independiente de sus integrantes. Solemos decir que el grupo "piensa", "se comporta", "persigue objetivos" o "utiliza recursos", pero estas expresiones son eufemismos para decir que al pensar, comportarse, perseguir objetivos y utilizar recursos interactivamente, *cada miembro del grupo* contribuye a generar una dinámica colectiva. El grupo provee un contexto cultural y administrativo en el que se organizan las acciones de sus participantes. Por ejemplo, un grupo de jugadores de póker interactúa en un dominio normativo y cultural específico. Afirmar que "el grupo está jugando al póker" significa que las personas pertenecientes a ese grupo están interactuando de acuerdo con las reglas del juego.

El grupo no tiene la misma capacidad de acción que el individuo. En cierta forma, el grupo es más que el individuo, pero desde otro punto de vista, es menos que el individuo. Un grupo es capaz de hacer cosas imposibles para cualquiera de sus miembros. Por ejemplo, un equipo de fútbol puede "ejecutar" una jugada, digamos, un centro pasado. Esta jugada es una coordinación de acciones individuales: el puntero izquierdo lleva la pelota hasta el fin del campo y la patea por elevación hacia el lado derecho del arco, donde el puntero derecho la espera para cabecearla hacia el gol. Ni el puntero izquierdo ni el derecho pueden ejecutar la jugada en forma aislada. Es necesaria la coordinación de ambos para realizar el centro pasado. De la misma forma, ninguna persona por sí sola puede construir un rascacielos, fabricar un coche, perforar un pozo de petróleo o cantar el coro de la Novena Sinfonía de Beethoven. Todas estas acciones requieren de la existencia de un sujeto colectivo.

Un individuo, por otro lado, puede hace cosas imposibles para un grupo. Toda persona tiene una conciencia localizada y unificada (salvo en casos patológicos como el del esquizofrénico). Esta conciencia le provee subjetividad, la capacidad de ser sujeto de percepción y acción. Esta conciencia le permite actuar con independencia. Más allá de toda condición externa, el ser humano siempre posee un espacio de libertad personal donde puede ejercer su voluntad. Ninguna sociedad tiene este mismo nivel de conciencia integrada. Ninguna sociedad tiene esta capacidad de operar como unidad volitiva. La sociedad está compuesta por individuos afiliados a un patrón de creencias y comportamientos comunes. Lo que allí existe es inter-subjetividad. Un equipo, una compañía, o cualquier grupo organizado alrededor de un propósito es un sistema que brinda coherencia a las interacciones de sus miembros. Ese patrón de coherencia es lo que nos permite hablar de percepción y acción colectivas.

El sujeto colectivo no tiene conciencia integrada ni una voluntad propia, ya que sus miembros poseen libre albedrío. Las relaciones entre los miembros del grupo no están guiadas por una mente superior, sino que se desarrollan en forma descentralizada. Es muy distinto afirmar que un brazo es "parte" del ser humano (cuando decido mover mi brazo, mi brazo se mueve) que decir que una persona es "parte" de un grupo (no hay "cerebro central" que pueda mover a las personas en contra de su voluntad). El individuo no es una "pieza inerte", no es "propiedad", no es un "componente mecánico u orgánico" del grupo. El individuo es un "miembro autónomo" que "participa" en el espacio de relaciones interpersonales establecidas por el grupo.

Esta distinción puede parecer muy abstracta, pero es crucial para evitar abusos y faltas de respeto. El principio de toda tiranía es la creencia de que el individuo es una "pieza" que "pertenece" al grupo. Para participar del grupo un individuo debe acceder a operar de acuerdo con las reglas de interacción establecidas, pero eso es una decisión del individuo, no una imposición de una pretendida "mente colectiva". Extrapolar los principios de operación del sujeto individual al sujeto colectivo es una falacia sumamente peligrosa. Una vez que se olvida que el "cuerpo social" es una metáfora, puede decidirse "extirpar" ciertos "tumores" de este cuerpo. Como individuo, no hay ningún problema en tomar decisiones sobre el propio cuerpo (por ejemplo, hacer un análisis de sangre y "matar" así una cantidad de células sanguíneas). Como líder político u organizacional, es mucho más problemático tomar este tipo de decisiones. Por eso es crítico tener siempre presente que cuando decimos que un equipo "percibe" una situación o que "actúa" para resolverla, nos referimos a procesos muy distintos de los que ocurren en el interior de un individuo.

Además del riesgo de intolerancia, la confusión de sujetos individuales y colectivos es altamente inefectiva. Un manager que intente manejar a "su" equipo de la misma forma que maneja "su" brazo no llegará muy lejos. Aunque su autoridad puede generar un cierto grado de *cumplimiento*, las amenazas son inservibles para lograr el *compromiso* de su gente. Este último no puede ser "extraído" mediante premios y castigos externos, sino que debe nacer de la decisión interna de la persona. Russell Ackoff reflexionaba a menudo sobre la situación peculiar del sha de Irán, que tenía poder absoluto de vida y muerte sobre cada uno de sus súbditos (ni siquiera lo restringían las leyes, ya que la Constitución estaba subordinada a su voluntad). Pero, si bien el sha podía hacer lo que quisiese con las personas, no conseguía que las obras públicas se terminaran en tiempo y forma.

Para operar en armonía, los miembros del equipo deben compartir una visión común de un futuro deseable y una comprensión común de una realidad que no corresponde a esos deseos. Al igual que la acción individual, la acción colectiva requiere de un diferencial entre la perspectiva común de cada uno de los miembros sobre el estado presente y la perspectiva común de cada uno de los miembros sobre la visión del futuro. Para actuar con coherencia, los integrantes del grupo deben compartir los tres elementos básicos de la acción humana: su situación presente, su visión, y la responsabilidad mancomunada por controlar su destino trazando (y transitando activamente) un camino que va desde su situación presente hacia su visión de futuro.

Llegar a un consenso sobre estos elementos requiere operar en un espacio dialógico (*dia-logos* significa, en griego, sentido compartido). Intercambiar información, razonar sobre los contenidos de esa información, armar cadenas lógicas de medios a fines y, fundamentalmente, acordar un objetivo común, son las movidas básicas de este diálogo. Sin una visión compartida, es imposible evaluar la situación presente o especular sobre estrategias de acción. El diálogo sobre la visión compartida es la raíz de todo comportamiento orgánico colectivo. Aun en su ausencia, la organización mostrará un cierto comportamiento. Pero en vez de ser una serie de acciones congruentes y orquestadas –un sistema– ese comportamiento será una secuencia desordenada de acciones individuales que carecen de un principio integrador que las organice.

En un sistema saludable, el todo integra y trasciende a las partes manteniendo una tensión creativa entre su subordinación y autonomía. Por ejemplo, una empresa sana integra a sus empleados sin coartar su existencia como individuos. Cuando una organización –un culto, por ejemplo– subordina la autonomía de sus miembros a los deseos del líder, se convierte en un ente opresor que se derrumba por su propio peso. Cuando una organización –digamos, un grupo de padres de ex alumnos– no ofrece un sentido continuado de pertenencia a sus miembros, se convierte en un ente hueco que colapsa por la debilidad de su base. Para mantenerse viva, una organización necesita integrar en su visión compartida las visiones individuales de sus miembros. Si estos no ven a su trabajo como una forma de alcanzar el futuro que cada uno de ellos desea, la organización rápidamente entrará en vías de disolución. Por eso es fundamental que en la agenda organizacional haya siempre espacio para el diálogo que integre las aspiraciones individuales en una aspiración compartida. (Retomaremos este tema en el Capítulo 3, "Aprendiendo a aprender".)

Haciendo la salvedad de que los verbos aplicados a un sujeto colectivo tienen un significado distinto de los verbos aplicados al sujeto individual, podemos extender la definición de aprendizaje desde el individuo hacia el grupo. Cuando una organización intenta una y otra vez alcanzar sus objetivos infructuosamente, necesita detenerse y reflexionar. Como explica un dicho oriental: "A menos que cambies de dirección, terminarás llegando al lugar adonde te diriges" (lugar, por supuesto, al que uno no quiere ir). Utilizando su capacidad de diálogo y sus recursos (tiempo, dinero, esfuerzo, etc.), los miembros del grupo pueden intentar desarrollar un "capital social" que aumente su efectividad. Como en el caso individual, este capital puede componerse de mejor tecnología o mejores habilidades, pero estas habilidades ahora pueden ser también colectivas. Por ejemplo, el grupo puede entrenarse para mejorar su coordinación (como lo hace un conjunto musical o un equipo deportivo), o los miembros pueden compartir información para desarrollar una estrategia más efectiva.

Saber es poder; consecuentemente, no poder es no saber. Cuando un profesor desea evaluar si un estudiante ha aprendido cierto teorema, puede someterlo a una prueba. Puede pedirle, por ejemplo, que demuestre el teorema paso a paso, o que lo aplique a la resolución de un problema. Cuando un manager desea evaluar si un equipo ha aprendido a operar la cadena de suministros, puede ponerlo a prueba. Puede pedirle, por ejemplo, que reduzca el tiempo de los procesos y los costes, o que aumente la satisfacción de los clientes.

Resumiendo, aprender es incorporar nuevas habilidades que posibiliten el logro de objetivos que antes se hallaban fuera de alcance. La única prueba de haber aprendido es la verificación de dicha capacidad mediante la producción del resultado hasta entonces inalcanzable. Nuestra definición del aprendizaje y del conocimiento es totalmente pragmática: no se refiere a la verdad, sino a la efectividad. *Tal como la revolución copernicana, en vez de poner como centro a la información verdadera, ponemos en el lugar privilegiado a la acción efectiva.*

Los sabelotodo (*knowers*) y los aprendices (*learners*)

Todo proceso de aprendizaje *debe* comenzar en la ignorancia y la incompetencia. Por definición, aprender es la respuesta a una situación insatisfactoria (o a una oportunidad) que no podemos modificar (o aprovechar) con nuestras capacidades actuales. El esfuerzo del aprendizaje se justifica por la insatisfacción que producen los intentos, reiterados e infructuosos, de mejorar esa situación. ¿Cómo se puede aprender a operar un nuevo ordenador, a tocar el piano, o a ser padre *sin* admitir inicialmente que no se sabe? Nadie nace con competencias en computación, piano o paternidad; para tenerlas hay que adquirirlas. Este proceso de aprendizaje requiere comenzar desde la ignorancia, desde la posición de quien no sabe pero se compromete a saber, o sea, en la postura de quien se declara "aprendiz".

Esta es la primera paradoja del aprendizaje: para aprender se debe partir de la ignorancia, del no-saber; pero admitir que no sabemos es una amenaza para nuestra autoestima y nuestra imagen pública. Nuestra cultura aprecia el conocimiento (real o aparente) más que la voluntad de aprender. La posibilidad de aprender se inicia con una declaración de ignorancia, con la expresión "No sé". Esta declaración es necesaria tanto a nivel individual como a nivel colectivo. *Para crear organizaciones aprendientes es necesario primero permitir organizaciones ignorantes.* El aprendizaje colectivo demanda una cultura donde el no saber esté protegido y donde la admisión de incompetencias (temporarias y subsanables) sea considerada como un paso esencial y honorable en el proceso. Pero esto va totalmente en contra de nuestra ideología actual.

Somos elogiados y premiados por lo que sabemos, y pagamos un elevado precio por lo que no sabemos: aplazos, vergüenza, pérdida de autoestima, críticas, postergaciones laborales, castigos, marginación e incomunicación. No saber puede llevarnos hacia los más bajos escalones sociales: la pérdida de oportunidades, la humillación y el desempleo. Ciertamente nadie es contratado por lo que no sabe, o por su capacidad para decir que es incapaz de producir un resultado. Obviamente, es mucho mejor ser "alguien que sabe" que "alguien que no sabe". Cuando uno sabe, tiene acceso a cierta categoría, a un determinado prestigio, elevada autoestima y poder. El problema es que para ser "alguien que sabe" hay que admitir primero que uno es "alguien que no sabe" y disponerse a aprender.

No es difícil entender por qué el saber es preciado y el no saber, despreciado. La capacidad para cumplir objetivos representa el valor agregado del "conocimiento". Obtener ese "conocimiento" es justamente la razón fundamental del proceso de aprendizaje. La declaración de ignorancia del aprendiz no se opone a la búsqueda del conocimiento; por el contrario, es precisamente lo que trata de facilitar. El problema es que las personas atrapadas en la dinámica cultural quedan inmovilizadas en la trampa de *parecer* competentes o *fingir* que saben, aun cuando no saben. Esta pretensión está en el corazón de la personalidad del "sabelotodo", una identidad construida en torno al miedo y a la necesidad permanente de tener razón, independientemente de la efectividad de esa razón.

El contraste entre el sabelotodo y el aprendiz es una polarización. Estos caracteres son más bien caricaturas maniqueas destinadas a realzar las diferentes tendencias que conviven en cada uno de nosotros. Hay muy pocos sabelotodo y menos aún aprendices 100% puros. La inmensa mayoría de nosotros conjuga estas dos energías inclinándose hacia una y otra alternativamente. En vez de tranquilizarse leyendo sobre el sabelotodo y pensando "yo no soy así", espero que el lector se esfuerce por encontrar aquellas áreas de su vida donde le cuesta admitir ignorancia.

El sabelotodo *no es* quien lo sabe todo. El sabelotodo es aquel que *deriva su autoestima de estar en lo cierto*. El sabelotodo es extremadamente frágil. Sin el reaseguro permanente de la certeza, se siente tremendamente expuesto y vulnerable. Su ego es como un cristal: duro, inflexible y quebradizo. No hay peor amenaza para él que las piedras de la incertidumbre que el mundo le arroja sin cesar.

El sabelotodo es una figura habitual en las organizaciones. Lo descubrimos en ese manager que da órdenes aun cuando sabe menos que sus empleados; en el vendedor que argumenta en forma opresiva acerca de la conveniencia de un artículo que, en verdad, no satisface las necesidades del cliente; en el director que descarta sin analizarlas las sugerencias de su colega junior porque "estos jóvenes sin experiencia no saben nada". El sabelotodo siempre tiene razón, siempre está en lo correcto, siempre sabe qué hay que hacer para resolver cualquier problema. Esto le da un calmante a su ego asustado, pero al mismo tiempo lo pone en un brete: el sabelotodo necesita explicar cómo es posible, si él tiene todas las respuestas, que las cosas sigan sin funcionar.

Para salvaguardar su autoestima, el sabelotodo tiene que explicar los errores recurrentes sin asumir responsabilidades. Dado que él tiene siempre la solución correcta, la causa de los problemas, necesariamente, debe obedecer a algún tercero que no aplica en forma debida esa solución. Esta es la excusa de la vicepresidenta del diálogo inicial, quien debía "absolverse" por su no-saber cómo mejorar la cadena de suministros. Todos los sabelotodo necesitan una salida de emergencia para escapar de los incendios que amenazan su identidad y su autoestima. Esta salida es la "explicación tranquilizante".

Explicaciones tranquilizantes son aquellas que atribuyen exclusiva causalidad a factores que se encuentran fuera del control de quien explica. Permiten mantener la ilusión de la competencia personal frente a la realidad del fracaso. Por ejemplo, frente a las quejas de los usuarios, el manager de sistemas puede argumentar que los errores se derivan de la baja profesionalidad de los programadores (obviando el hecho de que él mismo supervisó el diseño). O frente a la pérdida de un cliente, el encargado de la cuenta puede argumentar que "los de operaciones no cumplieron con las entregas prometidas" (obviando el hecho de que él nunca investigó la insatisfacción del cliente).

El sabelotodo es pontificador, crítico e irresponsable. Siempre está dispuesto a levantar la bandera de su inocencia. Para mantener su imagen pública, tiende a dar instrucciones en forma permanente. En tono catedrático, muy seguro en su arrogancia, siempre sabe qué tendrían que estar haciendo los demás y no escatima críticas hacia quienes "no hacen lo que deben". Se considera inimputable, ya que no tiene responsabilidad alguna en el problema. Al mismo tiempo, se dedica incansablemente a culpar a los demás. Pero al no verse como parte del problema, tampoco puede verse como parte de la solución. *El precio de su inocencia es su impotencia.*

El sabelotodo es un espectador por excelencia. Su esparcimiento favorito no es *jugar* al fútbol sino *ver* fútbol, su actividad principal no es participar en el juego sino observarlo. Esto le da una gran seguridad, pues aunque no puede hacer nada para que su equipo gane, tampoco tiene ninguna culpa de que su equipo pierda. En este último caso, siempre le queda el recurso de responsabilizar a los jugadores, el técnico, el árbitro, los adversarios, el tiempo, la suerte o cualquier otra cosa. Al adjudicar el error a otros, puede seguir pontificando sobre lo que "habría que hacer" sin nunca arremangarse para hacerlo. Como mero espectador, el sabelotodo queda protegido de toda falta. El problema es que queda también incapacitado para modificar la situación indeseada en la que se encuentra. Insisto: el precio de su inocencia es su impotencia.

Por otro lado, el "aprendiz" es aquel que privilegia las explicaciones generativas. Reconoce la importancia de los factores que se encuentran fuera de su control, pero se concentra en las variables que puede modificar. Para ser aprendiz, es necesario arraigar la autoestima en el éxito a largo plazo, más que en la gratificación inmediata de tener la razón. El aprendiz comprende que todo resultado es consecuencia de la comparación entre un determinado desafío del entorno y su capacidad de respuesta (*respons[h]abilidad*) frente a él. Si quisiéramos expresar esto en una fórmula podríamos decir:

Resultado = Capacidad de respuesta – Desafío ambiental

Si el desafío es mayor que la capacidad, el resultado será negativo. Si la capacidad es mayor al desafío, el resultado será positivo. Para transformar un resultado negativo en uno positivo es necesario reducir el desafío ambiental o aumentar la capacidad de respuesta. Por ejemplo, para llegar a tiempo es necesario reducir el tráfico (desafío) o salir antes (respuesta); para conseguir mayor *market share* es necesario reducir el atractivo de los productos competitivos (desafío) o aumentar el atractivo de los productos propios (respuesta); para no mojarse es necesario detener la lluvia (desafío) o llevar un paraguas (respuesta).

Al tomar responsabilidad incondicional por su vida, el aprendiz se ve como factor causal en cualquier problema que lo afecte. Cuando busca una explicación que le abra posibilidades de mejora, siempre se coloca en el centro, como agente de su vida. La explicación le sirve para generar acciones efectivas, y no para deslindar sus responsabilidades.

Supongamos que un sabelotodo y un aprendiz caminan lado a lado hacia la oficina. Se larga un chaparrón que los empapa. Cuando llegan, la recepcionista les pregunta: "¿Qué pasó, por qué se mojaron?". El sabelotodo contesta "Nos sorprendió la lluvia en una zona sin resguardo"; el aprendiz, por su lado, replica "No pensé en traer paraguas". Uno se moja porque llueve y porque no tiene paraguas. El sabelotodo le echa la culpa a la lluvia, el aprendiz asume la responsabilidad de no haber tomado un paraguas. Las dos explicaciones son verdaderas, pero solo la segunda genera la posibilidad de modificar el efecto no deseado (mojarse) a pesar de las circunstancias incontrolables (la lluvia).

Otro caso: el sabelotodo y el aprendiz se resfrían. El primero le comenta a todo el mundo que alguien debe de haberlo contagiado, el segundo admite que su sistema inmunológico no estaría preparado para responder al desafío virósico. El resfriado es consecuencia de la interacción entre el virus y las defensas de la persona; por eso cuando una población es expuesta a un ambiente con una determinada concentración de virus, algunos se enferman y otros no. Para adquirir poder operativo es necesario asumir responsabilidad frente a la situación, ya sea evitando el contacto con el virus (lavándose las manos a menudo y no tocándose los ojos, boca, nariz y oídos) o fortaleciendo el sistema inmunológico (con vitamina C, dieta saludable, ejercicio y, quizás, alguna vacuna).

Mientras el sabelotodo se considera víctima de las circunstancias, el aprendiz se ve como protagonista. Al utilizar explicaciones tranquilizantes, el sabelotodo se considera a merced de variables que no puede controlar, y olvida las variables que sí puede controlar (su comportamiento). Al buscar explicaciones generativas, el aprendiz acepta la realidad de la situación en la que se encuentra, pero en vez de someterse a ella, se considera con el poder necesario para modificarla en base a sus acciones.

Víctimas y protagonistas

Podemos explicar la diferencia entre víctimas y protagonistas mediante un experimento. Considere que su mente es capaz de procesar solamente relaciones causales de una variable, y ante la pregunta "¿Por qué?", usted puede ofrecer una sola razón. Matemáticamente, se representaría con la función:

$$y = f(x)$$

Se trata de una súper simplificación, pero muestra una de las características fundamentales del ser humano: su restringida capacidad para procesar información. En realidad podemos procesar más de una variable, pero nunca abarcar la infinita complejidad del mundo con nuestra mente finita. Técnicamente, se llama "racionalidad limitada".

Sigamos con el experimento: adopte el papel de un físico y considere el siguiente fenómeno. Si usted suelta el libro que sostiene en sus manos, este cae hacia el centro de la tierra. La pregunta es: "¿Por qué cae el libro?"

La respuesta automática de la inmensa mayoría es: "por la fuerza de gravedad", y es verdad.

Le pido ahora que adopte el papel de ingeniero; mientras que el físico analiza desapegadamente la realidad, el ingeniero tiene un propósito. Su objetivo es evitar la caída del libro. ¿Cómo procedería? Recuerde que su cerebro funciona en forma limitada: para resolver el problema, debe basarse únicamente en la causalidad descubierta por el físico: el libro cae debido a la fuerza de gravedad.

Si piensa el problema rigurosamente, descubrirá que la única solución es... eliminar la gravedad. Obviamente, esto es imposible. Por lo que en el mundo de una variable, el libro se seguirá cayendo ad-infinitum.

Tal resultado ofende nuestra sensibilidad. Sabemos muy bien que es posible evitar que el libro caiga. Simplemente debemos abstenernos de soltarlo. La verdadera explicación de la caída del libro involucra dos variables: la fuerza de gravedad, y el hecho de que uno lo suelta. Matemáticamente:

$$y = f (x1, x2)$$

donde x1 es la gravedad (variable exógena, o fuera de control) y x2 es el acto de soltar (variable endógena, o bajo control). Ambas explicaciones son "verdaderas" en términos de su efecto causal. Pero cada una de ellas es "falsa" en tanto se la proponga como la *única* causa del fenómeno. El problema en este experimento mental es que yo le he impuesto la restricción de escoger una sola variable. ¿Cuál es el criterio para elegir entre dos opciones igualmente verdaderas?

Este criterio es lo que distingue a la víctima del protagonista. Mientras que la víctima se concentra en las variables exógenas (las circunstancias fuera de su control), el protagonista se concentra en las endógenas (las acciones que puede emprender para responder a las circunstancias). Mientras que la víctima se ve como ente pasivo sobre el que actúan las fuerzas de la fatalidad, el protagonista se ve como ente activo, capaz de forjar su destino.

Para tomar un ejemplo más cotidiano, recuerde alguna ocasión en la que alguien llegó tarde a una reunión. Si se le pregunta qué le sucedió, lo más posible es que responda algo así como "¡No puedes imaginarte lo pesado que estaba el tráfico! ¡Esta ciudad se está poniendo imposible!" ¿Cuál es la variable explicativa?: "el tráfico". ¿Quién tiene la culpa?: "la ciudad". ¿Quién es el que debe cambiar de conducta para que la persona llegue a tiempo?: "los otros conductores que ocupan las calles". Esta explicación es "verdadera"; es cierto que si no hubiera habido tráfico la persona hubiera llegado a tiempo. Pero también es *debilitante*, a menos que los demás (sobre los que el individuo no tiene ninguna influencia) modifiquen su comportamiento, seguirá llegando tarde.

Así como el primer paso del aprendizaje es la declaración de insatisfacción e ignorancia, el segundo paso es la asunción de *respons[h]abilidad* frente a las circunstancias. No se trata de negar las condiciones externas que uno enfrenta, sino de enfocarse proactivamente (como dice Stephen Covey en *Los siete hábitos de la gente altamente efectiva*[5]) en aquellos factores en que se puede influir. Quien se imagina la vida como una partida de naipes, obviamente no puede elegir las cartas que le tocarán. Tal cosa queda a cargo del destino y el azar. Pero igualmente obvio es que es uno el que elige cómo jugar esa mano. Enfocarse en el reparto de cartas genera una sensación de impotencia; enfocarse en las decisiones del juego genera una sensación de poder. *El precio del poder es la responsabilidad.*

El cuento de la víctima y el del protagonista son justamente eso: cuentos. Cualquier situación puede ser presentada desde ambos puntos de vista. La decisión más importante del ser humano es, tal vez, la de elegir cómo contar la historia de su vida. El libre albedrío no implica que el universo deba ajustarse a nuestros deseos. El libre albedrío es la posibilidad de la conciencia de tomar la realidad como materia prima de una obra de arte vital, en vez de asumirla como una camisa de fuerza.

Si es tanto más efectivo hacerse responsable, ¿por qué es tanto más frecuente hacerse víctima?

Responsabilidad, madurez y efectividad

Un día, mientras hacía ejercicios en el sótano de mi casa, apareció Tomás, mi hijo de tres años, con gesto compungido. Con su mejor cara de "yo no fui" me dijo: "*Daddy, I did it by accident*" (Papá, lo hice por accidente). Alarmado, le pregunté: "¿Qué hiciste 'por accidente'?". Respondió: "Papi, pero fue sin querer". "De acuerdo, Tomás", le dije con un suspiro, "muéstrame qué hiciste sin querer." Me tomó de la mano y me llevó al comedor, donde una lámpara de pie que había estado desenchufada, estaba ahora encendida. "¡Tomás! ¡Sabes que no quiero que juegues con la electricidad! ¡Enchufaste la lámpara a pesar de mi prohibición!", lo acusé. "*Please daddy*, no te enojes", suplicó con su mejor cara de pollo mojado, "fue un accidente."

Los niños nos proveen de una perspectiva reveladora sobre el origen de la actitud de la víctima. Observando su comportamiento, podemos descubrir las raíces de las conductas de aquellos adultos que, aunque envejecieron biológicamente, nunca maduraron emocional e intelectualmente. Desde la más tierna infancia, los chicos descubren que hacer cosas "sin querer" diluye su culpabilidad. El latiguillo "ha sido un accidente" es un amuleto que los protege de toda responsabilidad. Así, mi hija Sophie me informa que "*se* volcó el jugo" (ella, por supuesto, no tuvo nada que ver...); Paloma declara que "el juguete *se* rompió" (se suicidó delante de sus propios ojos...); Rebecca anuncia que "*se* cayó la pizza" (en realidad se zambulló de sus manos...); y Janette protesta porque "los guantes *se* perdieron" (se habrán escapado del cajón por sus propios medios...). Es mucho más fácil echarle la culpa al jugo, el juguete, la pizza y los guantes. que reconocer que uno tuvo algo que ver con la producción de un resultado no deseado.

Pero Tomás se lleva el premio de la víctima suprema. Después de interrumpir una de sus peleas con Paloma le pregunto: "¿Por qué le estás pegando a tu hermana?". En mis sueños, él hubiera respondido responsablemente: "Reaccioné en forma intempestiva frente a sus burlas"; pero en mis sueños. Con tono de inocencia ofendida me contesta: "Porque ella me hizo burla". Su respuesta implica que "*ella* es la responsable de que yo le pegue; yo soy simplemente un mecanismo que responde automáticamente (sin posibilidad de elección) a las burlas. Por eso, ella es culpable de la pelea". Claro que, cuando le pregunto a Paloma por qué se ha burlado de Tomás, con carita de ángel ofendido me explica: "Porque él se burló primero", y ella no tuvo "más remedio" que responder y escalar las burlas...

En muchas organizaciones, prima el lenguaje de la irresponsabilidad y la filosofía de la víctima. "El sistema se cayó", "el proyecto no se terminó a tiempo", "la reunión se demoró", "la rentabilidad bajó", "hubo errores", "no se pudo establecer una buena comunicación", "faltó apoyo", o "se perdió el foco" son expresiones que tienen un factor común: no hay sujeto con poder de acción. "Los acontecimientos" son los que se desencadenan en forma desfavorable; no hay *nadie* responsable de tal desencadenamiento. Para revertir estos resultados negativos, el primer paso es modificar el lenguaje (y la actitud mental subyacente) hacia el protagonismo: "nuestra programación no es robusta", "me atrasé con el proyecto", "no prestamos atención al tiempo y nos extendimos en la reunión", "no encontramos una estrategia capaz de preservar la rentabilidad", "cometí errores", "no supe entablar una comunicación efectiva", "no conseguí apoyo", o "me desconcentré", serían las fórmulas en ese caso.

Lo fundamental no son las palabras, sino la manera de pensar que ellas reflejan. Al hablar en primera persona, uno se coloca en el papel de protagonista. Mediante esta toma de responsabilidad, elige explicaciones generativas y comienza inmediatamente a iluminar posibilidades de perfeccionamiento. Para esto es necesario renunciar a la pretensión de inocencia. Tal vez una de las mejores medidas de madurez es esta capacidad de hacerse responsable incondicionalmente frente a las situaciones que plantea la vida. Esta noción de responsabilidad incondicional es el tema del capítulo siguiente.

Referencias

1. Dewey, John: *Experience and Education*, MacMillan, 1997.
2. Lewin, Kurt: *Resolving Social Conflicts: Field Theory in Social Science*, American Psychological Association, 1997.
3. Deming, Edwards: *Calidad. productividad, competitividad, la salida de la crisis*, Díaz de Santos, 1989.
4. Von Mises, Ludwig: *La acción humana. Tratado de economía*, Unión Ed., Madrid, 1980.
5. Stephen Covey: *Los siete hábitos de la gente altamente efectiva*, Paidós, 1995.

CAPÍTULO 2

RESPONSABILIDAD INCONDICIONAL

Una exposición del zoológico de Londres terminaba en una sala que decía contener al "predador más peligroso del mundo". Al abrir la puerta, el visitante se encontraba con... un espejo. Ese mismo "animal" (que te enfrenta cada mañana mientras te afeitas o te maquillas), es la causa de todos tus sufrimientos y la solución de todos tus problemas.

El alma queda teñida del color de tus pensamientos. Piensa sólo en aquellas cosas coherentes con tus principios y que pueden soportar la más intensa luz del día. El contenido de tu carácter es tu elección. Día a día, lo que eliges, lo que piensas y lo que haces es en quien te conviertes. Tu integridad es tu destino... es la luz que guía tu camino.

Heráclito

SI HACERSE RESPONSABLE Y PROTAGONISTA ES TAN EFECTIVO, si desligarse del problema y verse como víctima es tan inefectivo, ¿por qué las personas tendemos a actuar como víctimas y no como protagonistas? Porque creemos que la seguridad y la felicidad se consiguen mediante la aprobación del otro; porque creemos que el bienestar y el éxito se derivan de la inocencia y el complacer a los demás.

Desde la más tierna infancia aprendemos a igualar responsabilidad con culpabilidad. Por eso hablamos de ser responsable *de* algo. Cuando mamá encuentra los juguetes desparramados y, con gesto adusto, pregunta "¿Quién es el responsable de este desastre?", los dedos siempre apuntan hacia el otro. Cuando papá nos encuentra trenzados en una riña y, con voz de trueno, pregunta "¿Quién es el responsable de esta pelea?", la respuesta tan enfática como automática es: "¡Él!". En nuestra mente infantil, ser responsable equivale a "ser causante" o "culpable" *de* algo. Y ser culpable es algo malo. No sorprende

135

que defendamos nuestra inocencia desapegándonos del problema. Como dice el refrán, "El éxito tiene muchos padres, pero el fracaso es huérfano".

El problema de erradicar-se de la explicación de la situación es que uno pierde todo poder de influir positivamente en ella. Como he dicho en el capítulo anterior, *si uno no es parte del problema, no puede ser parte de la solución.* Aun cuando uno no sea agente causal en forma directa, puede descubrirse como parte del sistema que genera el resultado insatisfactorio. Siempre que uno sufre, "tiene algo que ver" con el asunto. Para ilustrar este punto, tomemos un caso real.

Un manager para quien estaba trabajando, llamémoslo Alberto, estaba enojado porque sus colegas habían programado las vacaciones del personal sin consultarlo. De acuerdo con el calendario establecido, su departamento quedaría con muy poca gente durante un período crítico. Alberto estaba furioso, ya que nadie lo había consultado sobre sus necesidades. "¡Esto es increíble!", exclamaba frustrado. "¿Cómo se les ocurre dejarme con sólo cinco personas en febrero? ¡Están totalmente locos si creen que así podremos responder a los pedidos que llegan de Norteamérica! Allá es invierno y no se toman vacaciones como aquí."

Para ayudarlo a reflexionar, le pregunté: "Alberto, ¿de quién es el problema?". "De ellos, por supuesto", me contestó airado, "deberían haberme consultado antes de programar las vacaciones de *mi* gente y hacer el anuncio público." "Ciertamente hubiera sido mejor si te hubieran consultado, pero no lo hicieron", le dije en tono comprensivo. Pero mi comprensión no era una aceptación de su posición de víctima; insistí en pedirle que buscara una oportunidad para el protagonismo: "Alberto, ¿quién está sufriendo por esta situación?". "Yo, sin duda", respondió. "Entonces, ¿de quién es el problema...?"

Se hizo un silencio, y en ese momento vi una chispa de comprensión en sus ojos. "¿Me estás tratando de decir que es *mi* problema?", preguntó incrédulo. "Yo no tuve nada que ver en la decisión." "En efecto, no participaste en la decisión", acepté, "pero eres quien sufre las consecuencias. *Y si tú eres el que sufre, tú eres el que tiene el problema.* No hay persona que tenga mayor incentivo para tomar medidas correctivas que tú. Si esperas que 'ellos', los que tomaron la decisión de acuerdo con su conveniencia, se preocupen por resolver tu situación, te deseo buena suerte."

Aunque Alberto empezaba a comprender el razonamiento, seguía influido por la inercia de la víctima. "¿Por qué tengo que ocuparme de resolver un asunto del que no soy responsable?", protestó con cierta convicción. "Porque eres quien sufrirá las consecuencias. Si tú eres el que sufre, es tu problema", insistí. "No eres responsable *del* problema, pero eres responsable *frente* al problema. Más allá de quién es el causante, el hecho es que te enfrentas a una situación que te resulta insatisfactoria. Puedes seguir lamentándote y culpando a los demás, o puedes *hacerte* responsable y actuar para mejorar las cosas. Hagas lo que hagas, eres tú quien tendrá que vivir con las consecuencias." "Pero eso no es justo. Yo no soy el culpable."

"Alberto", le dije con cierta tristeza, "la vida no es justa; y si esperas justicia terminarás sumido en el resentimiento y la resignación. Te sugiero abandonar la ilusión de que los demás se harán cargo de tus problemas simplemente porque tú crees que ellos los han causado, y asumir la necesidad de enfrentarte a la situación independientemente de que creas que no es justo. La de 'justicia' es una opinión que muchas veces sirve para esconder inoperancia y falta de liderazgo. Lamentablemente, la efectividad, la experiencia de poder personal y la paz interior son directamente opuestas a la expectativa de justicia." Terminé la conversación con Alberto recomendándole la lectura de un libro que influyó y sigue influyendo tremendamente en mi vida: *El hombre en busca de sentido,* de Victor Frankl[1].

En esta obra, el psiquiatra austríaco cuenta sus experiencias como prisionero en el campo de concentración de Auschwitz, durante la Segunda Guerra Mundial. Es difícil imaginarse una situación más injusta y destructiva. Los recluidos no estaban allí por su culpa, no tenían ningún poder de decisión, y ni siquiera podían cambiar el humor de los guardias, quienes, por cierto, en cualquier momento podían decidir quitarles la vida. En medio de tales terribles condiciones, Frankl descubrió que la dignidad primera y última del ser humano es su capacidad inalienable para elegir cómo responder a la situación en la que se encuentra. En esa respuesta, el ser humano puede manifestar sus principios y valores en forma incondicional.

Estímulo-reacción

La irresponsabilidad generalizada y la sensación de ser víctima son consecuencia de creencias y supuestos inconscientes. Casi todos hemos sido sutilmente adoctrinados en esta doctrina. Por ende, casi todos creemos y actuamos de acuerdo con la teoría tradicional del comportamiento humano: la psicología del estímulo y reacción, teoría que niega el libre albedrío y la responsabilidad al afirmar que las personas y sus conductas son moldeadas exclusivamente por factores externos.

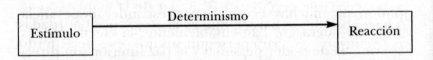

Figura 1a. El modelo estímulo-reacción

RESPONSABILIDAD INCONDICIONAL

Por ejemplo, al preguntar a la gente por qué atiende el teléfono o detiene su automóvil, la mayoría responde que atiende el teléfono porque suena o que detiene su automóvil porque el semáforo se pone rojo. Esta explicación condiciona su comportamiento a un factor del entorno. No hay lugar en esta teoría para la elección consciente: la persona es un robot que responde a estímulos externos según reglas pre-programadas. Pero esto no puede ser correcto. Todos hemos tenido experiencias de no atender un teléfono que suena, o no detenernos ante una luz roja. La explicación debe incluir algo más.

Por supuesto, este "algo más" resulta incómodo, ya que nos saca del escondite y nos deja al descubierto. Cuando el teléfono suena en medio de una reunión y, encogiéndome de hombros, le digo a mi interlocutor: "Disculpe, *tengo* que tomar la llamada", en rigor de verdad estoy mintiendo. No *tengo* que tomar ninguna llamada. Más bien *elijo* tomarla (en posible detrimento de la conversación que estoy sosteniendo). Es mucho más fácil echarle la culpa al teléfono que asumir responsabilidad por la interrupción. Es como si le dijera a mi interlocutor: "Si esto le molesta, moléstese con el teléfono; no conmigo. Yo no tengo nada que ver..."

Todo comportamiento se origina en la conciencia del ser humano (sus modelos mentales). Lo que ocurre fuera de esa conciencia no *induce* a la acción; simplemente la influye. Uno no responde al teléfono *porque* suena, ni detiene su automóvil *porque* se enciende la luz roja del semáforo, ni hace cualquier otra cosa *a causa* de lo que ocurre en su entorno. Uno *elige* hacer lo que hace como *respuesta* a la situación que percibe, elige actuar de la manera como lo hace, porque le parece que es la mejor posible (dadas las circunstancias) para perseguir sus intereses de acuerdo con sus valores. Los hechos externos no son estímulos, sino *información*.

Información-conciencia-elección-comportamiento

Un acontecimiento exterior no es un estímulo que evoca una reacción condicionada, sino un dato que provee información. La información no determina que una persona haga nada, sólo le informa acerca de lo que está ocurriendo. Depende de la persona decidir de qué manera responder a esa información de acuerdo con sus objetivos y valores. Por lo tanto, uno responde al teléfono *cuando* oye que suena, *porque* quiere comunicarse con la persona que llama; uno frena *cuando* percibe que el semáforo pasa del verde al rojo, *porque* no quiere sufrir un accidente; uno hace lo que hace *cuando* recibe la información de su entorno, *porque* piensa que esa es la manera más eficiente para alcanzar sus objetivos dentro del marco de sus valores.

Cuando contesto el teléfono en medio de una reunión, mi declaración verdadera sería: "Entiendo que atender esta llamada implica interrumpir nuestro diálogo, pero *prefiero* hacerlo, ya que me interesa más averiguar quién está llamando que mantener el flujo de la conversación". Esto suena mucho menos "gentil" que disculparse por *tener necesidad* de atender el teléfono. Pero la gentileza aparente que viene aparejada con la irresponsabilidad no es más que hipocresía. La verdad es que me interesa más contestar el teléfono que continuar la conversación; por eso elijo hacerlo.

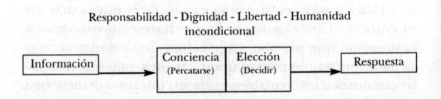

Responsabilidad - Dignidad - Libertad - Humanidad
incondicional

| Información | → | Conciencia (Percatarse) | Elección (Decidir) | → | Respuesta |

Figura 1b. El modelo información-respuesta

Esta conciencia y capacidad de elección es la esencia de la responsabilidad, la dignidad, la libertad y la humanidad incondicional. Independientemente de la naturaleza de sus circunstancias, el ser humano puede prestar atención, darse cuenta y elegir cómo responder. En su libro *Los siete hábitos de la gente altamente efectiva*, Stephen Covey[2] cita una frase que tuvo un fuerte impacto en su vida: "Entre el estímulo [y la reacción], hay un espacio. En ese espacio yace nuestra libertad y el poder de elegir nuestra respuesta. En nuestra respuesta yacen nuestro crecimiento y nuestra felicidad". Esta frase resume la diferencia entre el modelo del estímulo-reacción y el de información-respuesta; entre la reactividad y la responsabilidad.

El modelo ampliado

Si analizamos el modelo con más profundidad podemos expandirlo con nuevas variables y relaciones (ver Figura 2 en la página siguiente).

El ser humano existe como ente consciente. Su *conciencia* le da la capacidad para *darse cuenta* de su situación externa (hechos, datos, recursos, alternativas, restricciones, resultados históricos, etc.) e interna (sensaciones, impulsos, emociones, pensamientos, habilidades, etc.). Aun cuando estos hechos internos ocurren dentro de su cuerpo y mente, los categorizamos como partes de la *situación*, ya que están fuera de su control volitivo directo.

En el proceso de darse cuenta, uno considera su situación con respecto a sus objetivos y valores. A partir de esta evaluación, *elige* una respuesta y *se comporta* de acuerdo con su elección. El comportamiento, en conjunción con factores externos incontrolables, influye en los resultados, que se convierten en parte de la situación en la que la persona se encuentra en el momento siguiente. Decimos que el

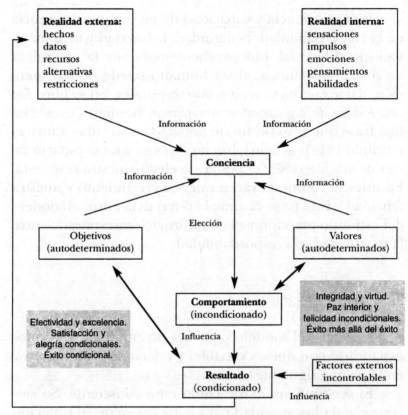

Figura 2. Conciencia y comportamiento

comportamiento es incondicionado, ya que no depende más que de la voluntad de la persona. Por el contrario, el resultado es condicionado, ya que depende parcialmente de factores ajenos a la voluntad de la persona.

Mediante las decisiones y las acciones, uno intenta utilizar sus habilidades y recursos (físicos, como el dinero o los bienes, e intangibles, como la reputación o el conocimiento), de la mejor manera posible, con el fin de perseguir sus objetivos en congruencia con sus valores. La comparación entre objetivos y resultados funda el juicio sobre la efectividad de la persona (a mayor semejanza, ma-

RESPONSABILIDAD INCONDICIONAL

yor efectividad). La comparación entre valores y comportamiento funda el juicio sobre la integridad de la persona (a mayor semejanza, mayor integridad).

Cuando el resultado se ajusta a los objetivos, decimos que la persona tiene éxito. Este éxito genera una satisfacción y una alegría que llamamos "condicionales". La condicionalidad se deriva del hecho de que el resultado depende de factores fuera del control de la persona. A pesar del empeño más denodado, es imposible asegurar el éxito, ya que siempre es posible "que el diablo meta la cola", como dice el refrán.

Cuando el comportamiento se ajusta a los valores, decimos que la persona alcanza un éxito trascendente: el éxito más allá del éxito. Este éxito genera una paz interior y una felicidad que llamamos "incondicionales". La incondicionalidad se deriva del hecho de que el comportamiento no depende de factores incontrolables; se funda en la autonomía del ser humano más allá de cualquier factor externo. Aunque el resultado no sea lo que uno quería, siempre es posible experimentar la serenidad profunda de saber que uno ha hecho lo mejor que pudo para enfrentar la situación con dignidad. La tristeza (superficial) del fracaso (superficial) es perfectamente compatible con la tranquilidad (profunda) del éxito (profundo).

Como dice el *Bhagavad Gita*[3], libro sagrado del hinduismo: "tienes el derecho a tu acción, pero no el derecho a los frutos de tu acción". Adaptando libremente algunos de sus versos, podemos confeccionar el siguiente poema:

Aunque aquellos de mente burda
se aferran a sus acciones,
y se preocupan por los resultados,
el sabio es libre de todo apego.

Sin enceguerse por el éxito,
ni sufrir ansiedad por el fracaso,

él ofrenda sus acciones,
en el fuego de la virtud.

En paz con lo que pase,
desapegado del placer del triunfo,
y del dolor de la derrota,
él actúa con conciencia plena.

Aquel que cumple con su deber
sin preocupación por los resultados
es el verdadero hombre de sabiduría.

Responsabilidad vs. reactividad

Esta descripción se basa en un supuesto fundamental: uno está operando conscientemente. Tal cosa no es obvia, particularmente cuando los hechos disparan en uno fuertes reacciones emocionales. Las reacciones y pensamientos automáticos son pre-conscientes; por eso resulta imposible impedir que aparezcan y difícil contenerlos una vez que aparecieron. ¡Cuántas veces nos descubrimos actuando en forma totalmente reactiva e inconsciente! Decimos cosas que luego lamentamos, hacemos cosas de las que después nos arrepentimos, nos remuerde la conciencia por nuestro comportamiento y nos sentimos culpables por decisiones apresuradas. La reflexión común a todos estos casos es: "Habría sido tanto mejor si hubiera meditado *antes* de actuar; si sólo me hubiera tomado un respiro para pensar lo que iba a decir o hacer..."

En vez de continuar lamentándose, uno podría aprender la lección de una vez y para siempre. El comportamiento reactivo nunca resulta satisfactorio en el largo plazo (en lo inmediato, debemos admitir que la descarga es gratificante). Las pasiones inconscientes rara vez son coherentes con los objetivos y los valores conscientes. Por eso, antes de obrar, vale la pena hacer una pausa y considerar la situación en forma responsable. Una manera de lograrlo es tomar una respiración profunda (en silencio) para reconectar la conciencia. No lleva más que un par de segundos y genera enormes beneficios (ver el Capítulo 19, "Meditación, energía y salud" en el Tomo 2, y el 23, "Competencia emocional", en el Tomo 3).

En la inspiración presto atención al aire que entra por mi nariz y llena mis pulmones; presto atención a mis piernas y siento el apoyo de la tierra; presto atención a mis brazos y siento la libertad del aire. Esta inspiración me trae completamente al aquí-ahora, me ayuda a hacerme presente con toda mi conciencia. En la expiración presto atención a mis objetivos y valores; recuerdo mis intereses y principios de vida; reafirmo el compromiso de manifestar, en todo momento y frente a todo desafío, lo mejor de mí. Esta expiración me proyecta hacia el futuro, afianzándome en mi conciencia.

Mi vida (afortunada y desgraciadamente) me provee de amplias oportunidades para practicar la respiración de conciencia. Hace unos meses, por ejemplo, estaba en una reunión con los directivos de una compañía europea que estaba considerando contratarme para dictar unos seminarios. Aunque la reunión se desenvolvía normalmente, uno de los ejecutivos se comportaba hacia mí en forma bastante despectiva. En su opinión, mi material era *soft stuff* (blando) y no servía para el duro mundo de los negocios. Varias veces traté de indagar, pidiéndole que me explicara su preocupación; pero fue en vano. Sus "explicaciones" no eran más que repeticiones de su declaración inicial.

Junto con el deseo de conseguir el trabajo empecé a sentir miedo a perderlo por culpa de este "enemigo". Mis emociones llegaron al punto en que empezaba a prepararme para entrar en un combate verbal. Luego de años de experiencia con este tipo de oposiciones, mi arsenal lingüístico es amplio y contundente. A punto de iniciar la contienda, una alarma en lo más profundo de mi mente me detuvo. Cerré la boca y respiré hondo para encontrar mi soporte, mi libertad, mis deseos y mis valores; para encontrarme a mí mismo. Sin la reactividad anterior, miré a mis interlocutores y les dije: "No estoy seguro de si mi material es adecuado para su compañía en este momento, ese es un juicio que les corresponde a ustedes. Lo que creo es que para triunfar en el mundo de los negocios es necesario aprovechar al máximo la capacidad de la gente. Para armar equipos de alto desempeño la empresa necesita un entorno de conciencia, responsabilidad y comunicación efectiva. Mi oferta es ayudarlos a desarrollar líderes capaces de hacerlo".

La reunión continuó en forma mucho más placentera y concluimos la conversación en buen tono. Recordando la experiencia mientras volvía en el avión, una sonrisa de satisfacción se dibujó en mis labios. ¡Ah!: al final la compañía decidió no utilizar mis servicios. No tuve éxito, ya que hubiera querido conseguir ese contrato, pero aunque lamenté mi fracaso, seguí sintiéndome orgulloso de haber actuado en total armonía con mis valores: mi objetivo principal no es "convencer" al potencial cliente para que me contrate; mi tarea es "ofrecer" mis servicios de la manera más atractiva posible, para mostrar el valor que podría aportarle al cliente. Luego, sólo me cabe respetar su libre albedrío. La decisión de contratarme o no, está fuera de mi control; lo que cuenta para mi integridad y paz es mi propio comportamiento.

Éxito y paz (integridad)

Toda acción tiene un objetivo doble. En primer lugar, se trata de obtener un cierto resultado (éxito). Pero más allá del resultado, la acción tiene un propósito auto-afirmativo de la identidad de la persona (paz). Se puede interpretar la acción como una respuesta del actor al desafío de su entorno. El actor utiliza sus recursos y competencias, en aras de la consecución de un cierto objetivo, dentro del marco de sus valores. La pregunta acerca del éxito obliga a comparar los resultados de la acción con los objetivos perseguidos. La pregunta acerca de la paz, compara a la acción en sí misma con los valores de la persona. El éxito es mediato y condicional, ya que depende de factores fuera del control del actor, pero la paz es posible en forma inmediata e incondicional. La acción, en su manifestación, cumple (o no) con los compromisos existenciales del actor.

Consideremos a un manager de planta aquejado por problemas recurrentes de calidad. Tras analizar la situación con su equipo, determina que ciertas máquinas están operando fuera de los estándares necesarios. Mediante experimentos y ajustes sucesivos, el equipo, trabajando en un clima de seriedad y respeto mutuo, logra reducir esta situación a un rango aceptable, pero aun así el producto sigue saliendo con defectos. Podría decirse que el equipo "fracasó" en su objetivo de calidad total (cero defectos), pero al mismo tiempo se le podría atribuir la "satisfacción" de haber utilizado sus recursos con el máximo de sus conocimientos y comportándose de acuerdo con sus valores. Esa satisfacción es, justamente, la que permite que el equipo acepte el fracaso parcial sin vergüenza, y emprenda una nueva búsqueda dentro de su proceso de aprendizaje.

Es crucial comprender que no hay contraposición entre éxito y paz; ambos son preciosos. Muchas personas temen que si encuentran satisfacción en su comportamiento dejarán de preocuparse por el resultado. (Tal vez por eso tantos padres son remisos a reconocer la excelencia académica de sus hijos y, al recibir el informe de sus calificaciones, les preguntan: "¿Y este nueve? ¿Por qué un nueve y no un diez? ¿Qué pasó aquí?". Tal vez por eso tantos managers son remisos a reconocer la excelencia de sus empleados. Estudiamos esto con mayor detalle en el Capítulo 15, "Comunicación multidimensional", en el Tomo 2.) Este no es el caso. Uno de los valores fundamentales es el de la excelencia, por lo que uno siempre está compelido a buscar el éxito por todos los medios honorables que tenga a su alcance. Es cierto que la virtud impone algunas restricciones. Quien subordina el éxito a la integridad, se auto-restringe en el uso de medios. Por ejemplo, no saboteará a un colega con el que compite por un ascenso. También es cierto que el comportamiento depravado puede a veces triunfar; en el corto plazo. Pero cuando se subordina la integridad al éxito, no hay reglas de juego y la vida se deshace en un vacío existencial.

En una carta al filósofo Henry Geiger, el psicólogo Abraham Maslow[4] reflexionaba sobre su experiencia clínica: "Es bastante claro para mí que, tarde o temprano, la vida nos hiere a todos, y que la virtud es recompensada más a menudo que ignorada. Creo también que ahora puedo probar esta hipótesis en forma rigurosa usando métodos ortodoxos de investigación. Esencialmente, he concluido que en el curso de una vida –el proverbial largo plazo– las posibilidades de que el mal sea castigado son de cinco sobre seis [casi un 85% de probabilidades]. El que la virtud sea recompensada parece tener una probabilidad sobre cinco [un 55%], esta probabilidad no es tan alta, pero de todos modos mayor al mero azar [50%]".

Sin embargo, Maslow no cree que estas observaciones describan realmente el fenómeno. Profundizando su análisis, prosigue: "Pero la verdadera clave del asunto está en que el castigo y la recompensa son principalmente intrapsíquicos, esto es, relacionados con la sensación personal de felicidad, paz y serenidad, y ausencia de emociones negativas como el arrepentimiento, remordimiento o culpa. Así que, en lo que respecta a recompensas externas, estas suelen venir en términos de la gratificación de necesidades básicas de pertenencia, de sentirse amado y respetado, y generalmente habitar un mundo platónico de belleza, verdad y virtud puras. Es decir, nuestra recompensa en vida *no* necesariamente ocurre en términos de dinero, poder o nivel social".

A pesar de la rimbombancia de expresiones como "paz esencial" o "satisfacción incondicional", el concepto es obvio para todo aquel que alguna vez haya puesto todo de sí en un encuentro deportivo ("dejar el corazón en la cancha", decimos los argentinos). La satisfacción de jugar al 100%, poniendo toda el alma y respetando el espíritu de la conducta deportiva, es independiente del resultado del partido. Gane o pierda, el sabio –como lo llama el *Bhagavad Gita*– está siempre dispuesto a aceptar lo que le depara el destino y seguir aprendiendo, ya que los reveses de la vida no erosionan su autoestima. Por el contrario, atacar esos desafíos con gusto y entusiasmo es la fuente misma de su orgullo más profundo.

La libertad para elegir cómo responder a una situación (responsabilidad) abre la puerta hacia la dimensión ética de la existencia humana. Aun cuando uno no puede determinar los resultados –estos dependen, en parte, de factores incontrolables–, ni la situación que enfrenta –la realidad no queda determinada por una decisión personal–, uno *siempre* es capaz de elegir en forma incondicional su comportamiento *dada* la situación que le toca enfrentar. La dignidad humana no depende de la efectividad, sino de la coherencia entre el comportamiento y los valores. Esta posibilidad de actuar con dignidad es absolutamente básica e inalienable. Al igual que la responsabilidad, la dignidad es tan incondicional como la humanidad del ser humano. Sólo depende del obrar acorde con la conciencia y los valores.

Algunos consideran a los valores y el comportamiento virtuoso un "lujo" accesible sólo para los que no sufren apremios. Cuando las circunstancias ahogan, dicen estos mal llamados "pragmatistas", es necesario abandonar los escrúpulos y hacer lo que sea necesario para salir del paso. Yo opino exactamente lo contrario. Precisamente cuando cunden las dificultades, los escrúpulos se vuelven vitales. Cuando el mundo más amenaza "sacarnos" de centro y estrellarnos contra las rocas de la inconciencia, sale a relucir más claramente la verdadera estirpe de la persona. Para operar dignamente en medio del caos, es necesario mantener la conciencia de los valores. Si la perdemos, comenzaremos a temblequear como una rueda descentrada, actuando en formas lamentables y plantando las semillas amargas del futuro remordimiento.

La libertad de elegir equivale a la obligación de justificar. El libre albedrío compele al ser humano a dar cuenta de su respuesta a las circunstancias. En inglés, la palabra *accountability* se refiere a este aspecto de la responsabilidad: la necesidad de rendir cuentas por el comportamiento. La moneda tiene dos caras: el poder de decisión de un lado, y la obligación de responder por esa decisión del otro. El miedo a esa responsabilidad es lo que impulsa a muchas personas a adoptar el papel de víctima. Al apropiarnos de nuestras acciones, debemos apropiarnos también de sus consecuencias. Al hacernos cargo de nosotros mismos, somos susceptibles de tener que dar explicaciones.

Por ejemplo, en juicios de crímenes pasionales es una defensa usual abogar que el acusado actuó en un estado de emoción violenta; o en casos de robo, que el acusado tenía alguna necesidad imperiosa. La doctrina penal que justifica estas defensas propone que, en ciertas circunstancias, la persona no es libre de elegir sus acciones; es decir, no tiene más remedio que apuñalar al amante o tomar la propiedad ajena. Como la persona no tiene libertad, tampoco debe imputársele responsabilidad. No tiene por qué rendir cuentas de lo que nunca "eligió" hacer. Lo mismo ocurre con los alegatos de demencia (temporal o permanente) que sugieren que la persona estaba "fuera de sí" cuando cometió el crimen que se le atribuye.

A veces pienso que mis hijos son expertos legales en temas de inimputabilidad...

De víctima a protagonista

Si consideramos nuevamente la distinción entre protagonistas y víctimas, advertimos que, además de una mayor probabilidad de éxito, el protagonista tiene la posibilidad inalienable de conseguir la paz interior (integridad). Aunque no siempre se obtenga el resultado deseado, siempre es posible comportarse en forma honorable. Para apreciar la diferencia entre las posibilidades de la víctima y del protagonista, lo invito a hacer un ejercicio de reflexión. (El ejercicio puede hacerse individualmente o en grupo. De la segunda manera, el trabajo se enriquece con la dinámica de la "colusión de las víctimas".)

Piense en una situación insatisfactoria por la que ha pasado (o por la que está pasando): una reunión inefectiva, una interacción ríspida, un hecho doloroso o frustrante. En base a esta situación, responda a las siguientes preguntas desde la posición de la víctima. (A los efectos del ejercicio es fundamental asumir adrede el papel de víctima. Esfuércese por sentirse totalmente irresponsable.)

Si el ejercicio es en grupo, mientras cada uno de los participantes se lamenta, los demás "ayudan" a la víctima compadeciéndose con exclamaciones tales como "¡Qué barbaridad!" "¡Qué injusticia!" "¡No puede ser que te traten así!" "¡Son perversos!" "¡Pobre de ti, no te mereces esto!". El objetivo es darle "apoyo moral" a la víctima. La "ayuda" y "apoyo" son, en realidad, totalmente contraproducentes, ya que alientan la inconciencia y la impotencia.

Como un salvavidas de plomo, hunden en la historia de la víctima a la persona que los recibe.

La conmiseración es una forma vacía de amistad. Alimentar la sensación de indefensión, resignación e indignación moralista de la víctima es una manera facilista de "hacerse amigo". Así como se puede "comprar" barato el pseudo-amor de un niño dándole todos los chocolates que quiere, o el de un alcohólico dándole otra copa, se puede comprar barata la pseudo-amistad de la víctima dándole toda la razón. Al igual que los chocolates y el alcohol, las razones de la víctima son indigestas e insalubres. El verdadero cariño es el que alienta la salud a largo plazo, en vez de la gratificación o el alivio inmediato. El "amor severo" (*tough love*) desafía a la víctima y la alienta a tomar el protagonismo.

Las preguntas de la primera ronda del ejercicio son:

1. ¿Qué te pasó?
2. ¿Quién te lastimó o afectó negativamente?
3. ¿Qué te ha hecho esta persona (o grupo)?
4. ¿Cómo te sientes acerca de eso?
5. ¿Qué debería haber hecho esa persona?
6. ¿Qué debería hacer ahora para reparar el daño?
7. ¿Cómo te afectará que esa persona persista en su conducta?
8. ¿Cómo te sientes en el lugar de víctima?

Tomemos un caso de mi vida real:

1. "¿Qué me pasó? El otro día recibí un pedido urgente de presentar una propuesta (*RFP, o request for proposal*) de servicios de consultoría para una corporación norteamericana. El plazo de entrega era cortísimo; querían algo por escrito en dos días. De ninguna manera podía hacerlo ya que estaba ocupado con otras cosas."

2. "¿Quién me hizo daño? El departamento de recursos humanos de la compañía que me pidió la propuesta. No puedo creer que sean tan desorganizados. ¿Cómo se atreven a demandar cosas así de un día para el otro? Son unos improvisados. ¿Qué se creen, que uno no tiene nada que hacer y está a su disposición? ¡Grrrr!"

3. "¿Qué me hicieron? Me pusieron en un aprieto. Con todo lo que tengo sobre mis hombros, lo único que me faltaba es que me vengan a pedir propuestas con estas urgencias. Por su culpa tuve que trabajar hasta avanzadas horas de la noche y con un gran nivel de estrés. Además, mi mujer se enojó conmigo por quedarme hasta las mil y quinientas enchufado al ordenador. Todo por culpa de esa maldita propuesta."

4. "¿Cómo me siento? ¡Sumamente enfadado! Me da rabia pensar que yo tengo que pagar por la imprevisión de esos tontos. Se ve que necesitan ayuda para poner las cosas en orden. Obviamente, no saben nada sobre planeamiento y control de gestión."

5. "¿Qué deberían haber hecho? Pedir la propuesta con un plazo mayor, por supuesto. Lo mínimo que se estila en estos casos es quince días. Deberían ser más considerados y no asumir que los consultores están esperando de brazos cruzados, sin hacer nada, dispuestos a saltar inmediatamente a la acción cuando ellos chasquean sus dedos. Trabajar con gente así es humillante."

6. "¿Qué deberían hacer ahora para reparar el daño? Lo mínimo es pedirme disculpas y prometer que serán más considerados en el futuro. Por supuesto, descuento que después de mi demostración de flexibilidad y buena voluntad al pasarles la propuesta dentro del plazo establecido,

153

deben elegirme como proveedor del servicio. Además, espero que tomen en cuenta el esfuerzo que he hecho y no traten de negociar una reducción en mis honorarios. (Les pasé un sobreprecio del 10% por haberme obligado a trabajar con esas prisas; es lo mínimo que me merezco.)"

7. "¿Cómo me afectará que sigan comportándose así? Ya veo que si gano (¿gano?, tal vez sea más conveniente no ganar) esta licitación, voy a vivir apresurado, tenso y resentido. Seguramente tendré problemas con mi esposa. Estar permanentemente apagando incendios me impedirá planear mi vida. Estaré siempre sujeto a los antojos urgentes del cliente."

8. "¿Cómo me siento? Me siento horrible. Como Jack Nicholson en 'Atrapado sin salida'. Resentido, frustrado, molesto, irritado y ansioso. Un verdadero asco."

Una vez que cada persona del grupo ha respondido estas preguntas, se pasa a la segunda ronda. En esta parte, cada uno contesta otra serie de preguntas como protagonista. Es fundamental que los participantes del ejercicio *se refieran a la misma historia* en esta segunda instancia. Los hechos son los mismos, lo que cambia es la perspectiva de análisis.

Las preguntas de la segunda ronda son:

1. ¿A qué desafío te enfrentaste?
2. ¿Qué respuesta elegiste frente a las circunstancias?
3. ¿Qué objetivo perseguías?
4. ¿Qué valores y principios quisieras que rijan tus acciones?
5. ¿Cuáles fueron las consecuencias (negativas) de tu comportamiento? (si no hubiera habido conse-

cuencias indeseables, esta no sería una historia de insatisfacción).

6. ¿Se te ocurre alguna alternativa de acción que hubiera sido más efectiva para alcanzar tus objetivos?
7. ¿Se te ocurre alguna alternativa de acción que hubiera sido más coherente con tus valores (más íntegra)?
8. ¿Hay algo que puedas hacer ahora para minimizar o reparar el daño de la situación original?
9. ¿Hay algún aprendizaje que puedas extraer de la experiencia, que te ayude a ser más efectivo e íntegro en el futuro?
10. ¿Cómo te sientes en el lugar de protagonista?

Siguiendo con el ejemplo:

1. "¿A qué desafío me enfrenté? Recibí un pedido de propuesta (RFP) urgente de un cliente potencial. Lo querían de vuelta en dos días."

2. "¿Cómo respondí al desafío? Me quedé trabajando hasta tarde para terminar a tiempo. Tenía cosas que hacer durante el día y como elegí no posponerlas, decidí preparar la propuesta a la noche."

3. "¿Qué objetivo perseguía? Ganar la licitación y obtener el contrato de consultoría."

4. "¿Qué valores quiero sostener? Quiero ser honesto y responsable. Hacerme cargo de mis decisiones. Quiero balancear las demandas de mi vida profesional con las de mi familia. Además, quiero mantener una buena relación con mi esposa."

5. "¿Cuáles fueron las consecuencias negativas? Primero y principal, el nivel de estrés con el que trabajé. Segun-

do, el resentimiento que me quedó. Tercero, la disputa que tuve con mi mujer y la amargura consiguiente."

6. "¿Podría haber hecho algo más efectivo? Hmmmm. Seguramente. Tal vez hubiera podido intentar negociar un poco más de tiempo. No sé si me lo hubieran dado, pero ni siquiera pregunté. Aun si el plazo hubiera sido inamovible, podría haber pospuesto algunas de las cosas que hice durante el día. La verdad es que gasté bastante tiempo en trámites que no eran tan urgentes y podrían haber esperado a un momento más oportuno. Y aun si no hubiera podido postergar nada de lo que hice en el día, al menos podría haberle explicado la situación a mi mujer. Ella es sumamente comprensiva y no dudo de que hubiera entendido mis argumentaciones. ¡Tal vez hasta me habría ayudado a terminar antes! En todo caso, podría haber declinado el pedido de propuesta. Nadie me obliga a presentarme en toda licitación. Si no puedo, no puedo. No vale la pena hacerme tanta mala sangre. Qué ciego he sido, no sé cómo no se me ocurrió nada de esto antes. Ahora veo tantas posibilidades..."

7. "¿Podría haber hecho algo más íntegro? En realidad, lo que dije en respuesta a la pregunta anterior no sólo es más efectivo, sino que también es más íntegro. Ojalá hubiera hecho este ejercicio antes de ponerme tan fastidioso. No había razón para molestarme tanto. Además, habría evitado la discusión con mi mujer."

8. "¿Cómo minimizar el daño ahora? Lo primero que pienso hacer es pedirle a mi mujer que me disculpe. Ella no sabía nada de la propuesta. Cuando me vino a pedir que dejara el ordenador, la acusé de incomprensiva. No se lo merecía; creo que actué inconscientemente. Segundo, voy a dejar de echarle culpas a la compañía que me pidió

la propuesta. Ellos son libres de pedir lo que quieran, y yo soy libre de declinar su pedido si no quiero hacerlo. Es tonto quedarme resentido por algo que yo *elegí* hacer. Tercero, voy a aprender mi lección para la próxima vez que me llegue una RFP urgente."

9. "¿Qué lección puedo aprender? Antes de aceptar un plazo tan estrecho, preguntar si es posible extenderlo. Si no es posible, buscar alguna otra cosa que pueda posponer para abrir lugar en mi calendario para el trabajo urgente. Si no puedo postergar nada, hablar con mi mujer para ver si puedo extender mi jornada de trabajo con su anuencia. Si ella y yo en conjunto decidimos que es demasiada presión, entonces declinaré el pedido. Si decidimos que vale la pena hacer el esfuerzo, haré lo mejor que pueda sin sentirme victimizado por las circunstancias. No necesito estrés ni resentimiento en mi vida."

10. "¿Cómo me siento en el lugar del protagonista? ¡Mucho mejor! Tengo una pequeña puntada de dolor, ya que veo cuán inconsciente he sido. Pero prefiero "pagar el precio" de ver, a seguir atrapado en la inconciencia. No creo que vuelva a caer en esta misma trampa en el futuro."

* * *

Mientras que las preguntas de la primera ronda activan la historia de la víctima, las de la segunda activan la del protagonista. Más allá del ejercicio, estas preguntas son útiles en interacciones profesionales y personales. Así como un manager puede ayudar a sus empleados a salir de la historia de la víctima, una madre puede ayudar a su hija. Así como un colega puede ayudar a otro a ser más consciente de su protagonismo, un cónyuge puede ayudar al otro a dejar de auto-compadecerse y tomar las riendas de su destino.

De la misma forma, yo he intentado ayudar a mis clientes a hacerse responsables frente a los desafíos que les plantea la vida.

Tres niveles de responsabilidad

Podemos distinguir tres niveles de responsabilidad: reactivo, proactivo y creativo. Estos tres niveles corresponden a la preocupación que uno demuestra por los acontecimientos, los procesos y las infraestructuras. Cada nivel trasciende e incluye a los anteriores.

La responsabilidad reactiva se orienta a corregir los hechos consumados. Dado un cierto conjunto de circunstancias, uno intenta hacerles frente en forma efectiva e íntegra. Actúa *ex-post facto*, es decir, después de la ocurrencia del hecho disparador. Por ejemplo, frente a un accidente industrial, se hace lo posible por minimizar y reparar el daño, en vez de buscar a quién echarle la culpa. La responsabilidad reactiva es una respuesta de emergencia que está destinada a apagar el incendio. La responsabilidad proactiva, en cambio, es el intento de evitar que comience el incendio.

La responsabilidad proactiva se orienta a los procesos. Proyectando posibles consecuencias, uno intenta diseñar mecanismos preventivos que minimicen la probabilidad de ocurrencia de hechos desfavorables, o que el daño sea minimizado en caso de que se produzcan. Por ejemplo, dada la posibilidad de tener un accidente industrial, uno toma medidas precautorias y adopta el hábito de requerir que todos los trabajadores operen conforme a las normas de seguridad. La responsabilidad proactiva generalmente utiliza el diseño de procesos y la ingeniería de calidad para evitar que ocurran cosas malas. La responsabilidad creativa, por su parte, utiliza la visión y el genio inventivo para hacer que pasen cosas buenas.

La responsabilidad creativa se orienta a las infraestructuras. Comprometido con su visión, uno intenta generar condiciones que transformen positivamente el sistema global. Por ejemplo, en vez de hacer que los trabajadores vistan trajes antiflama, uno redefine el proceso industrial para que opere en forma totalmente automática, sin exponer a los trabajadores al riesgo de incendio. La responsabilidad creativa busca disolver problemas, más que resolverlos.

Libertad y conciencia

La definición tradicional de libertad es la capacidad de hacer y tener lo que uno desea. Llamaremos a esta libertad "relativa" o "condicional", ya que depende de factores que la persona no puede controlar. De inmediato uno puede notar las restricciones que condicionan la existencia del ser humano. Por ejemplo, la ley de gravedad nos impide volar como los pájaros, o el haber nacido en la Argentina impide que esa persona pueda ser ciudadano nativo de Australia. Aun así, existe una escala que permite evaluar el grado de libertad relativa en función de la posibilidad de hacer lo que uno desea, más allá de las restricciones que enfrente. Por ejemplo, alguien que puede usar un coche, es más libre para desplazarse que alguien que no tiene esa opción. Desde esta óptica, los recursos materiales e inmateriales amplían la libertad de la persona: Bill Gates puede hacer cosas que yo no puedo, y un graduado universitario puede hacer cosas que un analfabeto no puede.

En el otro extremo, la definición esencial o incondicional de libertad es la capacidad para responder a la situación haciendo uso del libre albedrío. De acuerdo con esta definición, nadie es más o menos libre. La libertad es una condición absolutamente básica de la existencia del ser humano. Se trata, en realidad, de una tautología (la repetición inútil de un pensamiento expresado de otra manera) ya que uno *siempre* responde a la situación comportándose de la manera como elige comportarse. Si uno se enfrenta a un asaltante armado que lo amenaza diciéndole "la bolsa o la vida", tiene la opción de responder de infinitas maneras: entregar el dinero, atacar al asaltante, intentar escapar, gritar pidiendo ayuda, etc. Lo que uno *no* puede elegir es que el delincuente no esté allí, atacándolo. La libertad esencial del ser humano es incondicional, ya que *dentro* de las restricciones impuestas por la situación, la persona puede elegir lo que crea que es la mejor alternativa para ella. La incondicionalidad no significa que no hay restricciones, sino que la persona tiene siempre infinitas opciones dentro del conjunto de respuestas posibles.

Aunque un "infinito acotado" parece contradictorio, no es así. Podemos apreciar su lógica mediante un ejemplo matemático. Tomemos el conjunto de números fraccionarios entre cero y uno. Este conjunto es infinito, ya que entre dos fracciones cualesquiera es posible encontrar otra sacando el promedio. (En realidad, entre dos fracciones cualesquiera es posible encontrar infinitas otras.) Por ejemplo entre 0 y 1 está ½; entre $17/751$ y $18/751$ está $35/1502$ (el promedio entre $17/751$ y $18/751$); y así sucesivamente. Aunque el intervalo $[0,1]$ contiene infinitas fracciones, obviamente está acotado. No hay ninguna contradicción. Muchas veces la vida nos da la opción de elegir cualquier número entre cero y uno, pero no la de elegir el dos.

La persona siempre es libre de elegir su respuesta, pero a veces elige ser inconsciente de esta libertad y actuar como si no fuera libre. Ese es el caso de la víctima. En su modelo mental, la víctima se ve determinada por los acontecimientos externos. Lo que la víctima no ve es que su perspectiva es la que la condiciona, no los hechos del mundo. Por ejemplo, tomemos el caso de Marcela que se siente víctima de su jefe, que la "obligó" a ir a una reunión. Si preguntamos a Marcela por qué fue a la reunión, su respuesta es "porque me mandó el jefe". Aunque sea cierto que el jefe le pidió que fuera, esta forma de contar la historia genera resentimiento y resignación. Podríamos desafiar a Marcela, recordándole que fue *su* decisión lo que la llevó a asistir; podría haber elegido no ir a la reunión, a pesar del pedido de su jefe.

"No, no podría haber faltado. Mi trabajo habría peligrado", puede contestar Marcela defensivamente. "Entonces sí hubieras podido faltar, pero elegiste ir porque las consecuencias de negarte al pedido de tu jefe te parecían más negativas que las de aceptarlo", continuamos. "Bueno, es lo mismo, la diferencia es pura semántica", concluye Marcela. Sin embargo, la diferencia *no* es pura semántica. Al aceptar su libre albedrío, Marcela debe abandonar lo que los filósofos existencialistas llaman "la mala conciencia" (la inconciencia de su libertad). Marcela puede negociar para no ir a la reunión o, en el caso extremo, simplemente declinar el pedido de su jefe. Esto podría traerle malas consecuencias –Marcela no puede elegir mantener su trabajo si no se entiende con su superior– pero incluso abandonar el empleo es una opción posible (aunque seguramente no deseable). Libertad no significa hacer lo que uno quiere; libertad significa elegir, frente a una situación dada, la respuesta más congruente con los propios valores e intereses.

Una definición interpersonal de libertad nos dice que es la capacidad de hacer elecciones sin amenazas de coerción. Uno es libre cuando puede decidir qué hacer sin ser forzado (amenaza o ataque físico contra la persona o su propiedad). La libertad social se funda en el respeto por el otro y el compromiso absoluto con el valor de la no-agresión. El único límite a la libertad social del individuo es el derecho similar de otros individuos a vivir su vida de acuerdo con sus elecciones, sin amenazas de violencia. Esto es radicalmente distinto del concepto de la libertad como capacidad para elegir entre muchas opciones. No es más libre quien tiene más recursos o posibilidades de acción (una persona de fortuna, por ejemplo), sino quien puede controlar su destino sin verse sujeto a la agresión de otros. (Tratamos este tema en más profundidad en el Capítulo 24, Tomo 3, "Valores y virtudes".)

A nivel organizacional, el derecho de propiedad es la base de la armonía entre el orden y la libertad. El superior tiene la capacidad de controlar ciertos recursos, porque los dueños han delegado en él la autoridad que emana de su propiedad. Pero el subordinado tiene siempre la libertad inalienable de renunciar e irse. Mientras no haya coerción o violencia, el contrato de trabajo se basa en la libre asociación de individuos soberanos, que consideran más ventajoso operar en conjunto que separados. Si ese vínculo se modifica (es decir, alguien cree que le resultaría más conveniente alejarse del otro), la relación será insostenible. La única elección digna es la separación.

La miseria y el sufrimiento humanos pueden atribuirse a la violación de la libertad y del respeto por la autonomía del otro. Cuando uno sufre por problemas de relaciones humanas, se halla siempre en medio de una de estas cuatro situaciones:

1. uno intenta forzar al otro para que haga algo que uno quiere, pero que el otro no quiere hacer;
2. el otro intenta forzarlo a uno para que haga algo que el otro quiere, pero que uno no quiere hacer;
3. ambos quieren forzarse mutuamente a hacer algo que el otro no quiere (1 y 2).
4. uno intenta forzarse a sí mismo a hacer algo que encuentra doloroso o indeseable.

La clave para evitar el sufrimiento en la empresa (y en la vida en general) es poner atención y abstenerse de caer en estas dinámicas que tienen fuertes componentes coercitivos.

Motivación extrínseca e intrínseca

A partir de la noción de libertad incondicional, podemos afirmar que nadie puede hacer que otro haga lo que no quiere hacer. (Del mismo modo, nadie puede hacer que uno haga lo que no quiere hacer.) Sólo es posible presentar opciones y consecuencias que alienten a la persona a elegir de cierta forma. La motivación extrínseca opera en base a los premios y castigos del entorno. La motivación intrínseca opera en base a los valores y compromisos personales del individuo. Aunque la motivación extrínseca parece más expeditiva, la única motivación que genera resultados de alta calidad es la intrínseca.

Como dice Peter Drucker[5], "hace cincuenta años que sabemos que el dinero por sí mismo no motiva el rendimiento. La insatisfacción con el dinero es un serio desmotivador. La satisfacción con el dinero es, sin embargo, fundamentalmente un 'factor de higiene', como lo llamó Frederick Herzberg hace 40 años en su libro *La motivación a trabajar*. Lo que motiva –y especialmente motiva a los trabajadores inteligentes– es lo que motiva a los voluntarios: desafío, la creencia en la misión de la organización, el entrenamiento continuo, ver resultados".

No nos es posible manipular el entusiasmo y la creatividad de otro; sólo podemos mostrarle formas diferentes de comportamiento y alentarlo a que las pruebe. Lo mejor que se puede hacer es brindar información acerca de la situación y de las consecuencias de los distintos cursos de acción. Basada en tal información, la otra persona decidirá qué hacer. Esta es la filosofía subyacente a toda transacción voluntaria. En ausencia de coerción, los seres humanos cooperan mediante el intercambio de valor por valor.

A nivel de mercado, el consumidor compra el producto cuando el valor que deriva de su uso es mayor al que podría derivar de cualquier uso alternativo del dinero necesario para pagar su precio. A nivel de organización, el trabajador se esfuerza cuando el valor (material e intangible) que deriva de su empleo es mayor al que podría derivar de cualquier uso alternativo de los recursos (tiempo, esfuerzo, etc.) necesarios para cumplir con su labor.

Para lograr un desempeño superior, un manager y su equipo deben co-diseñar situaciones en las cuales el esfuerzo para operar con altos niveles de eficiencia y calidad es la mejor alternativa para que las personas alcancen sus objetivos individuales y organizacionales.

Nadie puede satisfacer las necesidades de otro. Lo que los managers pueden ofrecer son oportunidades para que cada uno satisfaga sus necesidades; les corresponde a los integrantes del equipo decidir si esas oportunidades constituyen formas efectivas de promover sus intereses, para luego aprovecharlas. Para ofrecer alternativas valiosas, es necesario comprender los intereses humanos fundamentales. Este conocimiento permite a los managers co-crear con sus equipos situaciones en las cuales operar con eficiencia y calidad sea preferible a toda otra opción.

Este conocimiento es valioso aun para quienes no son managers. Toda persona que participa en intercambios voluntarios debe preocuparse por satisfacer las necesidades de sus "socios". Para mantener un equilibrio de buena voluntad, Stephen Covey afirma que es necesario manejar las relaciones en base a una "cuenta corriente emocional". Los actos que generan valor para el otro (por ejemplo, un marido que le lleva flores a su mujer, o una madre que acompaña a su hijo a la práctica de fútbol) son considerados "depósitos". Los actos que restan valor para el otro (como por ejemplo un marido que llega tarde a la cena por una reunión de trabajo, o una madre que rompe una promesa a su hijo) son considerados "extracciones". Cuando la cuenta queda en descubierto, la relación se hace extremadamente difícil. Para mejorar la interacción, es necesario "recapitalizar" la relación con nuevos "fondos" emocionales.

Para comprender qué cosas aportan valor, necesitamos comprender las necesidades básicas de las personas. El psicólogo, autor y consultor organizacional William Glasser[6] presenta cinco necesidades fundamentales de los seres humanos, que surgen directamente de la estructura biológica de su cerebro. La satisfacción de estas necesidades genera valor para la persona.

- **Supervivencia y sentido**: toda persona quiere prolongar su vida a nivel físico, psicológico y existencial. Para ello, nos ocupamos de mantener la salud física y psicológica, afianzar la seguridad, la protección y la estabilidad del entorno. Además de sobrevivir como ente psicofísico, queremos que nuestra existencia cuente, importe, haga alguna diferencia o deje una marca de su paso por el mundo. La supervivencia es un interés fundamental, pero no único. En los casos de suicidio, se puede apreciar que la falta de satisfacción en otras áreas de la vida, puede hacer que la supervivencia física pierda su atractivo.

- **Amor y pertenencia**: todo ser humano necesita sentirse amado y pertenecer a algo más grande que él mismo. Cuando niño, para sobrevivir, necesita tanto del amor y el cuidado de su familia, como de un sentido de pertenencia familiar. Cuando crece, aun cuando su supervivencia no dependa tanto de los demás, experimenta una preocupación permanente en torno a la construcción de relaciones amorosas y la integración en grupos como la familia, el equipo, la empresa, los amigos, el club, la iglesia, la nación, la raza.

- **Poder y control**: las personas queremos sentirnos en control efectivo de nuestras vidas y entornos inmediatos. Deseamos percibir el poder de ser nosotros mismos. Experimentamos ese poder mediante su capacidad para lograr metas. El paradigma prevaleciente de estímulo-reacción alienta a las personas a perseguir sus objetivos buscando poder sobre los demás, para obligarlos a hacer lo que ellas quieren. El control unilateral parece la mejor forma de obtener los resultados buscados y de sentirse poderoso. Desafortunadamente, esto atenta contra el sentido de poder y control en los demás, creando juegos de suma cero donde cada uno gana sólo lo que los demás pierden.

- **Libertad y autodeterminación**: esta es una consecuencia del deseo humano de controlar su destino. Uno quiere la libertad para ser uno mismo y actuar de acuerdo con sus creencias y deseos, libre de coerciones y restricciones. Cuando uno es privado de esa libertad, puede decidir pelear ferozmente o rendirse. Sea lo que fuere que uno determine hacer, no se sentirá comprometido a apoyar a quien está coartando su libertad. En casos extremos, la incapacidad para definir quién es uno y cómo se siente, puede llevarlo a la inestabilidad mental y a la esquizofrenia. (Ver, en este tomo, el Capítulo 7, "Esquizofrenia organizacional".)

- **Recreación y alegría**: es más que relajación y diversión. La recreación es una preocupación fundamental de todos los sistemas vivientes. Es una fuerza que no sólo expande y renueva el organismo, sino que también propicia su crecimiento y desarrollo. El sentimiento de gozo es una gratificación genética que nos impulsa a aprender a cuidar nuestros intereses. Por ejemplo, cuando dominamos un nuevo deporte, o logramos un cierto nivel de competencia en una disciplina importante, nos sentimos felices y satisfechos. Perseguir el gozo, además de ser un interés en sí mismo, es un incentivo para aprender y para actuar en pro de la satisfacción de nuestros diversos intereses.

Comportamiento

El comportamiento es la forma como uno satisface sus necesidades. El comportamiento va más allá del estrecho concepto de la actividad física. Es un proceso que se manifiesta en seis dimensiones. Toda manifestación del organismo ocurre en este espacio hexa-dimensional.

- *Fisiológico.* Es el nivel del proceso metabólico que ocurre dentro del cuerpo: los procesos automáticos (digestión, oxigenación de la sangre, etc.), los disparos neuronales y las secreciones glandulares. Todo lo que hacemos tiene una manifestación a nivel fisiológico. A él nos referimos cuando hablamos de "las tripas".

- *Físico.* Nivel de actividad neuromuscular del organismo en su entorno: los movimientos del cuerpo, las palabras que una persona dice o las acciones que emprende. Es en este nivel de manifestación donde se pueden observar los comportamientos con mayor claridad. Nos referimos a él como "el cuerpo".

- *Emocional.* Es el nivel de los sentimientos, estados de ánimo y emociones: uno se siente feliz o triste, enojado o satisfecho, temeroso o confiado. Esto tam-

167

bién comprende el sentirse "bien" o "mal" que se experimenta internamente. Lo llamamos "el corazón".

- *Cognitivo.* Nivel de los pensamientos, creencias e ideas: las opiniones, teorías, interpretaciones, juicios. Es el nivel en el cual pensamos y razonamos. Nos referimos a él como "la mente".

- *Volitivo.* Deseos, propósitos y aspiraciones: los objetivos, deseos y sueños. Es el nivel en el cual uno establece la dirección hacia la que quiere encaminarse. A él nos referimos como "la voluntad".

- *Existencial.* Este es el nivel de los valores, los compromisos fundantes, el significado, la importancia y el sentido: la ética y la estética personales, la experiencia de valor y belleza que uno pone en el centro de su existencia. Es el nivel en el cual uno define quién es y por qué (y para qué) es lo que es. Este es el nivel al que nos referimos como "la identidad".

Todas estas dimensiones están comprendidas en el comportamiento. Por ejemplo, cuando uno corre, la actividad física (mover las piernas) es un componente del comportamiento, pero mientras corre, también piensa, tiene emociones, experimenta cambios fisiológicos, alberga aspiraciones y manifiesta su identidad como participante en la carrera.

Control y elección

El comportamiento, por definición, es siempre voluntario. Algunos de sus componentes (acciones, pensamientos) son controlables en forma directa, mientras otros sólo lo son en forma indirecta (fisiología, emociones, deseos, sentimientos morales). Por ejemplo, en el momento de tener hambre (situación), uno puede decidir comer o no (acción), pero no puede elegir en forma directa si segregar jugos gástricos o no. Cuando uno tiene hambre, desea comer, piensa en las alternativas (costes y beneficios) y entonces elige si comer o no; luego el cuerpo responde con los cambios fisiológicos correspondientes. En definitiva, sea en forma directa o indirecta, las seis dimensiones del comportamiento total están siempre bajo el control de la persona.

Comprender que el ser humano tiene el poder de elegir su conducta en forma multidimensional implica que él tiene el poder de elegir sus sentimientos. (Estudiamos este tema con mucho mayor detalle en los capítulos 21, 22 y 23 del Tomo 3.) Cuando uno "se siente mal", le parece que este sentimiento viene de afuera, que es una consecuencia de factores que están fuera de su control. Pero esta posición (que hemos llamado "de víctima") lleva a la pérdida de poder. El malestar es consecuencia de las elecciones que uno hace. Por eso, los sentimientos son sumamente importantes como elemento de diagnóstico de la efectividad y la integridad del comportamiento. Al asumir la responsabilidad de nuestros sentimientos descubrimos, de acuerdo con Glasser, que "El modo como nos sentimos es el más importante de todos los componentes de nuestro comportamiento. Esto es debido a que nuestros sentimientos nos dicen si el comportamiento que estamos eligiendo es efectivo o inefectivo. Si nuestro comportamiento es exitoso al atender nuestros intereses, nos sentimos bien y creemos que hemos elegido correctamente. Si nuestro comportamiento no es exitoso, nos sentimos mal y pensamos que no hemos hecho una elección efectiva".

Nadie puede decidir "sentirse mejor" en forma directa. Por eso, uno asocia su poder de elección con el pensamiento y con la acción; "hacer" algo se refiere generalmente a una combinación de pensar y actuar. Pero al aceptar que los seis componentes del comportamiento se manifiestan simultáneamente, uno descubre que aunque no tenga control directo, tiene un alto grado de control indirecto sobre cómo se siente, qué quiere, qué valora y hasta qué hacen sus glándulas. Si uno quiere "sentirse mejor", según Glasser, tiene tres, y sólo tres, posibilidades:

- cambiar lo que uno quiere,
- cambiar lo que uno hace,
- cambiar lo que uno quiere y lo que uno hace.

En el caso de una persona alcohólica, esta bebe (acción) porque cree que es la mejor manera de tener cierto control sobre su vida. La persona no elige en forma directa que le duela la cabeza (fisiología) a la mañana siguiente, pero sí lo hace indirectamente. La elección de tomar alcohol es también la elección de sentir el dolor de cabeza a continuación. De la misma forma, uno elige su propio dolor (o placer) al elegir las acciones o los pensamientos que lo generan. Si uno quiere "sentirse mejor" debe cambiar lo que quiere (no sentir dolor de cabeza) o cambiar lo que hace (tomar alcohol). Al hacernos cargo de elegir el dolor, podemos hacernos cargo de cambiar las acciones que lo generan y decidir no elegirlo más.

¿Oveja o tigre?

Hay una historia sufí que ilustra la diferencia entre la inconciencia y la conciencia de la libertad, entre la irresponsabilidad de la víctima y la responsabilidad de quien se adueña de su destino. Estos dos arquetipos están representados por la oveja y el tigre:

Había una vez una tigresa preñada que estaba buscando alimento. Vio un rebaño de ovejas y se abalanzó sobre ellas. Dio cuenta de una, pero a raíz del esfuerzo en su estado de gravidez, murió mientras daba a luz. El cachorro de tigre nació huérfano, en medio del rebaño de ovejas. Sin saber su verdadera identidad, el tigrecito se unió al rebaño y aprendió a caminar, comer y balar como las ovejas. El cachorro también aprendió a sentirse víctima, a lamentarse, a echarles la culpa a los demás por sus penurias, tal como lo hacen las ovejas.

Un día, otro tigre que andaba por la región se encontró con esta escena ridícula: un cachorro de su especie caminando, comiendo y balando como una oveja. Con un gran rugido, el tigre corrió hacia el lugar de pastura, desparramando a las ovejas. El tigre adulto tomó al cachorro, lo arrastró hacia un estanque y lo forzó a mirar su reflejo en el agua mientras le decía: "¡Mira!, no eres una oveja, eres como yo, eres un tigre. Eres un tigre y tienes la fuerza, el coraje, la libertad y la majestad del tigre. Eres responsable de tu destino; eres el cazador, no la presa". Entonces, el tigre dio un rugido inmenso y glorioso. Esto aterrorizó y excitó al cachorro. El tigre le dijo entonces: "¡Ahora, ruge tú!". Los primeros intentos del cachorro fueron patéticos, a medio camino entre un balido y un chillido. Pero pronto, bajo la tutela del tigre adulto, el cachorro desarrolló su verdadera naturaleza y aprendió a rugir; a rugir como el protagonista de su vida.

Ante cada desafío de la vida uno tiene la posibilidad de elegir: ¿oveja o tigre? Una de las opciones conduce a una vida de resentimiento e impotencia, la otra a una vida extraordinaria. ¿Quién elige ser usted?

Referencias

1. Frankl, Victor: *El hombre en busca de sentido*, Herder, Barcelona, 1995.
2. Covey, Stephen: *Los siete hábitos de la gente altamente efectiva*, op. cit.
3. *Bhagavad Gita*, Stephen Mitchell (traductor), Harmony Books, 2000.
4. Maslow, Abraham: *The Maslow Business Reader*, Wiley, 2000.
5. Drucker, Peter: *Management Challenges for the 21st. Century*, op. cit.
6. Glasser, William: *The Control Theory Manager*, Harper Business, New York, 1996; *Choise Theory*, Harper Collins, 1999.

CAPÍTULO 3

APRENDIENDO A APRENDER

Sólo un guerrero es capaz de soportar el camino del conocimiento. Un guerrero no puede quejarse o lamentar nada. Su vida es un permanente desafío y los desafíos no son buenos ni malos. Los desafíos son simplemente desafíos. La diferencia básica entre un hombre ordinario y un guerrero es que el guerrero toma todo como un desafío, mientras que el hombre ordinario toma todo como una bendición o una maldición.

Don Juan, chamán tolteca

Dale un pescado a un hombre hambriento y lo alimentarás por un día. Enséñale a aprender y lo alimentarás por toda su vida... (...aprenderá a pescar por su cuenta).

Adaptación de un proverbio oriental

APRENDER ES INCORPORAR NUEVAS HABILIDADES *que posibilitan lograr objetivos que hasta el momento se hallaban fuera de alcance.* El núcleo de todo proceso de aprendizaje es la transformación de acciones inefectivas en acciones efectivas. De esta definición se deriva el punto de partida del proceso: la identificación de un área de incompetencia, de una incapacidad que impide el resultado deseado. Para encontrar oportunidades de aprendizaje, uno debe buscar situaciones donde exista una brecha entre lo que *quiere* lograr (su objetivo) y lo que *puede* lograr (su competencia). La expresión de esta brecha se da en la aparición de un "problema". La conciencia de esa brecha se manifiesta en la declaración: "No sé".

La relación entre el no saber (que produce resultados insatisfactorios) y el aprendizaje es de doble correspondencia. Para aprender es necesario comenzar por identificar una situación insatisfactoria. Por otro lado, toda situación de insatisfacción es asimismo una oportunidad para

173

aprender. Si uno considera cualquier situación de aprendizaje significativo en la vida, verá que en los momentos iniciales las condiciones distan mucho de ser felices; las emociones corrientes en esos momentos son temor, incomodidad, ansiedad, preocupación, etc. El desenlace feliz de toda historia de aprendizaje, acontece justamente con la transformación de estas condiciones infelices mediante el esfuerzo del protagonista. Al final del camino, las emociones "difíciles" originales desaparecen, para convertirse en satisfacción, confianza, alegría y paz. Revirtiendo la lógica, podemos interpretar que toda situación insatisfactoria presente no es más que una historia potencial de aprendizaje cuyo protagonista aún no ha encontrado la forma de llegar a un desenlace feliz.

El camino del héroe

El antropólogo norteamericano Joseph Campbell[1] llama "el camino del héroe" a este patrón de sucesos. Analizando mitos de diversas civilizaciones, Campbell identificó una estructura profunda común a todas las historias. La línea argumental que subyace a las diferencias superficiales, puede describirse con la siguiente gráfica:

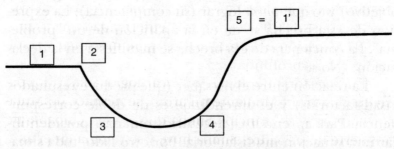

Figura 1. El camino del héroe

Podemos analizar esta narrativa usando uno de los mitos modernos creados por Walt Disney: la historia del Rey León. (Como ejercicio, el lector puede buscar correspondencias con su mito o relato favorito: *Caperucita Roja, La Bella Durmiente, Hansel y Gretel, Sansón y Dalila, Hércules, La guerra de las galaxias, Platero y yo,* etc.) En la primera etapa, existe una aparente estabilidad donde todo funciona felizmente. El rey Mufasa tiene un hijo, que es reconocido como el príncipe heredero por todos –"casi" todos– los animales. Pero hay fuerzas oscuras (Scar, el hermano de Mufasa y las hienas que lo apoyan) que se preparan para tomar el poder. Estos personajes marginales representan los aspectos reprimidos, inconscientes y no integrados de la situación. En las historias mitológicas, la situación inicial es siempre ingenua e ilusoria; detrás de la fachada feliz se esconden las grietas que desencadenarán una crisis.

En el punto dos, la crisis se manifiesta. No es más que la culminación del proceso subterráneo preexistente. Los problemas venían fermentándose desde hace tiempo. Psicológicamente (sociológicamente), esta crisis representa la intrusión de ciertas partes de la personalidad (de la sociedad) que antes se hallaban marginadas a "la sombra" de la conciencia (de la escena política). El quiebre de la estabilidad simboliza la aparición en escena de energías que habían sido reprimidas hasta entonces. A pesar del dramatismo con el que se derrumba la estabilidad inicial, esta des-ilusión es saludable. Así como la emergencia de un síntoma permite descubrir y tratar la enfermedad que lo provoca, la aparición del problema permite investigar y resolver sus causas profundas.

En la historia del Rey León, Scar logra "matar dos pájaros de un tiro". Mediante un ardid, se deshace de Mufasa y hace creer al príncipe Simba que él es el culpable de la muerte de su padre. Simba huye y se refugia en el anonimato de la jungla, donde reniega de su verdadera identidad y se convence de que no vale la pena preocuparse por nada ("*akuna matata*": "no hay de qué preocuparse"). El estupor y olvido de sí mismo es parte de la "caída" del héroe. Esta caída es interrumpida por un aliado que le recuerda al héroe su verdadera identidad. En el caso del Rey León, Nala, la amiga de la infancia y futura compañera, es la encargada de abrir los ojos de Simba. Esta toma de conciencia es dolorosa, por lo que el héroe sólo la hace a regañadientes y a pesar de sus impulsos inmediatos. Como en la historia de Disney, muchas veces el destino debe "ablandar" al héroe para que preste atención y asuma su responsabilidad frente a las consecuencias de sus actos.

Bajo la opresión de Scar y las hienas, el reino de Mufasa se marchita. Es imperioso que el legítimo rey retome el poder para salvar a sus súbditos. Pero para eso debe trascender el dolor, la vergüenza y el miedo que en primera instancia lo han impulsado a "desaparecer". Este punto tres, a veces llamado "la noche oscura del alma", es el momento en el que el héroe asume la realidad de la situación y se dispone a encararla. En los mitos hay siempre dos batallas. La primera, y más difícil, es la interna; el enfrentamiento entre el héroe y la tentación de pereza e irresponsabilidad. Una vez ganada esta batalla, puede el héroe enfrentar a sus enemigos externos. Esto ocurre en el punto cuatro: Simba enfrenta a Scar en una batalla culminante que termina con la muerte del malvado. En el nivel de los arquetipos, no hay tal cosa como la muerte; es imposible crear o destruir energía. La muerte simboliza la integración de la energía vencida en la conciencia del vencedor. Con la victoria sobre Scar, Simba cumple su "rito de pasaje" y se gana el derecho a ser rey. Trascendiendo a su padre, que nunca pudo integrar la energía oscura de su hermano, Simba sube al trono.

El punto cinco es aquel en donde el orden ha sido restablecido, la crisis superada, las energías inconscientes integradas en la conciencia. El héroe vuelve con un regalo para su comunidad: la restitución de un orden más evolucionado, inclusivo y robusto que el anterior. Pero en este nuevo orden (tesis) seguramente siguen existiendo fuerzas desintegradas. Ellas serán el motor del proceso dialéctico que generará una antítesis y, con la ayuda del héroe, una síntesis aún superior. Por eso el punto cinco es, a su vez, el punto uno prima, situación inicial del próximo capítulo. La historia del Rey León concluye con el nacimiento del hijo de Simba y Nala, símbolo de la circularidad –o, más bien, espiralidad– de la vida (*the circle of life*).

La tesis de Campbell es que la repetición universal de este argumento refleja aspectos estructurales (arquetípicos) de la psiquis del ser humano. Si esto es así, deberíamos ser capaces de constituir experiencias personales y organizacionales en forma de historias heroicas. Para demostrar la aplicabilidad del modelo tomaré dos ejemplos, uno propio y otro de una compañía con la que trabajé. (También sugiero al lector hacer el mismo ejercicio con su propia historia.)

Una de las experiencias más conmovedoras de mi vida fue el nacimiento de mi primera hija. Aunque cada nacimiento es un milagro único en sí mismo, el primero tuvo para mí el impacto de la novedad y lo inesperado. En el punto uno, durante el embarazo, todo era dicha y felicidad. Tanto mi mujer como yo sabíamos que entre la alegría del embarazo y la alegría de ser padres estaba el pequeño "asunto" del parto, pero nos imaginábamos que sería una rápida transición sin mayores dificultades.

Las contracciones comenzaron casi exactamente en la fecha esperada. Fuimos al hospital, y allí, definitivamente, empezó la etapa dos de la historia.

Con el pasar de las horas, las contracciones se iban haciendo más y más dolorosas. Aunque las enfermeras parecían tranquilas y decían que todo iba sobre ruedas, yo no podía creer que la intensidad del dolor que manifestaba mi mujer fuera normal. De sólo verla sufrir se me caían las lágrimas. No sé si por empatía, desesperación o impotencia, varias veces me encontré sollozando y gimiendo con ella. Pasaban las horas, y las cosas, en mi opinión, iban de mal en peor. Las enfermeras, por supuesto, sabían y decían que todo iba de bien en mejor. No podía creerles. Lo único que atinábamos a hacer con mi mujer era respirar a la Lamaze (habíamos hecho el curso juntos) y caminar por los pasillos, desiertos a esa hora de la madrugada. Llegó un momento donde creí que todo se iba al demonio, las contracciones eran prácticamente continuas y el dolor, agudo. Este era, precisamente, el punto tres. En ese momento apareció la obstetra y mi esposa comenzó a pujar. El punto cuatro fue la fase final del parto: el nacimiento.

Nunca olvidaré la experiencia sagrada de la aparición de una nueva vida. En ese momento algo se abrió en mi corazón. Sentí que aparecía allí una nueva forma de amor, un amor absoluto e incondicional. Hasta ese momento, la semilla de ese amor había estado cerrada y para germinar tuvo que "romper" mi corazón durante la ordalía previa. Me di cuenta entonces de cuán ingenua había sido mi expectativa del nacimiento, seguramente influida por demasiadas películas de Hollywood donde el padre se encuentra con un bebé perfectamente limpio y una madre sonriente. Pero la verdad es que nada podría haberme preparado para la intensidad de esa experiencia. Fue necesario vivirla para integrar en un mismo cuadro dolor, felicidad, miedo y amor. En ese momento, el punto cinco, descubrí el sentido profundo de un poema de Yevgeny Yetvushenko que había apreciado durante años sin verdaderamente comprenderlo:

Tristeza, penuria,
al infierno con eso.
Quien nunca conoció el precio de la felicidad,
no será feliz.

El camino del héroe no sólo refleja la transformación de una persona individual; también se aplica al crecimiento de los grupos, las organizaciones y todo tipo de comunidades humanas. Al igual que el sujeto aprendiente (como vimos en el Capítulo 1), el sujeto heroico puede ser individual o colectivo. Un ejemplo mítico es el de los Caballeros de la Mesa Redonda. Cada uno de ellos pasó por sus ordalías personales, pero también el conjunto atravesó pruebas difíciles que transformaron al grupo como tal. A lo largo de las historias, el crecimiento personal de cada uno de los caballeros fue acompañado y reforzado por un crecimiento colectivo. Lo mismo sucede en cualquier asociación personal, profesional o empresaria. Un equipo de management, por ejemplo, crece y se desarrolla al enfrentar los desafíos que le propone el mundo.

Recuerdo el caso de un equipo que estaba entusiasmado porque había ganado una licitación para operar una planta industrial en un país extranjero. Durante los festejos, varios ejecutivos me comentaron a solas que tenían cierta aprensión: "No sé si este proyecto es tan fabuloso como creen los demás", me dijo cada uno confidencialmente. "Tal vez hayamos mordido más de lo que podemos masticar." Lo interesante es que aunque muchos compartían la misma inquietud, nadie quería ser el "negativo" que "pinchara el globo" y amargara la fiesta. Aun a pesar de mi insistencia en blanquear el tema, ninguna voz se alzó en contra de la corriente festiva. La ilusión del éxito, tan brillante, opacaba todas las preocupaciones.

Pero esas preocupaciones, relegadas al "sótano" de la conciencia, no tardaron en salir a la luz. Les abrió la puerta una crisis que estalló a poco de hacerse cargo de la planta. Los managers que tuvieron que trasladarse al otro país se estaban fundiendo a ritmo acelerado. La cantidad inmensa de trabajo, las condiciones inhóspitas, los problemas culturales y la situación política creaban condiciones altamente insalubres. Hubo divorcios, hubo ataques cardíacos, hubo estallidos emocionales; la situación se volvió insostenible.

En una reunión decisiva, el equipo directivo se abocó a analizar la situación sin disfrazar para nada su gravedad. Al compaginar toda la información en un escenario global, los ejecutivos descubrieron que las cosas estaban mucho peor de lo que nadie había imaginado. No es que hubiera habido secretos, sino que cada uno había estado tratando de "poner su mejor cara" frente a las dificultades. Pero una vez que el equipo se des-ilusionó, no tuvo más opción que enfrentar el desafío. Al cabo de dos horas de trabajo, estos líderes habían preparado un plan de des-inversión que les permitiría minimizar las pérdidas económicas y humanas. El plan fue llevado a cabo, y la compañía se retiró de la gestión de la planta.

Antes de esta reunión definitoria (punto cuatro en la historia), fue necesario que cada uno de los líderes hiciera un examen de conciencia y decidiera arriesgarse a compartir sus temores (punto tres). Gracias a tales decisiones individuales, el equipo pudo "ver" algo que antes le resultaba invisible: habían cometido un error, este negocio no era bueno para ellos. El aprendizaje resultó extremadamente caro, pero la empresa no sólo sobrevivió, sino que pudo capitalizar las dificultades. Gracias a su experiencia internacional pudo participar en un consorcio que consiguió la explotación de un sector altamente rentable en otro país (punto cinco). Además, el equipo directivo alcanzó un grado mucho más alto de autenticidad en sus relaciones. Como escribiera Nietzsche: "Aquello que no me mata, me hace más fuerte".

El camino del héroe es un buen mapa para transitar por el terreno del aprendizaje. Cuando uno se encuentra en problemas, puede investigar cuáles fueron las cegueras que lo llevaron a esa situación. Sin autoflagelarse, uno puede reconocer su responsabilidad frente a los acontecimien-

tos y capitalizarlos como experiencia de integración y crecimiento. El desarrollo de la conciencia no es lineal; de
acuerdo con las distintas tradiciones es necesario "bajar al
infierno para alcanzar el cielo". La comprensión de este
proceso permite mantenerse sereno en medio de las dificultades y buscar la manera más operativa de salir de ellas.

Esta sabiduría está capturada en el dicho japonés sobre la calidad total: "Un defecto es un tesoro". Todo defecto es un tesoro... en potencia. Quien invierta el esfuerzo y
compromiso necesario para investigar el proceso subyacente, será capaz, no sólo de corregir el error, sino de mejorar
el proceso para evitar que el error vuelva a aparecer (y, tal
vez, resolver muchos otros errores potenciales antes de que
sean cometidos). Por eso, ante cualquier fallo, los popes de
la calidad recomiendan preguntar cinco veces "por qué".

Este aprendizaje "heroico" es el que se refleja en la admiración oriental por la flor de loto que nutre su belleza
en la fetidez del pantano. También es el que aparece en la
voz occidental de Antonio Machado[2] cuando cuenta que:

Anoche mientras dormía soñé, bendita ilusión,
que una colmena tenía dentro de mi corazón.
Y las doradas abejas iban fabricando en él
con amarguras viejas, blanca cera y dulce miel.

El camino del aprendizaje

Como dice Machado en otro poema, "Caminante: no hay
camino, se hace camino al andar". Para andar por el camino del aprendizaje, el caminante debe cumplir con ciertas
condiciones.

1. Establecer una visión.
2. Tomar conciencia de la brecha que hay entre su visión y su realidad.

3. Declararse (temporariamente) incompetente para satisfacer sus anhelos.
4. Comprometerse con el aprendizaje.
   4.1. Asumir la responsabilidad de aumentar su competencia.
   4.2. Reconocerse como principiante y darse permiso para cometer errores.
   4.3. Buscar la ayuda de un maestro, o de un *coach*, y darle permiso y autoridad.
   4.4. Asignar el tiempo y los recursos para practicar diligentemente bajo la supervisión del *coach* en un espacio adecuado.

La visión

En *Alicia en el País de las Maravillas*, Lewis Carroll[3] describe la importancia de fijar un destino antes de emprender un viaje. Alicia, que está perdida, pide ayuda al sonriente Gato de Chesire: "Gatito, ¿qué dirección debería tomar?". "Eso depende de adónde quieras ir", responde el gato. "No sé muy bien adónde quiero ir", confiesa Alicia. "Entonces no importa qué dirección tomes", concluye sabiamente el gato.

Para tener una actitud proactiva en la vida, es fundamental tener una visión y fijar objetivos coherentes con esa visión. Sin una visión, es imposible decidir racionalmente; todos los caminos dan lo mismo, ya que no hay ninguna meta que alcanzar. Sin una visión, uno queda a la deriva y termina reaccionando momento a momento como un animal: busca el placer inmediato y evita las dificultades. Los animales no tienen noción de futuro, por eso sus reacciones instantáneas están guiadas por el instinto. El ser humano, en cambio, tiene la capacidad de imaginarse futuros posibles. Esta conciencia le permite evaluar situaciones y las consecuencias de sus actos con un horizonte mucho mayor. Sin embargo, es imposible evaluar sin algún criterio de preferencia. Para juzgar que una cosa es mejor que otra, es necesario que quien juzga aplique un criterio. Dichos criterios de evaluación son justamente lo que se desprende de la visión.

El primer paso para escalar una montaña es comprometerse a llegar a la cumbre. El mapa del territorio se vuelve útil una vez que se ha determinado el punto de llegada. Antes, es sólo un dibujo en un trozo de papel. La aspiración de llegar a la cima es lo que le da importancia y sentido al mapa. El norte confiere al mapa una orientación convencional, pero la visión le otorga una orientación personal. La visión da significancia al territorio; gracias a ella existen distinciones entre "lo que me acerca" y "lo que me aleja". De la misma forma, la aspiración de llegar a algún lado es lo que da importancia y sentido a la vida. La visión hace que las situaciones aparezcan como satisfactorias o insatisfactorias. El compromiso con la visión produce la energía necesaria para actuar en el mundo.

Este compromiso también prepara la mente para encontrar oportunidades, de otra forma invisibles. Esto no es más místico que una radio captando ondas de cierta frecuencia. Cuando la sintonía es la adecuada, la música reemplaza a la estática. Cuando la persona "sintoniza" con su visión, el mundo se le aparece distinto. A veces es necesario creer para ver. Sir Edmund Hillary, el primero en llegar a la cima del Everest (y volver con vida) reflexionaba: "Hasta que uno se compromete (con su visión), hay vacilación, la posibilidad de echarse atrás, inefectividad permanente. En lo que respecta a todos los actos de iniciativa y creación, hay una verdad elemental, cuya ignorancia mata incontables ideas y planes espléndidos: en el momento en el que uno se compromete, la providencia también lo hace. Ocurren entonces todo tipo de cosas positivas, que de otra manera nunca habrían ocurrido. De la decisión nacen una serie de hechos, que ponen a favor de uno incidentes fortuitos y asistencia material que ningún hombre podría haber soñado con obtener. Sea cual fuere tu sueño, comiénzalo. La audacia tiene genio, poder y magia".

De hecho, todas las obras del ser humano han sido creadas dos veces. Primero en la mente del creador, luego en el mundo material. Por ejemplo, antes de existir materialmente, los edificios y casas en las que vivimos existieron en la conciencia del arquitecto que los diseñó; antes de ser fabricado, cada uno de los coches en los que viajamos existió como idea de un ingeniero; antes de manifestarse en el mundo real, este texto surgió en mi mente. Es imposible construir un edificio sin planos, es imposible fabricar un coche sin un diseño previo, es imposible escribir un libro sin un esquema conceptual. Estos planos, diseños y esquemas nacen como entidades ideales, visiones de posibilidad. Sin visión no hay realidad, por eso el primer paso del aprendizaje proactivo es establecer una visión personal. Como dice Jack Welsh, CEO de General Electric: "Toma el control de tu futuro (mediante el desarrollo de tu visión), o algún otro lo hará por ti..."

No tener una visión de futuro es no tener una dirección, un propósito, un objetivo propio. Es dejarse llevar por la deriva de la vida sin un destino personal. Es "ser vivido" por los valores, ideas y propósitos de los demás, en vez de vivir los propios. Es como no tener columna vertebral, como ser una masa líquida que se amolda a los dictados del entorno sin oponer resistencia. Es vivir de acuerdo con la programación social que uno tiene cargada en el inconsciente. Es ser controlado por sucesos externos en vez de responder con autonomía en base a valores internos. No tener una visión es ser una oveja más del rebaño. Una verdadera pena, ser un tigre que, falto de visión, pasa toda su vida creyendo ser una oveja.

Como dijo Benjamín Franklin (citado por Covey[4] en *Los siete hábitos de las familias altamente efectivas*): "Cada minuto, cada hora, cada día, nos encontramos en la encrucijada, haciendo elecciones. Elegimos los pensamientos que nos permitimos pensar, las pasiones que nos permitimos sentir, y las acciones que nos permitimos realizar. Cada elección es hecha en el contexto del sistema de valores que hemos seleccionado para gobernar nuestras vidas. Al seleccionar ese sistema de valores, estamos, de una manera muy real, haciendo la elección más importante de nuestras vidas".

A nivel colectivo, una visión compartida es absolutamente vital. Parafraseando el famoso proverbio bíblico "sin visión, la gente perece", afirmamos que "sin visión, la compañía perece". Es fácil imaginar el desastre que resultaría si un grupo de ingenieros intentara fabricar un microchip sin un diseño común, o si un equipo de programadores intentara crear un sistema informático sin una serie de ideas rectoras compartidas. El mismo desastre ocurre cuando un equipo de management opera sin una visión y un plan común. Es imposible administrar una empresa racionalmente sin tener una aspiración conjunta.

La importancia de la visión compartida ha sido resaltada prácticamente por todos los libros de management aparecidos en los últimos diez años. Lanzada a la fama como una de las "cinco disciplinas" fundamentales por Peter Senge[5], la visión compartida ha sido enfatizada por cientos y cientos de académicos, consultores y líderes empresariales. Este énfasis, paradójicamente, implica que la lección no ha sido aún internalizada en el mundo de los negocios. Nadie escribe sobre la necesidad de respirar para vivir, nadie escribe sobre la necesidad de abrir los ojos para ver, nadie escribe sobre la necesidad de vender para ser rentable. Las verdades de Perogrullo no merecen comentario; sólo merece ser destacado aquello que no resulta obvio. La atención dedicada a la visión compartida implica que esta disciplina no es aún una práctica habitual.

Cuando un equipo me pide ayuda, suelo iniciar mi trabajo de consultoría con un ejercicio revelador. Le pido a cada uno de los integrantes que responda, a solas, cinco preguntas: 1) ¿Cuál es la visión, el estado futuro que este equipo aspira a crear? 2) ¿Cuál es la misión principal, el propósito que da sentido a la existencia de este equipo? 3) ¿Cuáles son los tres valores fundamentales que deberían organizar el comportamiento de este equipo? 4) ¿Cuál es la estrategia mediante la cual este equipo cumple su misión, apuntando hacia su visión en armonía con sus valores? 5) ¿Cuáles son los objetivos intermedios cuantificables, las metas específicas que el equipo debería alcanzar en el corto plazo? Luego les pido que lean sus respuestas para el resto del grupo. Normalmente, los integrantes del equipo quedan impresionados por la diversidad y falta de coherencia de las respuestas.

A pesar de que la mayoría de ellos ha leído libros como *La quinta disciplina, La quinta disciplina en la práctica*[6], *La disciplina de los líderes del mercado*[7], *Empresas que perduran*[8] y *Los siete hábitos de la gente altamente efectiva*[9], que acentúan la importancia de operar con una visión compartida, estos managers no "saben cómo" generar tal visión. Ciertamente ellos "saben que" la visión compartida es importante, pero entre la información y la acción se abre un abismo. Este es el problema del conocimiento abstracto: como veremos más adelante en este capítulo, sin el compromiso de ponerla en práctica, la erudición no es más que un escondite para la incompetencia.

Los libros referidos arriba ofrecen excelentes sugerencias para crear una visión personal y compartida, por lo que considero redundante reiterar sus ideas. Sugiero al lector interesado utilizar cualquiera de ellos. No importa tanto cuál sea la elección específica, lo más importante es poner un método –cualquier método– en práctica. La visión compartida no es algo que "aparece" por inspiración divina; hay que construirla mediante un proceso de imaginación y diálogo. Este proceso requiere tiempo y recursos. Si no se asignan estos recursos, es ilusorio creer que el equipo logrará una congruencia visionaria.

Al hablar de recursos, no puedo dejar de mencionar los costes de oportunidad y los retornos a la inversión. Aplicar tiempo y esfuerzo a la creación de una visión compartida significa no aplicarlos a otras cosas. ¿Qué nos permite afirmar que el rendimiento generado sobre la base de una visión será mayor que el generado por alguna otra cosa? Los textos citados tienen suficientes estadísticas como para convencer al más descreído. La correlación entre la naturaleza visionaria de una corporación y sus resultados económicos es tan clara como la que existe entre el (no) fumar y la salud. Así, Collins y Porras informan que "las compañías visionarias alcanzan resultados extraordinarios en el largo plazo". Si uno hubiera invertido 1 dólar el 1 de enero de 1926 en el índice general del mercado norteamericano, explican los autores de *Empresas que perduran*, el 31 de diciembre de 1990 esta inversión habría crecido hasta convertirse en 415 dólares. Por otro lado, 1 dólar invertido en la misma fecha en un índice de compañías visionarias, habría crecido a 6.356 dólares en el mismo período, más de quince veces el valor del mercado general.

Lamentablemente, los datos empíricos sobre el efecto del cigarrillo en la expectativa de vida no son convincentes para los cientos de millones de fumadores. Lamentablemente, los datos empíricos sobre el efecto de la visión en la expectativa de rentabilidad no son convincentes para los cientos de equipos de management que creen estar "demasiado ocupados como para perder el tiempo en esas tonterías".

Conciencia y competencia

Es imposible buscar (y adquirir) nuevos conocimientos, a menos que uno tome conciencia y reconozca que "no sabe". Muchas personas quedan detenidas en esta primera barrera, frustradas en su aprendizaje, porque son incapaces o no están dispuestas a percibir conscientemente la brecha entre lo que desean hacer y lo que pueden hacer. Para evitar la tensión emocional, rehúsan aceptar su nivel actual de ignorancia, culpan a factores externos o disminuyen sus deseos de resultados.

Peter Senge enfatiza la importancia de esta tensión entre habilidad y ambición: "La tensión creativa surge cuando se ve claramente dónde se quiere estar –la visión– y se la contrapone con la realidad actual. La brecha entre ambas genera una tensión natural. La tensión creativa puede resolverse de dos maneras: subiendo la realidad actual hasta la altura de la visión, o bajando la visión hasta la realidad actual. Los individuos, grupos y organizaciones orientados al aprendizaje, usan la energía de esta tensión para mover la realidad existente hacia sus visiones".

"Sin visión, no hay tensión creativa", continúa Senge. "La tensión creativa no puede surgir simplemente de la realidad actual. No alcanzan todos los análisis del mundo para generar una visión. Pero la tensión creativa no puede tener su único origen en la visión; exige también una pintura fiel de la realidad actual."

El aprendizaje es mucho más que solucionar problemas. En la resolución de problemas el esfuerzo es reactivo: la energía para el cambio proviene del deseo de salir de algo indeseable. El aprendizaje es proactivo: la energía para el cambio surge del deseo de alcanzar la visión. La distinción puede parecer pequeña, pero tiene grandes consecuencias. Muchas personas y organizaciones sólo se sienten motivadas al cambio por factores extrínsecos (crisis, problemas, etc.). Esto hace que para crecer necesiten "darse de narices" una y otra vez con la realidad. Los golpes de la vida les generan ansiedad, dolor, miedo, resentimiento y resignación. Otras personas y organizaciones responden al deseo innato de desarrollar su máximo potencial. Esto no los provee de salvoconductos frente a los desafíos de la vida. Pero al enfrentar estos desafíos como parte de su camino de aprendizaje hacia la visión, sus sentimientos son de serenidad, apertura, confianza, paz y entusiasmo.

¿Aprendiz o cretino?

Consideremos la siguiente grilla. En ella se describen los progresos del principiante en un recorrido opuesto al sentido de las agujas del reloj, desde el cuadrante superior izquierdo (ciego) hasta el cuadrante superior derecho (experto):

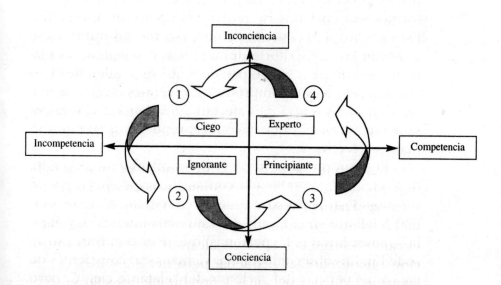

Figura 2. De ciego a experto

El eje horizontal revela el grado de incompetencia (o competencia) y el eje vertical exhibe el grado de inconciencia (o conciencia) sobre el nivel de competencia. Por el momento observemos la mitad izquierda de la grilla y comparemos al "ciego" con el "ignorante".

En el cuadrante superior izquierdo encontramos al "ciego", que es al mismo tiempo incompetente, incapaz de realizar una determinada tarea, e ignorante de tal incompetencia. El ciego no sólo no sabe: ni siquiera sabe que no sabe.

En ciertos casos, como el de un niño o un extranjero, vemos claramente que el "ciego" es inocente. No esperamos que los niños o los extranjeros sean conscientes de su incompetencia cultural. A menudo las acciones de estas personas que rompen con ciertos usos y costumbres establecidos nos resultan cómicas. Les perdonamos sus errores ya que "no saben" lo que están haciendo.

Tomemos el caso de un jefe que no respeta los tiempos de proceso. Supervisa un departamento donde los informes son enviados rutinariamente para ser aprobados. Este jefe no se da cuenta de que, cuando los informes se estancan en su escritorio durante días o semanas, los plazos no se cumplen y otras personas que dependen de él no pueden honrar sus compromisos. El jefe es ciego a la manera en que sus acciones afectan a los demás. Ni siquiera sabe que no sabe, y que necesita aprender a operar en forma más efectiva.

El ciego puede generar grandes sufrimientos. Su falta de conciencia, combinada con su incompetencia, puede ser muy destructiva para quienes lo rodean. Es el proverbial "elefante en el bazar" que, sin mala intención, rompe las cosas valiosas (y las personas) que se encuentran a su alrededor. Los observadores y las víctimas son conscientes de las consecuencias del accionar del "elefante ciego"; pero este carece de tal conciencia. El ciego suele frustrar y exasperar a los que deben tratar con él. Pero él no siente ningún dolor, ninguna culpa, ningún remordimiento. El elefante no lamenta hacer añicos la valiosa porcelana.

Un ejercicio interesante es preguntarse en qué áreas uno es ciego; en qué bazares uno se está comportando como elefante. Para buscar la respuesta conviene observar el estado de ánimo de quienes lo rodean; o mejor aún, preguntarles cómo se sienten. Si uno advierte que existe sufrimiento en torno a él, en un acto de conciencia y compromiso con el aprendizaje, puede indagar más profundamente, preguntando a quienes sufren qué podría hacer para reducir su sufrimiento. Más allá de que uno sea responsable o no *de* ese sufrimiento, uno siempre puede *hacerse* responsable *frente* a ese sufrimiento. Todos los seres humanos tenemos cierto grado de ceguera. Por lo tanto, todos podemos encontrar oportunidades de mejora en las relaciones, mediante la investigación del sufrimiento que nos rodea.

Cuando toma conciencia, el ciego se transforma en "ignorante". La diferencia entre el ciego y el ignorante (cuadrante inferior izquierdo de la grilla) es que este último sabe que no sabe; el ignorante es consciente de su incompetencia.

El "ignorante" enfrenta una triple encrucijada.

1. Puede decidir convertirse en "ausente", y abandonar por completo el campo de acción. Por ejemplo, si alguien descubre que no sabe cocinar, puede decidir que no quiere aprender y que no tratará de cocinar. O, si toma conciencia de su incompetencia en el campo de la ingeniería, contratará a un experto para realizar los cálculos específicos y se mantendrá al margen de la operación. La decisión de "ausentarse" no genera competencia, pero evita la persistencia de los errores y el sufrimiento.

2. Puede decidir convertirse en "cretino", y mantenerse en el campo de acción sabiendo que no sabe, pero fingiendo saber. Por ejemplo, aun sabiendo que no sabe cocinar, intenta preparar una comida. O, consciente de la propia inhabilidad, insiste en no necesitar la ayuda de un experto.

Además de los problemas que genera para los otros (invitados que tienen que comer sus horribles platos, o empleados que deben corregir sus errores), el "cretino" también se inflige gran cantidad de sufrimiento a sí mismo. Hay pocas cosas más estresantes que tener que fingir que uno sabe, cuando de hecho, es consciente de que no sabe. Si uno descubre áreas de su vida en las cuales está sufriendo, es posible que en esas áreas se esté comportando como un "cretino".

3. Puede decidir convertirse en "principiante", y comprometerse con el aprendizaje y con el aumento de la efectividad. El principiante es quien se encuentra cruzando el eje vertical de la grilla, marchando hacia el cuadrante inferior derecho, el que va de la incompetencia a la competencia.

Convirtiéndose en un principiante

En ciertas culturas, se valora a los principiantes. Serlo, denota que se está dispuesto a franquear el umbral del aprendizaje. "En la mente del principiante —escribe Suzuki[10] en *Mente zen, mente de principiante*— hay infinitas posibilidades." En nuestra cultura, por otro lado, declararse principiante tiene ciertos riesgos. Admitir que uno no sabe, puede traer consecuencias negativas. Por eso, el aprendizaje exige un gran compromiso. El principiante privilegia su competencia futura sobre su apariencia presente.

Al declararse como tal, el principiante se compromete a ejecutar una serie de pasos.

1. *Asumir la responsabilidad de aumentar su competencia.* El principiante se ve como responsable de su destino. El aprendizaje no es algo que "otro le da" sino un desarrollo de competencias personales que realiza por sí mismo (posiblemente con la ayuda de otro).

2. *Reconocerse como principiante y darse permiso para cometer errores.* A pesar de la declaración de incompetencia, muchos aprendices se auto-increpan permanentemente por ella (o por su lentitud para aprender). El auténtico principiante se permite cometer errores sin recriminarse, ya que sabe que la única manera de aprender es tratar de hacer cosas que exceden su área de competencia.

3. *Buscar la ayuda de un maestro o de un coach, y darle permiso y autoridad para ayudarlo.* No es necesario re-inventar la rueda a cada momento. Un coach (entrenador o instructor) es una fuente de saber acumulado que se pone a disposición del principiante. Un buen coach no sólo conoce el campo de acción, sino que además sabe cómo introducir al principiante en sus prácticas esenciales. Un buen coach es respetuoso de la integridad del principiante y está dispuesto a asociarse con él para asistirlo en el desarrollo de sus competencias.

4. *Asignar el tiempo y los recursos para practicar diligentemente bajo la supervisión del coach en un espacio adecuado.* El aprendizaje no es una actividad teórica. Para incorporar nuevas competencias es necesario ejer-

citarlas mediante acciones recurrentes. Estas prácticas demandan el compromiso del principiante para
vencer la inercia de su pereza e incomodidad. Además de tiempo, el principiante deberá destinar los
recursos necesarios para realizar las prácticas. Por
ejemplo, es imposible aprender a tocar el piano si
uno no está dispuesto a agenciarse un piano (com-
prándolo, alquilándolo o pidiéndolo prestado).

La supervisión del coach (y la ejecución de sus instrucciones y sugerencias por parte del principiante) es
esencial para que las prácticas generen habilidades en vez
de vicios. Hay una escena crucial en la película *Karate Kid*
que ilustra este principio. Mr. Miyagui, respondiendo al pedido del protagonista, lo sienta frente a el y le dice solem-
nemente: "Daniel San, si quieres aprender karate debemos
establecer un pacto. Yo me comprometo a enseñarte todo
lo que sé; tú te comprometes a seguir mis instrucciones al
pie de la letra, sin discusión". Daniel acepta inmediatamente y Mr. Miyagui le coloca una bandana como símbolo de
los votos entre maestro y alumno. A continuación, Miyagui
toma un cepillo y manda a Daniel a lavar y encerar sus coches (con movimientos circulares). Al día siguiente, Daniel
debe barnizar la cerca que rodea el jardín de Miyagui (con
pinceladas de arriba abajo y de abajo arriba). Al tercer día,
Miyagui se va a pescar, y deja instrucciones para que Daniel
pinte la casa (con pinceladas de lado a lado). Cuando re-
gresa Miyagui, se produce la crisis.

Daniel enfrenta a su maestro, acusándolo de explota-
dor; su alegato es que Miyagui se está aprovechando de él
y no le está enseñando nada de karate. En ese momento,
Miyagui lo hace poner en guardia y le demuestra en forma
bien práctica (atacándolo), cómo "encerando el coche" se
defiende de un ataque a la cabeza, cómo "pintando la cerca" se defiende de una patada al estómago y cómo "pintan-

do la casa" se defiende de un puñetazo al pecho. Sólo al cabo de la "demostración", queda establecido el acuerdo de aprendizaje que permitirá a Miyagui y Daniel trabajar juntos. Veremos que en cualquier proyecto de aprendizaje es fundamental generar este marco de confianza.

El campo de prácticas debe ser un espacio de bajo riesgo, donde los errores no tengan mayores consecuencias y donde se pueda repetir la acción a distintas velocidades. Ejemplos de campos de prácticas son los simuladores de vuelo, los ensayos de orquesta y las sesiones de entrenamiento deportivo. Los campos de prácticas son fundamentales para el aprendizaje empírico (aunque no tanto para la adquisición de conocimientos teóricos). Para incorporar una nueva habilidad psicomotriz es necesario realizar la acción una y otra vez. Así es como el cuerpo y la mente se familiarizan con las secuencias de movimientos y las automatizan como procesos inconscientes.

Por ejemplo, la primera vez que uno se para sobre esquíes, se siente totalmente incómodo e inseguro; y con buena razón. Si practica diligentemente, al cabo de un tiempo, empieza a "tomarle la mano" al asunto y descubre cómo mover el cuerpo para deslizarse con gracia sobre la nieve. Este proceso requiere ejercitar los movimientos básicos una y otra vez en una zona "segura", o pista de principiantes. Si uno intenta lanzarse inmediatamente por una pendiente empinada, nunca aprenderá a esquiar; y probablemente terminará lastimado. Lo mismo pasa la primera vez que se toma un palo de golf, una raqueta de tenis, o la negociación de un contrato de *outsourcing*. No hay atajos facilistas en el camino del aprendizaje; es necesario transitarlo paso a paso. Lo que sí se puede hacer es asegurarse de que los primeros pasos, por cierto vacilantes, sean dados en un terreno benévolo.

Todo trabajo exigente requiere un alto coeficiente de tiempo de entrenamiento sobre el tiempo total. Por ejemplo, un equipo profesional de fútbol entrena alrededor de 40 horas para un partido de una hora y media. Si hacemos la relación tiempo de entrenamiento sobre tiempo total, vemos que el coeficiente es 0,964 (40/41,5). El tiempo de entrenamiento es 26,66 veces el tiempo de rendimiento (40/1,5). De la misma forma, una orquesta o un actor teatral pasa mucho más tiempo en el ensayo que en la función. En los cuerpos especiales de las fuerzas armadas norteamericanas tienen un dicho: *"Train hard, fight easy"* (quien entrena duro, combate relajado).

Sin embargo, un manager tradicional no destina casi nada de tiempo a "entrenarse" con su equipo. Prácticamente el 100% de sus recursos están destinados a la operación, y casi nada a la preparación. Probablemente sea imposible para los managers destinar la mayor parte de su tiempo al aprendizaje, pero *nada de tiempo* no es la asignación óptima. Sin duda, habría una mejora si un equipo destinara una fracción de su tiempo a entrenar en un campo de práctica.

De acuerdo con estos estándares, un principiante que no cumple con las condiciones 1 a 4, no es un principiante, sino un cretino que aparenta ser principiante. Es útil, periódicamente, autoevaluarse para ver si uno no ha caído inconscientemente en esta trampa.

Los coaches y la confianza

Cuando uno permite que otra persona guíe su aprendizaje emitiendo juicios e impartiendo instrucciones, debe enfrentar el dilema de la autonomía. Como descubrió el Karate Kid, el principiante debe ceder parte de su autonomía a su coach. "Colóquese las gafas de seguridad antes de encender el soldador." "Sostenga la raqueta de esta manera y ponga los pies en esta posición para pegar el revés." "Para la próxima clase resuelva estos problemas y lea los tres primeros capítulos de este libro." La subordinación es una inversión: en el presente uno delega parte de la autoridad sobre sí mismo, para obtener un mayor dominio personal en el futuro.

Dicho sacrificio subraya la importancia de elegir al coach con cuidado. En virtud de su poder, un coach carente de ética puede lastimar al principiante y desalentar su aprendizaje. Es fundamental que el aprendiz establezca una relación de confianza con su coach. (Vale la pena recordar que el "coach" no tiene por qué ser una persona: uno puede aprender, por ejemplo, de un libro, de un vídeo o de un programa de ordenador. Sin importar quién, o qué, sea su coach, la consideración sobre la confianza se mantiene.)

Con el objeto de generar confianza, el principiante debe evaluar al coach en cinco dimensiones fundamentales.

1. **Competencia**. ¿Domina el coach la competencia buscada? ¿Cuenta con capacidad para enseñarla? Es necesario que el coach sepa desenvolverse en el dominio de la acción, y que además sepa cómo introducir al principiante en este dominio. El coach no necesita ser "mejor" que el aprendiz (por ejemplo en el caso de deportistas profesionales), pero, como mínimo, debe conocer la mecánica de la competencia buscada.

2. **Integridad**. ¿Encuentra uno congruencia entre las intenciones declaradas por el coach y su comportamiento? Un coach puede expresar buenas intenciones, pero actuar en forma inconsistente o malintencionada. Por ejemplo, diciendo que su deseo es apoyar al principiante, pero increpándolo irrespetuosamente cuando comete un error.

3. **Confiabilidad**. ¿Es el coach consistente en el cumplimiento de lo que ha prometido? El coach puede ser competente, íntegro y bien intencionado, pero puede fallar en el cumplimiento regular y repetitivo de sus compromisos. Podría estar muy ocupado o distraído. La no confiabilidad del coach afectará la confianza del principiante y lo predispondrá mal para el desarrollo de una positiva relación de coaching.

4. **Ubicación**. ¿Restringe el coach su autoridad al dominio pertinente? El acuerdo con el coach ocurre dentro de un cierto campo, tal como jugar tenis, hablar inglés o aprender a usar un ordenador. Un coach bien ubicado no se atribuye licencia para evaluar las acciones del principiante o para dar instrucciones en otros dominios que el acordado.

5. **Respeto**. ¿Emite el coach juicios respetuosos? Los juicios respetuosos jamás etiquetan o califican a la persona de manera destructiva para su aprendizaje, ni para su autoestima. Los juicios productivos se orientan a evaluar las acciones con el propósito de mejorar la eficiencia y aumentar la autoestima y la autoconfianza del principiante.

Estos estándares ayudan al principiante a confiar con prudencia, realizar juicios fundados acerca del coach y, mediante progresivos compromisos, construir una relación sana y eficiente.

De aprendiz a experto

En su libro *Mind Over Machine*, Hubert y Stuart[11] proponen el desarrollo de un modelo de aprendizaje conformado por cinco etapas.

Etapa 1: *Novicio o principiante*. Los Dreyfus llaman al estadio uno *el novicio*, (equivalente a nuestro *principiante*). En esta etapa, el aprendiz identifica un campo de acción y admite, sin vergüenza, que no puede operar con efectividad en ese dominio. Asume un compromiso con un coach en quien confía, por el cual le da permiso para enseñarle. El coach define los elementos que conforman la situación de aprendizaje y que considera relevantes para el aprendiz, los cuales son "independientes del contexto"; esto significa que hay reglas y pautas para realizar una determinada acción que no dependen de variables externas. Si alguien está aprendiendo a conducir un automóvil, por ejemplo, el coach le puede indicar que debe mantenerse siempre a una cierta distancia del vehículo que marcha delante. Esto ignora el contexto, tal como podría ser la densidad del tránsito o la velocidad; es una regla "contexto-independiente" que puede ayudar al aprendiz para empezar a operar con efectividad, sin demasiadas complicaciones.

Etapa 2: *Aprendiz adelantado*. En esta etapa el aprendiz es puesto ante situaciones de la vida real diferentes de las situaciones independientes del contexto que enfrenta el novicio. Su desempeño en tales circunstancias evoluciona hasta llegar a un nivel considerado "aceptable" por los participantes del dominio. Por ejemplo, un conductor principiante sólo puede atender los pasos básicos de la operación de conducir; un aprendiz adelantado puede desarrollar una mínima competencia en la calle, siempre bajo la mirada vigilante y el control del instructor. El aprendiz adelantado tiene conciencia de que se hallaría en problemas en caso de quedar solo, por lo cual se apoya en la supervisión y la instrucción del coach, quien le sirve de red de contención.

Etapa 3: *Competente*. En esta etapa, el aprendiz ya tiene suficiente experiencia en situaciones reales del mundo como para realizar en forma apropiada una determinada tarea, pero sólo si la organiza a través de una serie de pasos secuenciales en forma de reglas, que aplicará de manera consciente y mecánica. En nuestro ejemplo, un conductor competente sabe que para doblar en una esquina, debe colocar la señal de giro, disminuir la velocidad, detenerse (si es necesario), mirar en la dirección adecuada y girar el volante en tanto acelera con cautela. En esta etapa, el aprendiz sólo puede desempeñarse en situaciones "normales". No es capaz aún de hacer frente a emergencias o imprevistos.

Etapa 4: *Diestro*. El operador diestro combina el pensamiento analítico con una ejecución casi automática de la tarea y con una cierta dosis de intuición. Es capaz de anticipar posibilidades imprevistas y aplicar, sin realizar interrupciones en la tarea, el análisis operacional que fuera necesario. En esta etapa del aprendizaje, el coach se aleja, y el operador, ya diestro, se desempeña en forma autónoma. Las etapas uno a cuatro del modelo de competencia de Dreyfus finalizan en el cuadrante inferior derecho de las competencias.

Etapa 5: *Experto*. "Un experto generalmente sabe qué hacer", escriben los Dreyfus. "Con pericia, logra un desempeño fluido." En este nivel, la actuación de un experto bien puede desafiar las reglas básicas. A partir de sus experiencias concretas, la acción de un experto no es lógica ni racional, sino intuitiva, basada en lo que la persona estima que puede ser lo mejor en ese momento. Este nivel de competencia nos lleva al cuadrante superior derecho de nuestra grilla. En dicho momento del aprendizaje, el experto es capaz de actuar sin pensar, se ha movido al terreno de la competencia inconsciente.

El peligro para el experto es caer en lo que Chris Argyris[12] denomina "incompetencia experta". Los expertos incompetentes son aquellos que, habiendo alcanzado un cierto nivel de competencia, ignoran los cambios en las condiciones del entorno. Estos cambios demandan una forma distinta de operar, por lo cual, al no alterar su operatoria habitual, los expertos se anquilosan y se vuelven inefectivos. Esto es particularmente relevante en los tiempos actuales de cambio continuo. El experto que no es consciente de las limitaciones de su destreza puede quedar obsoleto y reducir la efectividad de su equipo o de su compañía.

Maestría

La maestría es la última etapa del aprendizaje. El maestro ha alcanzado una idoneidad que le permite establecer nuevos estándares de excelencia en la acción. Albert Einstein, Georgia O'Keeffe, Winston Churchill, Pelé, Juan Manuel Fangio, Isadora Duncan y Johan Sebastian Bach fueron maestros; ellos llegaron a un nivel tal, que alteraron la historia en sus campos de actuación. Los verdaderos maestros, a diferencia de los expertos, mantienen siempre el espíritu del principiante, abiertos y alertas a nuevas posibilidades creativas que al experto, en su competencia inconsciente, se le escapan.

Es un largo camino el que va desde la ceguera hasta la maestría. Nuestra sociedad y gran parte de su cultura empresaria padecen de adicción a los resultados inmediatos. Es necesario desarrollar una gran disciplina para hacer frente a la presión que ejerce la impaciencia.

George Leonard[13] escritor, maestro, cinturón negro de aikido y autor de un libro sobre maestría, dice que la razón por la cual la mayoría de las personas no alcanzan la maestría es que son incapaces de resistir lo que él llama "la frustración de la meseta". Su descripción de la senda del aprendizaje es exactamente lo opuesto al ideal gratificante de un ascenso regular y constante de aprendiz a maestro. Leonard cree que dicha ruta está formada, en su mayor parte, por mesetas alteradas por algunos breves saltos de "progreso" que llevan al aprendiz a una meseta ligeramente más elevada. Todo aquel que intenta aprender algo nuevo, según Leonard, pasa gran parte del tiempo detenido en un cierto nivel de competencia (o incompetencia), con esporádicas explosiones de mejoramiento.

Tal proceso suele frustrar a quienes están empeñados en alcanzar la maestría. En lugar de mantenerse constantes en la disciplina y la práctica, escribe Leonard, muchos de los aprendices quedan estancados en alguna de las siguientes tres categorías.

1) El *diletante* es aquel que inicia un nuevo deporte, hobby, dieta o cualquier otro emprendimiento con gran alharaca y energía, sólo para dejar de practicarlo después de sentirse "frustrado" en la primera o segunda meseta. Entonces abandona lo que ha estado haciendo, para iniciar otra cosa.

2) El *obsesivo* es quien trata de atravesar la meseta exigiéndose al límite en sus capacidades, impulsado por un deseo desenfrenado. Rechaza o ignora los consejos de su coach hasta que también, finalmente, abandona. En deportes, a menudo esto ocurre debido a una lesión por sobreexigencia.

3) El *idóneo* es aquel que consigue alcanzar un nivel donde "se las apaña" y decide que eso es suficiente. A partir de ese logro, se considera un "bastante buen" pescador, escritor o artista sin necesidad de seguir trabajando en su aprendizaje.

Leonard sostiene que es una pena que la mayoría de los aprendices terminen siendo diletantes, obsesivos o idóneos porque "... aquel que renuncia a metas instantáneas y opta por la práctica diligente, generalmente termina alcanzando metas más altas (tanto en competencia operativa como en autosatisfacción) que quien apunta a resultados rápidos". Su conclusión es que la característica más definitoria de aquellos que alcanzan la maestría es su capacidad para "amar las mesetas" y para mantener su compromiso con el proceso de práctica permanente, independientemente del resultado inmediato.

Toda persona puede descubrirse a sí misma en forma más profunda al meditar sobre sus patrones de rechazo a la maestría. Al entender la dinámica de sus tendencias, el aprendiz puede tomar conciencia de las trabas que se impone en el camino a la excelencia, y así no dejarse atrapar por ellas.

Los enemigos del aprendizaje

Todo el mundo se declara partidario del aprendizaje. Sin embargo, la mayoría de las personas tienen grandes dificultades para aprender. Existen muchas amenazas que asechan a quienes buscan el conocimiento. Llamamos a estas fuerzas negativas "los enemigos del aprendizaje".

Carlos Castaneda[14] presenta, en su trabajo antropológico sobre el chamán tolteca don Juan, un análisis sobre el enemigo principal del aprendizaje: el miedo.

"Cuando un hombre emprende el camino del aprendizaje, no tiene claros sus objetivos. Su propósito es débil, su intención vaga. Sueña con recompensas que nunca se materializarán, ya que no sabe nada de las dificultades del aprendizaje.
"Lentamente comienza a aprender, poco a poco primero, a grandes pasos después y sus pensamientos pronto

entran en colisión. Lo que aprende no es nunca lo que esperaba, o imaginaba, así que empieza a sentir miedo. Aprender no es nunca lo que uno se imagina. Cada paso del aprendizaje es una nueva tarea y el miedo crece sin cesar y sin piedad. El camino del hombre que aspira al conocimiento se convierte en un campo de batalla.

"Así, el hombre ha tropezado con el primero de sus enemigos naturales: ¡el miedo! Un enemigo terrible, traicionero y difícil de vencer. El miedo se oculta en cada recodo del camino, asechando, esperando. Y si el hombre, aterrado en su presencia, se retira, su enemigo habrá logrado poner fin a su aprendizaje.

"¿Qué le pasa al hombre que se vuelve atrás, asustado? Nada, salvo que nunca aprenderá. Nunca se convertirá en un hombre de conocimiento. Tal vez sea un rufián agresivo, o tal vez sea un alfeñique miedoso; de cualquier manera, será un hombre derrotado. Su enemigo habrá puesto fin a sus anhelos de saber.

"¿Y qué puede hacer el hombre para sobreponerse al miedo? La respuesta es simple: no escapar. El hombre debe desafiar a su miedo y, a pesar de él, dar el siguiente paso en el aprendizaje y el siguiente y el siguiente. El hombre puede estar completamente asustado y aun así no detenerse. Esa es la regla. Y el momento llegará cuando su enemigo se retire. El hombre entonces se sentirá seguro de sí mismo, su intención se hará más fuerte, y el aprendizaje no será ya un trabajo terrorífico".

Al principio de este capítulo, vimos que las situaciones de aprendizaje suelen comenzar con emociones difíciles. Se trata de los "guardianes de la puerta" del aprendizaje. Quien se asusta de ellos y se retira, jamás alcanzará el conocimiento. Sólo quien los enfrenta con coraje y decisión se hace acreedor a los secretos que guardan.

Podemos identificar algunos de estos enemigos del aprendizaje.

1. **La ceguera** (acerca de la propia incompetencia). Es imposible iniciar el camino del conocimiento sin conciencia del no-saber. El ciego no sabe que no sabe y, por lo tanto, se halla atrapado en la ilusión de que no tiene nada que aprender.

2. **El miedo** (a declarar ignorancia). La autoestima del sabelotodo es extremadamente frágil. La revelación de áreas de ignorancia e incompetencia puede quebrar su imagen. Por eso, prefiere sufrir (y causar sufrimiento), antes que admitir la necesidad de aprender.

3. **La vergüenza** (de mostrar incompetencia). El miedo al ridículo siempre asecha al aprendiz. Al intentar nuevos comportamientos, sus acciones serán incómodas, torpes y hasta cómicas. Si no es capaz de soportar la demostración constante de su incompetencia, abandonará humillado el camino del conocimiento.

4. **La tentación** (de considerarse una víctima). Es mucho más fácil atribuir las dificultades a factores externos. Al poner "afuera" la causa de los problemas, el afectado se siente libre de la responsabilidad de aprender.

5. **El orgullo** (que impide pedir ayuda e instrucción). Pedir ayuda implica reconocer una necesidad. Dar permiso para recibir instrucción implica ceder autonomía. Quienes basan su orgullo personal en la ilusión de la omnipotencia e independencia quedan atrapados por este "enemigo".

6. **La arrogancia** (de creer, o pretender, que uno "ya sabe"). Es una forma de cretinismo. Ya sabemos que "No hay peor ciego que el que no quiere ver". Sin humildad, es imposible reconocer las oportunidades de mejora, ya que la arrogancia se basa en la creencia de que no se necesita mejorar. Como reza un refrán de los indios navajos, "Es imposible despertar a un hombre que finge estar dormido".

7. **La pereza** (para practicar con diligencia). Aprender es una tarea exigente. Incorporar nuevas habilidades requiere de prácticas esmeradas. Los perezosos escapan de este esfuerzo. Prefieren mantener su comodidad incompetente.

8. **La impaciencia** (por acceder a la gratificación inmediata) **y el aburrimiento**. Sin una motivación de largo plazo, es imposible invertir el esfuerzo necesario para adquirir conocimiento. La necesidad de gratificaciones permanentes produce grandes frustraciones en el aprendiz y lo alienta a abandonar su camino. Aquellos que buscan entretenimiento, no duran mucho en la búsqueda del conocimiento.

9. **La desconfianza** (en el instructor o en uno mismo). La ayuda del maestro depende totalmente de la confianza que exista entre él y el aprendiz. Cuando los fundamentos de esta relación no se arraigan en la confianza, el aprendizaje se vuelve extremadamente difícil. Por otro lado, cuando el aprendiz mismo no cree ser capaz de aprender, no hay esperanza. Como decía Henry Ford: "Tanto si crees que puedes, como si crees que no puedes, tienes razón". O en palabras de Saint Exupéry: "Defiende tus limitaciones y, por cierto, serán tuyas".

10. **El enfado y la confusión**. Muchas veces al aprendiz le resulta imposible comprender la razón de cierta práctica o ejercicio. Por eso la confianza en el coach es fundamental. El enfado y la confusión se derivan del pensamiento desconfiado: "No entiendo lo que está ocurriendo, y no me gusta". Al operar en un espacio de confianza y seguridad, el aprendiz puede reinterpretar su situación y pensar: "No entiendo lo que está ocurriendo... y me entusiasma".

* * *

El saber útil es el "saber cómo" (*know-how*), no el "saber qué" (*know-that*). La información puede ser condición necesaria, aunque insuficiente, para alcanzar efectividad en la acción. En un mundo donde la constante es el cambio, lo más útil no es saber cómo hacer "algo" específico (todas las prácticas van quedando obsoletas con el progreso del conocimiento), sino saber cómo aprender nuevas disciplinas. Aprender a aprender, volviéndonos maestros del aprendizaje, nos permitirá responder con efectividad a cualquier cambio. En palabras de Arie de Geus[15], "La capacidad de una organización para aprender más rápido que sus competidores es la única fuente segura de ventajas competitivas duraderas".

Referencias

1. Campbell, Joseph: *El héroe de las mil caras. Piscoanálisis del mito*, Fondo de Cultura Económica, México, 1980.
2. Machado, Antonio: *Poesía*, Editores Mexicanos Unidos, México, 1996.
3. Carroll, Lewis: *Alicia en el País de las Maravillas*, Losada, Buenos Aires, 1995.
4. Covey, Stephen: *Los siete hábitos de las familias altamente efectivas*, Grijalbo, México, 1998.

5. Senge, Peter: *La quinta disciplina*, op. cit.
6. Senge, Peter: *La quinta disciplina en la práctica*, Ed. Granica, Buenos Aires, 1993.
7. Treacy, Michael & Wiersema, Fred: *La disciplina de los líderes del mercado*, Norma, Bogotá, 1996.
8. Collins, James y Porras, Jerry: *Empresas que perduran*, op. cit.
9. Covey, Stephen: *Los siete hábitos de la gente altamente efectiva*, op. cit.
10. Suzuki, Shunryu: *Mente zen, mente de principiante*, Estaciones, Buenos Aires,1987.
11. Dreyfus, Hubert y Stuart: *Mind Over Machine*, The Free Press, 1988.
12. Argyris, Chris: *Action Science*, Jossey Bass, Oxford, 1990.
13. Leonard, George: *Mastery*, Plume, New York, 1992.
14. Castaneda, Carlos: *Las enseñanzas de don Juan*, Fondo de Cultura Económica, Buenos Aires, 1974.
15. De Geus, Arie: *La empresa viviente*, Granica, México, 1998.

CAPÍTULO 4

PROBLEMAS, EXPLICACIONES Y SOLUCIONES

Quienes resuelven problemas de manera exitosa tienen una orientación sistémica, se enfocan en un propósito visionario, toleran la ambigüedad, incorporan la participación de otros, piensan en forma creativa y saben manejar información subjetiva.
En contraste, el 90 por ciento de los ejecutivos se dedican a diseccionar los problemas de manera analítica, apuntan a corregir los errores, rechazan la ambigüedad, prefieren trabajar en soledad, enfatizan técnicas mecanicistas y usan sólo datos objetivos...

Gerald Nadler y Shozo Hibino, *Breakthrough Thinking*

La solución a los problemas que uno experimenta está en vivir en forma tal que haga que lo problemático desaparezca.
Quien vive en forma apropiada, experimenta el problema sin tomarlo como problemático, no con tristeza, sino con júbilo; más como una brillante oportunidad, que como una restricción no deseada.

Ludwig Wittgenstein

"HOUSTON, TENEMOS UN PROBLEMA." Con este mensaje comenzó la epopeya de la nave espacial Apolo XIII. La aventura mantuvo al mundo en vilo, hasta que los astronautas regresaron sanos y salvos. La frase "tenemos un problema" suele sacudir diariamente la tranquilidad de muchos. Tanto en la actividad profesional como en la vida privada, nos enfrentamos regularmente a situaciones que amenazan nuestra efectividad y bienestar, situaciones que llamamos "problemas". Una de las principales actividades en cualquier trabajo es resolver problemas. Personas, equipos y organizaciones utilizan tiempo, atención, esfuerzos y recursos para hacerlo. Pero estos esfuerzos son en muchos casos ineficientes (se usan demasiados recursos) e ineficaces (no resuelven el problema). Su inefectividad deriva de que parten de una premisa equivocada: la creencia de que existe tal cosa como un problema.

De acuerdo con la forma tradicional de pensar, los problemas son cosas reales que están allí afuera, en el mundo, independientes del observador que los describe. Por eso hay tantas discusiones sobre "la verdadera naturaleza del problema". La gente presupone que existe tal cosa, una descripción fiel de algo llamado "problema" que está ocurriendo en el mundo. Las disputas son acerca de si la verdad es una u otra, pero nadie pone en duda la idea básica de que hay una verdad a descubrir y describir objetivamente. Esta forma de pensar es la que causa inefectividad y suele crear conflictos cuando un grupo trata de resolver problemas en conjunto.

Los problemas no son objetos reales que pueden ser descritos en forma más o menos acertada. Los problemas son interpretaciones de un observador que opina que las circunstancias no son las apropiadas para satisfacer sus intereses. Llamar a algo "un problema" es revelar la insatisfacción que uno siente con la situación. Decir que un problema es "difícil" implica revelar que uno interpreta el hecho como algo que demanda atención, habilidad y energía para ser modificado, y no sabe cómo resolverlo, cree carecer de la suficiente habilidad, energía y recursos para modificar lo que está sucediendo.

En el Capítulo 1 ("Aprendizaje, saber y poder"), explicamos cómo la insatisfacción con el presente y la ambición de un futuro mejor es la fuente de toda acción humana. Uno hace algo porque quiere modificar la realidad existente o prevista, para adecuarla a sus deseos. Por ejemplo, uno prende la calefacción (acción) porque tiene frío (realidad existente) y desea no tenerlo (visión). O toma un remedio porque cree que si no lo hace seguirá enfermo (realidad prevista) y quiere mejorarse. Un problema es una situación en la que se prevén consecuencias indeseables (para uno), en caso de que los acontecimientos sigan su curso sin alteración.

La interpretación de toda situación "problemática" depende de la perspectiva y habilidades de quien la experimenta. Según cómo cada persona interprete y dé sentido a lo que está ocurriendo, definirá el problema. Por eso, diferentes personas, con diferentes modelos mentales y diferentes habilidades, lo harán de manera distinta. Esto, en sí mismo, no constituye un obstáculo. Por el contrario, la diversidad de perspectivas puede ser una ventaja. La dificultad aparece cuando cada persona cree que *su* definición del problema es *la verdadera*. Allí empiezan los conflictos sobre quién tiene la razón. Es imposible resolver estos conflictos en forma objetiva, porque el problema no es un objeto, sino una interpretación. Cada uno de los interlocutores tiene *su* razón, pero ninguno tiene *la* razón. Es imposible estudiar un problema sin considerar a la persona para quien el problema es un problema. La expresión "problema real" es una contradicción en sus propios términos.

Como dice el biólogo y filósofo chileno Humberto Maturana, apelar a la "objetividad" de la "realidad" es un recurso retórico para demandar obediencia y sumisión. Resulta mucho más fácil pedirles a los demás que se sometan a "la verdad" y que subordinen sus opiniones a los "hechos del caso", que dialogar con ellos para comparar interpretaciones igualmente posibles. El "realismo" que uno le asigna a su perspectiva del "problema" es un comodín guardado en la manga. Pero en la baraja de la efectividad no hay comodines: *no existe tal cosa como un problema real.*

La afirmación "no existe tal cosa como un problema real" no significa que no haya problemas; lo que significa es que los problemas no son cosas reales. Los problemas son interpretaciones que hacemos de situaciones. Por eso, en vez de estudiar los problemas como *objetos*, conviene examinar más cuidadosamente qué hace el *sujeto* cuando se enfrenta a circunstancias que llama "problemáticas". El propósito no es encontrar una descripción "más fiel" de lo que es un problema, sino generar una manera de comprender los desafíos que plantea la vida que nos permita operar con mayor efectividad e integridad. Para perseguir este propósito debemos empezar por la pregunta básica y fundamental: ¿qué es un problema?

Problemas

Consideremos un problema típico: una radio que sólo produce ruido. ¿El ruido, es un problema? En términos físicos, definitivamente no lo es: todos los electrones se están comportando en perfecta conformidad con las leyes naturales. En términos humanos, sí lo es: uno ve frustrado su deseo de oír música. Tomemos ahora otro problema más dramático: un huracán que azota a un pueblo. Para un científico totalmente desinteresado, esto no es un problema sino un fenómeno climático perfectamente comprensible. Pero para el mismo científico, ahora preocupado por los pobladores, el huracán es un problema mayúsculo. Un problema es siempre un juicio, hecho por una persona, sobre la existencia de una brecha entre lo que quiere y lo que experimenta. Es por eso que los problemas nunca son externos o independientes de la persona para quien constituyen problemas.

Cuando uno habla de un "problema", no está describiendo una realidad externa, sino que está haciendo una evaluación de sus capacidades en relación a sus circunstancias y objetivos. "Problema" significa que el desafío planteado por la situación sobrepasa la capacidad de respuesta de la persona que intenta alcanzar un objetivo. El problema es siempre un problema *para alguien* que no sabe cómo responder con efectividad. No hay problema sin alguien para quien la situación sea problemática.

Una situación puede aparecer como un problema para uno y como una oportunidad para otro. Por ejemplo, el aumento del precio del petróleo resulta un problema para aquellos que lo consumen, pero un beneficio para aquellos que lo producen. Las deficiencias de una empresa son un problema para ella (y sus clientes), pero una oportunidad para sus competidores. La acidez estomacal es un problema para quien la siente, pero una oportunidad para quienes venden antiácidos. Hasta un flagelo como el sida es una oportunidad de trabajo y reconocimiento para los investigadores que buscan contrarrestarlo. Por otra parte, según su interpretación, la misma situación puede aparecer como problema o como oportunidad para la misma persona. Por ejemplo, como explicamos en los capítulos anteriores, un defecto es un problema, pero al mismo tiempo es un tesoro, una oportunidad para mejorar el proceso.

Considerar a todo problema como una oportunidad no es sólo "sabiduría oriental". Uno puede perder una conexión entre vuelos (fenómeno bien occidental) y quedar varado en una ciudad desconocida hasta el día siguiente. Si lo considera un "problema", puede pasarse el día despotricando contra los empleados de la aerolínea; si lo considera una "oportunidad", puede salir a conocer la ciudad y aprovechar al máximo su tiempo. Perder el vuelo no es un problema ni una oportunidad, sino un desafío. En qué se transforma ese desafío depende de la conciencia y la decisión de quien debe responder.

Reconocer que los problemas no son cosas reales no significa creer que los problemas desaparecerán simplemente porque uno se convenza de que no existen. Ciertas filosofías populares (New Age) llevan este argumento hasta un extremo ridículo al afirmar que el problema sólo existe en la mente de la persona. "Si dejas de ver como problema lo que pasa", proponen, "dejarás de tener problemas." Esto es análogo a creer que si uno mete su cabeza en la arena, no necesita preocuparse por el león que se le acerca. Los problemas no son cosas reales, no obstante las situaciones en las que nos encontramos sí lo son. Si uno valora su vida y no quiere perderla a manos (o en las fauces) del león, más vale que tome las medidas del caso.

Problemas difíciles

Diariamente enfrentamos inconvenientes. El coche que no arranca, la conexión a Internet que no engancha, la queja de un cliente que no recibió lo que esperaba, la falta de una pieza que el proveedor olvidó entregar. La mayoría de estas situaciones no presentan desafíos significativos; las podemos resolver en forma casi automática. Pero hay ciertos problemas (los que uno llama *difíciles*) que no responden a las soluciones automáticas. A pesar de lo reales que estos problemas aparecen ante quien los enfrenta, palabras como "difícil" o "complejo", no son observaciones fácticas, sino juicios, opiniones que dependen de los parámetros de quien las emite. Los problemas no son "difíciles" en sí mismos, es *uno* quien no sabe cómo operar satisfactoriamente en la situación que llama "un problema difícil". Por ejemplo, el haber borrado del ordenador un archivo que necesitaba, puede ser un problema serio para uno. Pero para otro, que sabe usar un programa de recuperación de documentos, no representa más que una situación trivial.

Problema difícil y *no saber cómo obtener el resultado deseado*, son dos caras de la misma moneda. Uno dice que tiene un problema difícil cuando no sabe cómo obtener el resultado que desea; y cuando uno no sabe cómo obtener el resultado que desea, dice que tiene un problema difícil. Sin embargo, mirar la moneda de un lado o del otro cambia las consecuencias prácticas. Quien toma la dificultad como un hecho, tiende a enfocar su atención sobre las circunstancias externas a sí mismo. Generalmente, estas circunstancias están fuera de su control, por lo cual esta persona tiene poco poder para modificar la realidad en que se encuentra. En cambio, quien toma la dificultad como un indicador de su no-saber, tiende a enfocar su atención sobre su propia persona. Al concentrarse en sus posibilidades para aprender y expandir sus habilidades, esta persona tiene mucho más poder para "hacer el problema menos difícil".

Aun cuando alguien no pueda desarrollar nuevas competencias, mirar el problema difícil con la perspectiva de las competencias le permite buscar ayuda. Al comprender que un problema es difícil *para él*, porque no tiene las habilidades necesarias para enfrentarlo, puede buscar la asistencia de otro que cuenta con esas habilidades. Para ese otro, el mismo problema no será tan difícil. Por ejemplo, insertar un gráfico en medio de un texto sería difícil para mí. El mismo trabajo, para alguien ducho en el uso del procesador de textos, sería fácil.

Muchos piensan que la perspectiva realista, aquella que ve al problema como una cosa en el mundo que puede ser descrita objetivamente, es imprescindible para generar urgencia y compromiso con la acción. Por mi parte, creo que es posible aceptar la naturaleza interpretativa del problema sin desoír su llamada a la acción. "Resolver el problema", significa hacerme responsable por actuar, intentando que el mundo se adecue a mis deseos. Esto no demanda que olvide que la definición del problema está abierta a la imaginación, que es posible explicar lo que pasa en diferentes formas, y que la definición y explicación del problema condicionan de manera fundamental la efectividad de la solución.

METAMANAGEMENT 1. PRINCIPIOS

Explicaciones

Una explicación no es una verdad objetiva. Una explicación es una interpretación, una respuesta a la pregunta de un observador que se enfrenta a una experiencia que le despierta curiosidad. Una buena explicación es un relato que satisface los intereses del observador y hace a la experiencia congruente con otras explicaciones previamente aceptadas. De esta forma, la explicación cambia el estado de ánimo del observador, quien pasa de la perplejidad a la tranquilidad. Por ejemplo, uno llega a su casa y la encuentra vacía. Se sorprende, ya que esperaba ver allí a su mujer y sus hijos; entonces piensa, y al cabo de un momento se dice: "¡Claro!, hoy era el acto en el colegio. Todavía deben de estar allí". Nada ha cambiado en la realidad externa –la mujer y los hijos siguen sin estar– pero con la explicación uno se siente más sereno.

Toda explicación satisfactoria adopta una orientación acorde con los intereses del observador. Por ejemplo, si uno desea entender al alcoholismo como un fenómeno bioquímico, una explicación satisfactoria se enfocará en las estructuras moleculares del alcohol y en el sistema nervioso, y describirá cómo la bebida afecta las células cerebrales. Por el contrario, una explicación psicológica se enfocará en el uso del alcohol como fuente de gratificación o ayuda para superar la timidez. Una explicación sociológica se enfocará en la presión del grupo de pertenencia que impulsa al sujeto a emborracharse.

Entonces, ¿por qué se emborracha la gente? Por todo eso (las interacciones químicas que se desencadenan entre el alcohol y el cerebro, porque le gusta lo que siente al hacerlo, por las presiones sociales) y por infinidad de otras causas. La explicación no es unívoca y múltiples explicaciones pueden ser ciertas al mismo tiempo, lo cual no quiere decir que sean iguales. Esto implica que uno necesita criterios adicionales para elegir las explicaciones. Como vimos en el Capítulo 1, la verdad no alcanza para definir una única respuesta a la pregunta "¿Por qué pasa lo que pasa?".

El criterio fundamental para elegir explicaciones es la efectividad. Dentro del conjunto de explicaciones verdaderas, hay algunas más efectivas que otras. Vale decir, explicaciones que iluminan vías de solución más eficaces (con mayor probabilidad de alcanzar el éxito) y eficientes (con menor demanda de recursos). Para resolver el problema, para modificar la situación de modo de hacerla más acorde a los deseos, conviene elegir las explicaciones más efectivas. Pero, por supuesto, la efectividad no es una característica objetiva de la solución. También es una opinión. Las soluciones son efectivas para una determinada persona, que tiene un determinado propósito, en algún determinado momento y en determinadas condiciones.

Cada explicación expone el alcoholismo de acuerdo con los intereses, preocupaciones y conocimientos de la persona que la da. El principio que guía una explicación es *por qué se la requiere*. Es imposible encontrar la verdad descontextualizada entre los infinitos enfoques posibles de un tema. La verdad, entendida como una historia coherente sobre el fenómeno investigado, no alcanza para definir una explicación óptima. Uno explica las cosas porque quiere algo: aumentar su capacidad para actuar con efectividad, encontrar congruencias o regularidades científicas, convencer a un colega o impresionar a sus amigos. De acuerdo con sus deseos, cada uno creará sus explicaciones.

Una explicación es como un mapa. Es ridículo preguntarse si un mapa hidrográfico es "más verdadero" que un mapa topográfico, suponiendo que los dos son fieles al territorio. Es igualmente ridículo preguntarse cuál de estos mapas es "mejor", sin conocer su contexto de aplicación. Si uno piensa navegar, el mapa hidrográfico le será más útil; si piensa escalar, el mapa topográfico le servirá mucho más. La productividad del mapa depende del grado de ajuste entre la información que proporciona y el propósito de quien lo usa.

La verdad no es condición necesaria para la efectividad; más aún: puede oponerse a la efectividad. Uno podría preguntarse si es posible crear un mapa verdaderamente fiel al territorio, que fuera el preferido para todos los usos. Jorge Luis Borges consideró este tema en "El mapa de Babilonia". Ese cuento describe a un emperador tan orgulloso de sus dominios que se resistía a aceptar cualquier reducción cartográfica. Finalmente los escribas le trajeron un mapa en escala 1:1, tan grande como su propio imperio. Un mapa perfectamente fiel, aunque perfectamente inútil. La paradoja es que la utilidad de todo mapa depende precisamente de su "inexactitud". El mapa, como todo modelo, no es una reproducción sino una reducción orientada hacia un propósito determinado.

Al igual que un "buen" mapa permite a quien lo usa trasladarse por el territorio para llegar a destino, una "buena" explicación permite a quien la usa afrontar el problema con efectividad. Este nivel pragmático revierte la concepción tradicional que iguala lo bueno con la verdad. Una buena explicación no es buena porque coincide con una realidad exterior; lo es porque funciona.

El poder de una explicación, al igual que el de un mapa, depende de reducir la complejidad del mundo, en forma adecuada al propósito que la guía. Uno necesita elegir las explicaciones como elige los mapas: basándose en por qué quiere explicar lo que intenta explicar. Si, por ejemplo, alguien quiere que sus empleados tengan mayor iniciativa, necesita entender por qué dichos empleados no han tenido iniciativa hasta el momento. Si quiere evadir el tema y no quedar comprometido en el problema, necesita buscar una explicación *tranquilizante* (la explicación de la víctima).

Si quiere intervenir en la situación para alentar a que sus empleados tengan mayor iniciativa, necesita buscar una explicación *generativa* (la explicación del protagonista).

Explicaciones tranquilizantes y generativas

Una explicación generativa ayuda a quien explica a responder ante la situación en forma acorde con su interés y le ofrece acciones que le permiten perseguir su meta. Una explicación tranquilizante ayuda a quien explica a calmar su frustración por no ser capaz de alcanzar su meta, culpando a otros (o a las circunstancias) por la dificultad. Las explicaciones generativas dan poder a quien explica, pero le exigen que frente a la situación asuma la responsabilidad de sus acciones. Las explicaciones tranquilizantes dan "inmunidad" a quien explica, pero le exigen que renuncie a su poder para modificar la situación.

Las explicaciones generativas siempre son en primera persona. Por ejemplo, al intentar explicar por qué sus empleados no demuestran energía y participación, un líder, en lugar de pensar que es porque "ellos son unos perezosos", podría preguntarse si esto no ocurre porque "yo no premio las iniciativas ni cuestiono las actitudes apáticas". Las explicaciones generativas suponen que quien explica tiene la capacidad para responder a lo que está ocurriendo, si no con eficacia, al menos con integridad. Aunque uno no pueda obtener su propósito, siempre puede comportarse de acuerdo con sus valores. Las explicaciones tranquilizantes siempre se formulan en tercera persona. Por ejemplo, "ellos son abúlicos y sus padres no los educaron bien", supone que quien explica es víctima de circunstancias que se encuentran fuera de su control.

La raíz del poder está en la asunción de responsabilidad. Como dijimos en el Capítulo 1, *el precio de la inocencia es la impotencia, ya que quien no se ve como parte del problema tampoco puede verse como parte de la solución.*

Por ejemplo, supongamos que alguien tiene por objetivo reducir el alcoholismo. Una explicación posible es que las personas se emborrachan porque son inmorales, les falta disciplina y son genéticamente incapaces de controlarse sin la existencia de premios y castigos externos. Según esta idea, podría iniciar una campaña para prohibir la publicidad de bebidas alcohólicas y castigar (mediante impuestos o prisión) a quienes las consuman. Esta fue la filosofía vigente detrás de la Ley Seca norteamericana de los años '20. Después de tremendos esfuerzos y penurias para imponer dicha ley, la situación no sólo no mejoró, sino que empeoró significativamente. ¿Que podría hacerse entonces?

El primer paso es no quedarse atrapado por la explicación como si esta fuera la verdad. Cuando el mapa no sirve para transitar el territorio, es necesario cambiar el mapa. Lamentablemente, en la inconciencia arrogante de la certeza, muchos insisten en que lo que se debe cambiar es el territorio. Quienes viven en el mundo de "la verdad", son incapaces de examinar sus explicaciones a la luz de sus fracasos.

Cuando la Ley Seca fracasó, la opción tranquilizante fue persistir en la explicación y culpar a los alcohólicos, quienes tienen una "debilidad" inherente e incorregible que los impulsa a la criminalidad (criminalidad "inventada" por la propia ley). Esta explicación no mejora en nada las cosas, pero le da a uno cierto alivio: sigue sin lograr su objetivo, pero al menos sabe por qué; y aún más importante: sabe que no es por culpa suya; sabe que la culpa es de otros (los alcohólicos), por lo cual a la hora de asignar castigos serán ellos (y no uno) quienes carguen con las penas.

La opción generativa consiste en hacerse cargo de la brecha entre los objetivos perseguidos y los resultados obtenidos; en verse a sí mismo y a la explicación como partes del problema, como componentes del sistema que genera los resultados no deseados. Con ese enfoque, uno puede buscar explicaciones más efectivas. Frente al fracaso de la Ley Seca, buscaría formas de comprender lo que pasa, formas que sirvan para ayudar a quienes desean dejar de beber compulsivamente. Por ejemplo, se podría pensar que el alcoholismo es una versión degradada de sed espiritual; un método (destructivo) para sentir autoestima, felicidad y paz interior. Este pensamiento posibilita el desarrollo de programas de rehabilitación, tales como el de Alcohólicos Anónimos.

¿Es el alcoholismo en verdad un anhelo de acceder a estados de conciencia trascendentes? No, si "en verdad" significa que esa es *la única* explicación real. El alcoholismo es un fenómeno que puede ser interpretado de muchas maneras; para algunas personas, embriagarse puede tener connotaciones completamente distintas de las aquí descritas. La explicación que sustenta al método de Alcohólicos Anónimos ha probado ser mucho más efectiva, en nuestra cultura, para ayudar a quienes quieren salir de la dependencia alcohólica, que aquella que se sustenta en la debilidad moral del alcohólico.

La Ley Seca ya no existe, pero la explicación que la fundamentó sigue operando. La "guerra contra las drogas" consume miles de millones de dólares al año en Norteamérica. Casi el 90% de la población carcelaria de los Estados Unidos (el país con mayor porcentaje y mayor número de presos del mundo), está condenada por crímenes relacionados con drogas (y la mitad de estos, por faltas no violentas, es decir, consumo o tráfico). Todas las semanas se descubre un nuevo escándalo de corrupción policial y, después de más de diez años de "batalla", el consumo de drogas sigue aumentando. Tal vez todo esto apunte a la necesidad de reexaminar la explicación de por qué la gente se droga, y, en función de eso, rediseñar la política anti-droga.

El mundo empresario está lleno de explicaciones tranquilizantes: "mi jefe es imposible", "con estos sindicalistas no se puede negociar", "nuestros clientes son demasiado quisquillosos", "los orientales pueden vender más barato porque tienen menores costes salariales", "el gobierno no alienta la producción nacional", etc. Estas explicaciones pueden estar bien fundadas, pero atribuyen la causalidad y la responsabilidad del "problema" a factores que están fuera del control del sujeto. Por lo tanto, establecen que el cambio de estos factores (cambio incontrolable para uno), es pre-condición para cambiar los resultados. Si uno no puede realizar la tarea porque su jefe es imposible, sólo podrá hacer su trabajo si su jefe cambia; si los costes salariales en Oriente son los que determinan el resultado económico de la compañía, esta sólo logrará sus metas cuando dichos factores lo permitan.

Estas explicaciones tranquilizantes no son necesariamente "erróneas" en un sentido descriptivo, pero son debilitantes. Para llevar la situación hacia lo que Stephen Covey[1] llama "el círculo de influencia" uno necesita determinar cuál es su papel participativo en la situación. Aun cuando uno no tenga un papel causal, siempre puede modificar la forma en que el asunto lo afecta. Por ejemplo, podría encontrar nuevas formas de trabajar con su jefe, o podría capacitar o reemplazar a aquellos empleados que no satisfagan sus necesidades y expectativas. Sea cual fuere la situación que enfrenta, se puede tomar como un desafío y preguntarse: "¿Qué respuesta elegiré ante las circunstancias que se me presentan?".

Como dijimos en el Capítulo 2 ("Responsabilidad incondicional"), la respuesta a esta pregunta afecta las posibilidades de éxito de la persona. Las acciones afectan la deriva de la vida. Pero ninguna acción puede determinar el éxito en forma incondicional; todo resultado depende de factores tanto controlables como incontrolables para la persona. Por ejemplo, si uno descubre un fallo en cierta máquina, puede ocuparse de arreglarlo usando todos sus conocimientos. Pero si la reparación requiere un repuesto que no está disponible, será imposible poner la máquina en funcionamiento hasta contar con ese repuesto. Más allá de los esfuerzos denodados que uno pueda aplicar, las leyes físicas que gobiernan la mecánica son invariables.

Lo que la respuesta a dicha pregunta siempre hace en forma incondicional, es manifestar la coherencia entre los valores del individuo y sus acciones, produciendo una sensación interior de paz y dignidad. La condición para dicha paz interior es creer de manera auténtica que uno ha hecho todo lo que podía (o quería hacer), usando sus recursos en la forma más eficiente, para perseguir su objetivo y de acuerdo con sus valores. Además de un propósito de resultado (obtener el éxito), siempre tenemos un objetivo de proceso (mantener la integridad). Ante los desafíos de la vida, la pregunta por el resultado final es sólo una primera aproximación. De manera más profunda siempre nos cuestionamos: "¿He hecho todo lo que podía, quería o debía?" "¿He usado bien mis capacidades y recursos?" "¿He operado en forma virtuosa (de acuerdo con mis valores)?" "¿Qué enseñanza me deja esta experiencia?". Estas son las preguntas trascendentes que van más allá del éxito.

Optimistas y pesimistas

En su libro *El optimismo se adquiere*, Martin Seligman[2] hace una distinción a partir de las explicaciones que suelen utilizar los optimistas y los pesimistas. "Es característica definitoria de los pesimistas", dice Seligman, "que se inclinen a pensar que lo desagradable durará siempre, o por lo menos muchísimo; [que esto] socavará cuanto se propongan hacer (...) y será por su culpa. Los optimistas, que deben enfrentarse con los mismos golpes de este mundo, piensan de manera completamente opuesta. Tienden a creer que la derrota es solo un contratiempo pasajero, que sus problemas se reducen a esa única circunstancia. Los optimistas no atribuyen los contratiempos a su propia culpa, sino que los achacan a la mala suerte, los provocan otros, o sencillamente suceden. Esas personas no se desconciertan frente a la derrota. Enfrentadas a un problema, perciben que allí se les presenta un reto y lo intentan otra vez con más energía." Los optimistas se creen capaces de aumentar su capacidad de respuesta mediante el aprendizaje, por lo que se tienen confianza para afrontar los desafíos de la vida.

Diferentes explicaciones tienen enormes consecuencias en las vidas de quienes las usan. Los pensamientos afectan las emociones, las conductas y hasta la fisiología de las personas: la forma en que alguien explica su presente e interpreta su pasado, condiciona su futuro. Seligman presenta decenas de estudios que prueban que los pesimistas se dan por vencidos con mayor facilidad y caen en la depresión más a menudo. Por otra parte, a los optimistas les va mucho mejor en la escuela y en la universidad, en el trabajo, los deportes, las relaciones sociales y la política; tienen mejor salud, menos estrés, viven más tiempo y tienen una mejor calidad de vida. "Nuestros pensamientos no son simplemente reacciones ante los hechos", dice Seligman, "ellos cambian lo que va a pasar. Si habitualmente creemos, como lo hace el pesimista, que ese percance se debe a un fallo nuestro, que el mismo es persistente y deteriorará todo lo que hagamos, salvo que cambiemos nuestra creencia, nos ocurrirá más de lo mismo. Nos deprimiremos con facilidad, estaremos siempre por debajo de nuestro potencial e incluso enfermaremos con más frecuencia."

En la raíz de la diferencia entre optimistas y pesimistas está lo que Seligman llama "el estilo explicativo". El estilo explicativo es una forma automática de pensar sobre las causas de los acontecimientos, una rutina generada por la historia personal y las influencias culturales. Este hábito mental predispone a comprender las experiencias mediante explicaciones generativas o tranquilizantes. Los pesimistas son adictos a los tranquilizantes mentales (y también suelen apoyarse en tranquilizantes químicos). Para preservar su autoestima necesitan verse como víctimas de factores que no pueden controlar. Ciertas características de su personalidad (pereza o antipatía, por ejemplo), aparecen en su discurso como factores exógenos. De esa forma pueden sentirse inocentes, aun en medio de su dolor y fracaso.

Los optimistas se orientan a la acción, viéndose a sí mismos como protagonistas. El optimista funda su autoestima en su capacidad para aprender y responder a los desafíos, utiliza todos sus recursos para perseguir sus objetivos (efectividad) y actúa en armonía con sus valores (integridad). No se resiste a lo inesperado, desconocido e incierto; en lugar de ello, se siente agradecido y ve a esas circunstancias como oportunidades para probar su fibra, su compromiso personal y su voluntad para aprender. Para el optimista, los problemas son siempre oportunidades.

Creatividad y liderazgo

Un ejemplo clásico de los problemas que parecen insolubles gracias a las explicaciones tranquilizantes, es el referido a la falta de creatividad o liderazgo. El obstáculo principal reside en pensar que "creatividad" y "liderazgo" son sustancias misteriosas con las que uno puede (o no) haber nacido. Si una persona se encuentra atascada en su carrera, puede culpar a su falta de creatividad y maldecir a su suerte por no poseer más liderazgo. De esa manera intenta darle sentido a su situación. Por supuesto, no hay manera de probar en forma terminante si la creatividad y el liderazgo son habilidades adquiridas, o rasgos de la personalidad. Pero el tomarlas como factores ajenos a la influencia del sujeto lo paraliza y le impide crecer. Cuando adoptamos una explicación determinista, clausuramos todo medio operativo capaz de cambiar la situación. Esa explicación no nos encamina hacia ninguna acción efectiva. Estamos tan trabados con esa explicación, como sin ella. La única diferencia es que ahora "sabemos" por qué fracasamos; seguimos sintiéndonos desgraciados, pero nuestra desgracia tiene una explicación.

Una explicación generativa provee un camino para salir del atascamiento, un curso de acción que habilita a quien explica para alcanzar sus objetivos, para volverse "un líder creativo". El primer paso en una explicación generativa podría ser entender la creatividad y el liderazgo como juicios de una comunidad que compara las acciones de la persona con ciertos parámetros. La razón por la cual alguien aparece como falto de liderazgo y creatividad es que no sabe cómo actuar para alcanzar los niveles de la comunidad que lo evalúa. Es invalidante explicar el problema como algo genético o de personalidad; mucho más efectivo resulta advertir que uno no sabe *aún* cómo comportarse de manera que los demás evaluarían como creativa o digna de un líder. Entonces, puede comenzar a investigar en qué forma las personas que le importan elaboran sus juicios sobre la creatividad y el liderazgo; y analizando los comportamientos que generaron esos juicios, puede aprender a conducirse en consecuencia. En cuanto uno comienza a practicar los nuevos comportamientos, los juicios cambiarán.

Soluciones

Hay muchos métodos para resolver problemas, la mayoría de ellos muy poco efectivos. La dificultad para aplicar estas herramientas no se deriva de su calidad intrínseca. Su lógica es impecable. El escollo fundamental es la conciencia (o más bien, la inconciencia) del usuario. Mientras uno esté atrapado por el paradigma de la certeza y la objetividad, le será muy difícil utilizar de manera efectiva cualquier método que elija. La precondición es desarrollar primero la mentalidad adecuada. Por un lado, necesita la humildad para decir: "No sé cómo encarar esta situación, pero puedo beneficiarme con el aporte de quienes han preparado este proceso (metodología) de resolución". Por otro lado, necesita de la autoconfianza para decir: "Aunque otros han investigado los problemas en abstracto, la situación que enfrento es única y particular, por lo cual no bastará con adecuar las recomendaciones a mi caso específico". Una vez alcanzado este equilibrio, puede dedicarse a inventar una solución.

Los siguientes principios, desarrollados a partir de los trabajos de G. Nadler y S. Hibino[3], sirven como guía para la resolución de problemas.

1. **Unicidad**. Cada problema es único y requiere una solución específica. Los modelos generales no alcanzan a capturar las peculiaridades de una situación particular. El primero y tal vez el peor de los errores es asumir que un problema es idéntico a otro. Forzar la aplicación de una solución importada generalmente cuesta mucho más tiempo y dinero que desarrollar una nueva. Una solución efectiva debe incorporar las necesidades, intereses, habilidades, limitaciones y capacidades particulares de todos los participantes, y usar eficientemente el tiempo y los recursos disponibles. Además, todo problema está inserto en un sistema único de problemas relacionados. Concentrarse en los componentes genéricos impide ver las condiciones específicas que hacen que todo problema sea único.

2. Propósito trascendente. Enfocarse en el propósito y expandirlo a través de una cadena de medios a fines, permite cerrar con mayor efectividad la brecha entre la realidad y el deseo. El segundo de los errores fundamentales en la resolución de los problemas, consiste en enfocarse en lo que anda mal y tratar de eliminarlo. Esta visión negativa (evitar lo que uno no quiere, en vez de perseguir lo que uno quiere) restringe el espacio de soluciones posibles, dificultando la creatividad. Por otro lado, los seres humanos responden con mucho mayor entusiasmo a las visiones positivas que a las negativas. El amor es mucho más motivador que el disgusto.

Es fundamental plantear los problemas orientándose a "perseguir el propósito deseado" y no restringiéndose a "arreglar lo que anda mal". Así se previene el desperdicio de recursos en estrategias que no persiguen la efectividad. Por ejemplo, aceptar la definición "corregir los errores de transcripción de las secretarias" supone que es necesario conservar tales secretarias. Un planteo más abarcador, como "producir documentos fidedignos", podría incorporar estrategias radicales, por ejemplo eliminar a las secretarias y comprar un software que permita a los managers dictar y editar en sus ordenadores sus propios documentos.

"Propósito" puede significar utilidad, como en la frase "el propósito del refrigerador es mantener las bebidas frías". Puede significar intención, como en la expresión "su propósito era ayudar". Puede significar misión, como en la determinación de que "el propósito de la compañía es transportar personas y objetos por vía aérea". Puede significar un objetivo, como en la frase "el propósito de la reunión es definir una estrategia comercial". Todos estos significados ayudan a pensar el problema con una orientación proactiva. Por eso el primer paso de todo proceso de resolución es preguntarse: "¿Cuál es mi (nuestro) propósito?".

Ese es solamente el primer paso, ya que luego conviene expandir el propósito original preguntándose sucesivamente: "¿Y cuál es el propósito de esto?" "¿Por qué esto es importante para mí (nosotros)?" "¿Qué obtendría si lograra mi propósito inicial, que es para mí aún más importante que eso?" "¿Qué estoy (estamos) tratando de lograr en el fondo?", o: "¿Cuál es mi (nuestra) misión en esta circunstancia?". La interrogación encadenada genera una secuencia de medios a fines que permite expandir el espacio de soluciones posibles.

Por ejemplo, si uno se halla sobrecargado de trabajo, podría expresar que su propósito básico es "terminar el trabajo". Eso permitiría pensar en una solución como "quedarse más tiempo en la oficina". Al preguntarse "¿y qué propósito tiene eso?", podría construir una cadena tal como: "entregar el trabajo a tiempo, satisfacer las expectativas del cliente, tener un cliente satisfecho, mantener una identidad de excelencia en el mercado, aumentar la rentabilidad de la compañía". Para entregar el trabajo a tiempo, uno podría quedarse hasta más tarde en la oficina, pero también podría pedir ayuda a otras personas. Para satisfacer las expectativas de su cliente podría entregar el trabajo a tiempo, o bien llamar al cliente y renegociar el plazo de entrega, si eso no produjera inconvenientes. Y así sucesivamente, ampliando a cada paso el espacio de respuestas posibles. (Este proceso es análogo al de la negociación por intereses, que explicaremos en el Capítulo 13 "Resolución de conflictos", en el Tomo 2.)

Un propósito trascendente genera un contexto que da sentido a las acciones para la resolución del problema específico. Ese contexto permite que quien lo tiene se sienta comprometido con un proyecto relevante. Sólo así las personas pueden aportar lo mejor de sí en términos de creatividad y esfuerzo. Dos programadores pueden estar haciendo la misma tarea. Uno de ellos aburrido y desinteresado, el otro entusiasmado y orgulloso. El primero está simplemente codificando una serie de instrucciones, el otro está creando un sitio Web que revolucionará el mundo del e-commerce.

3. **Solución visionaria.** Apuntar a una solución abarcadora en el largo plazo ayuda a organizar las soluciones de corto plazo y les da una dirección. Considerar la dinámica del problema asegura que la solución se mantenga efectiva y factible a lo largo del tiempo. El tercero de los errores más comunes es no mirar más allá de la situación inmediata, y "resolver" el problema en forma tal, que cause aún mayores problemas en el futuro. Una ilustración humorística de esta visión de lo inmediato son los dibujos donde un hombre que encera el suelo se "encierra" en un rincón de la habitación porque ha olvidado dejar un espacio para salir; otra ilustración es la de quien arma un velero dentro de su casa sin tener en cuenta cómo lo pondrá en el mar; y otra, es la del que serrucha una rama sentado en su extremo, sin pensar que cuando la corte caerá junto con ella.

El principio de solución visionaria alienta la imaginación en la búsqueda de la solución ideal; solución que puede no ser practicable en lo inmediato, pero aun así puede servir como faro en el horizonte. La solución inmediata se vuelve entonces sólo un paso de transición hacia la solución visionaria. Por eso es que, aunque habita en el futuro, la solución visionaria tiene un efecto directo en el presente. Preguntarse qué viene después y después y después, conecta las acciones de hoy con los objetivos de mañana. Pero al acercarse ese mañana, también habrá necesidad de contemplar el pasado mañana. Todas las soluciones son pasos de transición. Inevitablemente las circunstancias y los propósitos cambian, por lo cual toda solución debe contemplar la posibilidad de cambio.

La orientación hacia el futuro permite pensar sin limitaciones. "¿Y qué pasaría si empezáramos desde cero?" es una gran pregunta. Libera la mente del pasado y da alas a la imaginación. Comenzar de esta manera resulta sumamente estimulante y abre conversaciones que generan soluciones ideales. Las maneras tradicionales de resolución de problemas suelen seleccionar la primera idea que funciona (aunque sea mucho menos que óptima). El principio de solución visionaria genera preguntas que llevan no a una, sino a muchas soluciones. Estas soluciones son sumamente creativas, ya que no se atienen a las presuntas restricciones que podrían condicionarlas en el presente.

La clave para desarrollar soluciones visionarias es dar rienda suelta a la creatividad, siguiendo reglas que generan tormentas de ideas (*brainstorms*).

- Prohibir toda crítica durante la generación de ideas, posponiendo los juicios para una evaluación posterior.
- Alentar la libre expresión, aun cuando las ideas parezcan disparatadas.
- Invitar a participar a alguien que no tenga nada que ver con el tema en cuestión.

- Anotar todas las ideas para que cada una sea considerada.
- Proponer preguntas estimulantes como:
  - ¿Cuál sería la solución si no tuviéramos ninguna restricción?
  - ¿Cuál sería la situación ideal si pudiéramos alcanzar nuestros propósitos superiores?
  - ¿Cuál sería la solución si pudiéramos empezar desde cero otra vez?
- Enfocar la conversación sobre cómo se podrían hacer funcionar las soluciones propuestas, en vez de por qué no podrían funcionar.
- Usar el humor, la libre asociación y la imaginación.

4. **Comprensión sistémica**. Los problemas no son consecuencia de factores aislados. Cada problema emerge como resultado de la interacción de muchos factores y, a su vez, es un elemento interactuante en la generación de problemas aún más globales. El cuarto error principal en la resolución de problemas es utilizar exclusivamente el método analítico, separando el problema en sus componentes, sin investigar las interrelaciones. El principio sistémico sostiene la necesidad de sintetizar, o sea integrar las partes en un todo y este todo en su contexto. Sólo así puede uno asegurarse de que la solución funcione y no produzca consecuencias indeseables. Son proverbiales los ejemplos de interacciones destructivas, cuando un departamento de la empresa decide hacer algo que perjudica la efectividad del conjunto.

Una de las características fundamentales de todo sistema es que para optimizar el funcionamiento del todo, es *necesario* sub-optimizar (subordinar) el funcionamiento de las partes, ya que, al optimizar el funcionamiento de las partes, se sub-optimiza el funcionamiento del todo. El problema es que usualmente los managers departamentales no tienen una perspectiva global del sistema. Por eso, a pesar de los efectos contraproducentes, suelen insistir en "mejoras" parciales de sus áreas, que resultan en des-mejoras totales. Para evitar esto es fundamental comprender: qué es un sistema, cómo funciona y cuál es la manera efectiva de intervenir en él para mejorarlo.

Un sistema es un grupo de elementos relacionados que recibe *inputs* (entradas) y las transforma, de acuerdo con cierto proceso, en *outputs* (salidas) con el fin de alcanzar determinado propósito. Cualquier cosa puede ser entendida como un sistema. Por ejemplo, un libro toma como input a un lector que ignora su contenido, pone la energía necesaria para leerlo y lo transforma, mediante el proceso de lectura, en un lector informado (output). Todo sistema cuenta con los elementos que siguen.

- *Propósito*: misión, objetivo, necesidad, interés, función o resultados deseados. Por ejemplo, servir comida a los clientes del restaurante.
- *Inputs*: objetos físicos, información o personas sobre las cuales opera el proceso. Por ejemplo, asistentes a una reunión interdepartamental que traen información específica de sus áreas.
- *Outputs*: objetos físicos (deseables, o no deseables), información, servicios o personas que resultan del procesamiento de los inputs. Por ejemplo, una lista de existencias.
- *Secuencia*: conversión, trabajo, proceso, transformación, programa o serie de pasos mediante los cuales los inputs se convierten en outputs. Por

ejemplo, las etapas de un programa de facturación.

- *Entorno*: ambiente físico y sociológico (psicológico, legal, político, económico) en el que operan los elementos. Por ejemplo, la temperatura de la sala de reuniones.
- *Agentes humanos*: quienes ayudan en la secuencia sin convertirse en parte del output. Por ejemplo, mientras que los pacientes son inputs y outputs en el hospital, las enfermeras son agentes. (Pero las enfermeras son inputs para la cafetería del hospital.)
- *Catalizadores físicos*: recursos que ayudan en los pasos de la secuencia sin convertirse en parte del output. Por ejemplo, un pollo en una granja de huevos. (Pero el pollo es un output para una granja de pollos.)
- *Apoyo informático*: conocimiento y archivos de datos que ayudan en los pasos de la secuencia, sin convertirse en parte del output. Por ejemplo, los manuales de operación y mantenimiento de una máquina.

Estas distinciones no establecen "la verdadera" descripción del sistema. Más bien conforman un lenguaje que permite ordenar la complejidad. Organizando la realidad dentro de estos parámetros, las personas pueden comunicarse y coordinar acciones con más efectividad para perseguir sus propósitos. Por ejemplo, al pensar en la solución ideal, uno puede preguntarse qué propósito, inputs, outputs, secuencias, agentes humanos, catalizadores físicos y apoyo informático son necesarios para instrumentarla.

5. **Información limitada**. Recolectar demasiada información sobre el problema sólo genera expertos en

el área problemática, no soluciones. Más aún: esa información puede atentar contra la creatividad. Los líderes efectivos en la resolución de problemas saben que es imposible conseguir la totalidad de los datos; la información nunca es perfecta. Por eso, son capaces de trabajar con cierto grado de ambigüedad e incertidumbre. El quinto error común al enfrentar problemas es caer en la creencia de que recolectar más y más datos es una forma de progresar en la solución. El principio de información limitada indica que hay que enfocarse en información útil y relevante, para perseguir el propósito consensuado y acercarse a la solución visionaria. Acumular información en forma indiscriminada buscando "el conocimiento total" no sólo desperdicia tiempo, esfuerzo y dinero, sino que también puede impedir la solución del problema, al sumergir a las personas en una avalancha incontenible de detalles sin importancia.

El principio de información limitada contradice la secuencia tradicional del planeamiento estratégico. El planeamiento estratégico está basado en tres preguntas fundamentales: *¿Dónde estamos?*, *¿Dónde queremos estar?* y *¿Cómo llegamos desde la primera respuesta a la segunda?* Suena simple, directo y razonable; pero adolece de un error garrafal. Empezar preguntando "¿Dónde estamos?" arroja a la organización a un pantano de detalles, del cual es imposible salir para encontrar la solución óptima. Una de las consecuencias más visibles de esta metodología es el desperdicio de miles de horas-hombre en la recolección de información interminable que luego no se usa. Aun cuando la pregunta sea bien intencionada, se trata de un tobogán hacia el fracaso. Esta interrogante no presenta desafíos, sino que acepta los supuestos que subyacen al razonamiento que han causado los problemas en primera instancia. Como decía Einstein, "Es imposible resolver los problemas utilizando los mismos patrones de pensamiento que los generaron".

Mucho más productivo y menos costoso es comenzar investigando el propósito del sistema estudiado, expandiendo este propósito para diseñar una solución visionaria a la situación presente. Sólo entonces uno está preparado para buscar información *relevante* en función del propósito, que posibilite llevar a cabo una serie de soluciones aproximadas al ideal.

6. **Personas interesadas**. Quienes experimentan el problema y quienes ejecutarán la solución deben participar íntima y continuamente del proceso de resolución. Más aún, cualquiera puede contribuir significativamente. Lo fundamental es crear una atmósfera que aliente a cada individuo a aportar lo mejor de sí. Para eso es necesario descartar todo preconcepto acerca de quién está calificado para ofrecer ideas y escuchar a todos. Al hacerlo, se podrá descubrir la falacia de la premisa que establece que la gente no quiere el cambio. Lo que la gente resiste es el cambio que no entiende, aquel que le es impuesto, el que percibe como amenazador, que implica riesgos mayores a sus beneficios o interfiere con otras de sus prioridades. El sexto error fundamental en la resolución de los problemas es restringir el proceso a un grupo de "expertos", dejando afuera a todos los demás interesados.

Incluso si un pequeño grupo de expertos pudiera ser más eficiente en el diseño de una solución aceptable, es difícil que puedan captar de manera creativa las necesidades y los deseos de todos los interesados. Aun si pudieran hacerlo, la necesidad de aplicar y usar la solución en forma rápida es tanto o más imperiosa que la de diseñar esa solución. Instalar el cambio requiere el compromiso activo de aquellos que deben administrarlo. Su compromiso se funda en una comprensión profunda de la solución, su desarrollo y sus consecuencias. Para alcanzar dicha comprensión es fundamental participar en el proceso de elaboración. La puesta en marcha de las soluciones comienza al inicio del proyecto, con la incorporación de las personas interesadas y responsables de llevarlo a cabo.

Para beneficiarse de las sinergias interpersonales, es necesario estructurar el proceso grupal en forma cuidadosa. Muchos esfuerzos para comprometer a las personas fracasan porque acentúan lo negativo. Por ejemplo, al comienzo de gran cantidad de reuniones se pide a los participantes que describan el problema, las dificultades y las razones, o denuncien a las personas culpables de causarlas. Este abordaje convencional suele generar una sensación de impotencia. El proceso clásico de resolución genera la aceptación de definiciones automáticas de los problemas, visión "de túnel" (anteojeras conceptuales), protección del *status-quo*, búsqueda de *la* solución correcta, disputas de intereses encontrados, errores y demoras en la ejecución, etc. Por otro lado, un grupo que comienza definiendo su propósito trascendente y su solución visionaria, mantiene el entusiasmo y el compromiso. El *cómo* de las reuniones es tan importante como *quién* participa de ellas.

7. **Mejoramiento continuo.** La única forma de mantener la vitalidad de una solución es enmarcarla en un programa de cambio continuo. El séptimo

error común en la resolución de problemas es creer que "si no está roto, no hace falta arreglarlo". En oposición a esta filosofía, el principio de mejoramiento continuo sugiere que "conviene arreglarlo antes que se rompa". La posibilidad de una ruptura en el sistema puede reducirse sustancialmente si se programa la instalación de cambios futuros. Cuando se aplica una solución, se debe también planear la evolución de esa solución en el tiempo y hasta su probable obsolescencia. Como escribió Peter Drucker[4], "El ganador en la economía global será aquel que organice el abandono sistemático de su propios productos". Ninguna acción o resultado es final; las soluciones existen en un continuo que produce mejores y mayores niveles de bienestar.

"Arreglarlo antes que se rompa", ayuda a prevenir los problemas. Innumerables estudios han encontrado que el mantenimiento preventivo es mucho más efectivo que el reactivo. Como dice el refrán, "Un gramo de prevención vale más que un kilo de curación". Esta filosofía ayuda a evitar el impacto que produce la crisis. Ian Mitroff[5], director del Centro de Manejo de Crisis de la Universidad de California, ha documentado cómo las crisis están forzando a las organizaciones "no sólo a reaccionar, sino a rediseñar sus propias estructuras, para prevenir la ocurrencia de estas crisis". Contemplar escenarios futuros de crisis ayuda a preparar el presente para hacer frente a esas eventualidades en forma proactiva.

Una verdadera innovación no es solamente el "big bang" o el cambio drástico, sino también la garantía de cambio y mejoramiento continuo en el área de interés. La solución visionaria puede incluir ideas atractivas e innovadoras que uno quisiera llevar a cabo en forma inmediata. Pero los cambios radicales usualmente están plagados de obstáculos y riesgos. Mucho más seguro es avanzar en una secuencia de pequeños cambios. Los éxitos reducidos aportan mayor seguridad sobre la dirección del proyecto, generando más entusiasmo y compromiso. Cada uno de estos cambios es un experimento cuya sucesión conduce al sistema hacia la solución ideal. Como dijo Lao Tzu, "un viaje de mil kilómetros comienza con el primer paso". A lo que podemos agregar: "...y sigue paso a paso".

Así como no hay tal cosa como un problema, tampoco hay tal cosa como una solución. Las acciones que uno emprende para cerrar la brecha entre su situación actual y su situación deseada nunca son definitivas. "Solución" es el nombre que se da al paso elegido en ese momento. Pero al dar ese paso, el panorama (tanto la posición como el objetivo) cambia; lo cual puede requerir que el paso siguiente se oriente en una dirección distinta. Por eso, conviene interpretar la palabra "solución" como "un cambio que incluye la semilla de su propio cambio posterior".

Teoría de las restricciones

Eliyahu Goldratt[6], un físico israelí, revolucionó los sistemas productivos con su teoría de las restricciones. Aun cuando su aplicación principal ha sido el management de operaciones, la teoría de Goldratt es mucho más abarcadora. Sus ideas son la mejor metodología que he encontrado para enfrentar problemas sistémicos.

El concepto primario de la teoría es el de *meta* (lo que Nadler e Hibino llaman "propósito"). La meta puede definirse como el resultado hacia el que se dirigen los esfuerzos. El segundo concepto fundamental es el de *condición ne-cesaria*: la existencia de una circunstancia indispensable pa-ra obtener algún resultado o aquello de lo cual depende to-do lo demás. Uno debe satisfacer todas las condiciones necesarias para poder alcanzar la meta. El tercer concepto es el de *restricción*, aquello que impide que el sistema funcio-ne en forma óptima para alcanzar la meta. Para Goldratt, hay dos tipos de restricciones: físicas y normativas. Las res-tricciones físicas son relativamente fáciles de identificar y superar. Las restricciones normativas (regulaciones, políti-cas, usos y costumbres, etc.) son mucho más difíciles de deshacer, pero suelen producir mejoras notables en el sis-tema existente.

Tomemos el ejemplo de un sistema simple: una cadena como la de la Figura 1. Su meta es transmitir potencia de un extremo al otro. ¿Cuál es la restricción de esta cadena?

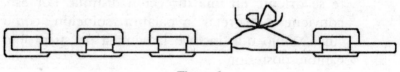

Figura 1

Para averiguarlo basta con ir aumentando paulatina-mente la fuerza aplicada a la cadena. En algún momento, la cadena se romperá por su eslabón más débil. ¿Cuántos eslabones "más débiles" tiene una cadena? Uno y solo uno. La cadena fallará en ese punto singular y ese eslabón más débil es la restricción que impide que la cadena (el siste-ma) funcione mejor con respecto a su meta (transmitir po-tencia). La conclusión de Goldratt es que todo sistema tie-ne una y solo una restricción operativa, un eslabón más débil o un cuello de botella relevante. Todos los demás elementos podrían convertirse en restricciones operativas, pero no lo son, ya que el desempeño del sistema (en su configuración presente) nunca llegará a exigirles un esfuerzo que exceda sus posibilidades.

Si uno quiere reforzar esta cadena (mejorar el sistema), el lugar lógico para concentrar los esfuerzos es el eslabón más débil (la restricción operativa). De hecho, es absolutamente irrelevante reforzar cualquier otro eslabón. Ningún esfuerzo aplicado a un elemento que no sea la restricción operativa producirá un mejoramiento del sistema. Si uno refuerza el eslabón más débil de tal forma que ya no sea el más débil, el eslabón más débil estará en otro lado. Por lo tanto, es un desperdicio seguir trabajando en el eslabón original más allá del punto donde dejó de ser la restricción operativa.

Tomemos como otro ejemplo una cadena de producción:

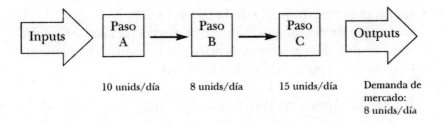

Figura 2

La capacidad (*throughput*) de este sistema es de 6 unidades por día. Si uno mejora el paso B para producir 12 unidades por día, la nueva restricción estará dada por el mercado. El flujo de este sistema será ahora de 8 unidades diarias. En esta instancia, no tendría sentido continuar trabajando para mejorar el sistema interno. Lo que está impidiendo a esta cadena rendir más es la falta de demanda; allí habría que concentrar los esfuerzos. Eliminar la restricción operativa mejora inmediatamente el rendimiento del sistema. Mejorar cualquier parte que no sea la restricción operativa no sirve.

Una de las ideas más contra-intuitivas de la teoría de Goldratt es que si un sistema está funcionando tan bien como puede hacerlo, solo una de sus partes componentes estará funcionando en su máxima expresión. Si todas las partes están funcionando al máximo, el sistema como un todo no lo estará. *El nivel óptimo del sistema no es la suma de los niveles óptimos de las partes.* Por ejemplo, si todas las estaciones de la cadena productiva original estuvieran funcionando al máximo, el trabajo en proceso de elaboración entre la estación A y la B crecería sin límite. Para un funcionamiento globalmente óptimo, la estación A debe operar al 60% de su capacidad. Eso implica que sería mejor que sus operarios "estuviesen de franco" el 40% del tiempo. (Por supuesto, mejor aún sería que se ocuparan de pensar cómo mejorar el rendimiento de la estación B.)

A partir de estos principios, se deriva una prescripción para optimizar un sistema en forma continua. El proceso se desarrolla en un ciclo de cinco pasos:

1. identificar la restricción operativa;
2. explotar al máximo la restricción (utilizando en forma continua toda su capacidad);
3. subordinar todo lo demás para dedicarse a explotar la restricción;
4. elevar la restricción (si los pasos 2 y 3 no alcanzan, se pueden considerar cambios radicales en el sistema, para así trascender el límite impuesto por el cuello de botella);
5. volver al paso 1.

En los libros de Goldratt estos principios están explicados y ejemplificados con gran detalle. A los efectos de este capítulo, la recomendación puede resumirse en lo siguiente: ante cualquier dificultad, buscar el cuello de botella, explotarlo, subordinar a eso el resto de las cosas, hacer lo posible por ampliar la capacidad de flujo a través del cuello de botella y volver a buscar el siguiente cuello de botella en un proceso de mejora continua.

Por ejemplo, si Juan, el líder de un equipo, está sobresaturado de trabajo y se convierte en la restricción operativa para terminar un proyecto, antes que nada hay que asegurarse de que él está trabajando el máximo de tiempo (incluyendo todas las horas extra que pueda hacer), luego subordinar toda otra ocupación de Juan para facilitarle este trabajo. Tal vez, alguno de los miembros del equipo podría pre-ordenar el trabajo con el objeto de que Juan necesite menos tiempo para procesarlo. Aun cuando Juan podría ordenar su trabajo más eficientemente que el otro, el "precio sombra" (coste en términos de la capacidad perdida del tiempo de Juan), es mucho mayor que el de cualquier otro miembro del equipo. Exagerando, *todos* los miembros del equipo deberían dejar de hacer lo que están haciendo para ayudar a Juan, aunque ello seguramente generaría otra restricción operativa. Si la ayuda de los demás no alcanzara para superar el cuello de botella, tal vez sería posible conseguir ayuda adicional (un ordenador o un asistente especial) para aliviar la carga. Una vez hecho todo esto, el equipo podría volver a considerar si Juan sigue siendo el cuello de botella y, en caso afirmativo, intentar una solución radical.

El argumento sería exactamente el mismo si Pedro, el muchacho que hace las entregas, fuera la restricción operativa. Para optimizar el funcionamiento del sistema, podría ser razonable que Juan, el jefe, ayudara a Pedro a hacer las entregas. Los cuellos de botella están más allá de rangos y jerarquías: al sistema no le "importa" si uno es jefe o empleado. Los equipos de alto rendimiento obedecen a su propósito y aplican su comprensión sistémica, sin prestar atención alguna al escalafón.

Resolviendo problemas en equipo

Un equipo que opera con el paradigma de la verdad única y del problema como fenómeno objetivo, será altamente inefectivo. Al enfrentar una situación, algunos de sus integrantes opinarán que hay una brecha entre lo que pasa y lo que ellos quisieran que pase, es decir, considerarán que tienen un problema, mientras que otros no verán tal brecha, es decir, no tendrán ningún problema. Esto puede ocurrir debido a que tienen distintas perspectivas de la situación o distintos propósitos. Aun cuando todos hagan una lectura común de lo que pasa, si no tienen una visión compartida, pueden no concordar acerca de la existencia de un problema. En ese momento se disparará una discusión tan encarnizada como estéril, acerca de "si tenemos o no un problema".

Esta disputa tiene tanto sentido como un argumento sobre si el salmón es más o menos sabroso que la trucha. El salmón no es más sabroso, la trucha no es más sabrosa. "Más sabroso" es una forma de decir que "a uno le gusta más". Al darse cuenta de que las opiniones sobre los pescados son subjetivas, la discusión se desvanece: "a mí me gusta más el salmón", dice uno, "y a mí me gusta más la trucha", dice el otro, "sobre gustos no hay nada escrito", dicen los dos. Igualmente, al darse cuenta de que las opiniones sobre los problemas son subjetivas, la disputa sobre si hay o no un problema se desvanece. Ni "hay" un problema ni "no lo hay". "Problema" es una forma de decir que "a uno no le gusta lo que está pasando". "A mí no me gusta lo que está pasando", dice uno, "a mí no me molesta", dice el otro, "¿qué hacemos entonces?", dicen los dos. La pregunta generativa no es sobre la *verdad* de si hay o no hay problema. La pregunta es *qué hacer* cuando una parte del equipo está insatisfecha con la realidad que experimenta, y otra parte no.

Aun si los miembros del equipo acuerdan sobre la existencia del problema, es probable que se traben en discusiones improductivas sobre la "verdadera" naturaleza y la "verdadera" razón del problema. Esto sólo genera confrontación y antipatías personales. Para resolver el problema es necesario poner la efectividad (es decir, la habilidad para alcanzar la meta) como eje central, privilegiándola sobre la certeza. Un equipo pragmático puede discutir y reflexionar en forma crítica, pero su conversación será acerca de la generatividad, no sobre la verdad de las explicaciones. Sus deliberaciones se orientarán a contar historias que les den poder para hacer algo frente a la situación que encuentran insatisfactoria. Algo que los ayude a acercarse a su objetivo común, usando en forma coordinada todas sus habilidades y recursos, de acuerdo con sus valores compartidos.

El primer paso para deliberar sobre un problema es recordar que los modelos mentales condicionan toda comprensión de la situación. Tal reconocimiento impide que el equipo adopte una perspectiva rígida y excluyente. Entonces, cuando aparece un problema, el equipo se mantiene consciente de que hay muchas maneras válidas y útiles de mirarlo.

Es importante tomarse el tiempo para explorar dichas posibilidades. Cuando un equipo se compromete con una determinada articulación del problema, también se compromete con un limitado menú de soluciones posibles. Algunos estudiosos de dinámica de grupos señalan que una de las dificultades más frecuentes en la solución cooperativa de los problemas es que el grupo tiende a limitar la especulación demasiado rápido, definiendo el problema de la manera que le parece más obvia. Tal vez la definición no sea errónea, pero está excluyendo otras definiciones quizás más efectivas. Por ejemplo, un equipo de ventas puede creer que el problema que enfrentan –la caída de sus operaciones– es consecuencia del alto precio relativo de su producto con respecto al de la competencia. Pero al examinar el problema con más detenimiento (tal vez preguntando a los clientes), el equipo puede descubrir que el mayor precio relativo se ha vuelto significativo porque el producto ha bajado su calidad. De esa forma, en vez de iniciar una campaña interna para conseguir una reducción de precios, podrían dirigir sus esfuerzos a generar un aumento en la calidad.

El acto de detenerse y darse cuenta de la multiplicidad de interpretaciones posibles, es el primer paso hacia lo que Edward de Bono[7] denomina "el pensamiento lateral". Diferente de la lógica tradicional donde uno utiliza la información de manera lineal, el pensamiento lateral usa la información para provocar saltos intuitivos que quiebren interpretaciones restrictivas y alienten la creatividad. El ejemplo clásico es el de conectar los nueve puntos con cuatro segmentos continuos, sin levantar el lápiz:

$$\bullet \quad \bullet \quad \bullet$$
$$\bullet \quad \bullet \quad \bullet$$
$$\bullet \quad \bullet \quad \bullet$$

(Ver la solución en el final de capítulo)

Para resolver este problema es necesario pensar más allá de las limitaciones que uno mismo se impone. Inconscientemente, asumimos ciertas restricciones (restricciones normativas, diría Goldratt) y reducimos el espacio de soluciones posibles, en base a supuestos nunca verificados. Lo mismo pasa en el resto de la vida. Por eso es tan valioso pensar los problemas en conjunto: un equipo efectivo tiene muchos menos puntos ciegos que cualquiera de sus integrantes.

Para la mayoría de los problemas cotidianos, no importa si se los piensa como objetos reales o no se examinan los supuestos explicativos; uno sabe resolverlos con el piloto automático. Pero para problemas complejos (donde interactúan muchas variables) tales como la caída de la productividad, la pérdida de mercados, o la erosión de la rentabilidad de una empresa, quedar atrapado en una interpretación rígida del "problema" puede ser devastador, especialmente cuando diferentes personas se aferran a diferentes interpretaciones y no se pueden comunicar más que para intentar imponer su perspectiva sobre la de los demás.

Disolver las interpretaciones congeladas permite a las personas co-crear una visión compartida del problema. El grupo puede entablar un diálogo que ilumine diferentes ángulos de la situación. Al saber que una perspectiva no es correcta o incorrecta en sí misma (correcta o incorrecta son juicios que el grupo necesita hacer acerca del poder operacional de la perspectiva, para alcanzar sus objetivos), la tarea del grupo es crear un mapa consensuado, un mapa que los pueda ayudar a coordinar sus acciones, para alcanzar su meta.

Problemas convergentes y divergentes

"Vivir significa soportar, enfrentar y mantenerse equilibrado frente a toda clase de circunstancias, muchas de ellas difíciles. Las circunstancias difíciles presentan problemas, por lo que puede decirse que vivir significa, sobre todo, tratar con problemas", dice E. F. Schumacher[8] en su *Guía para los perplejos*.

Schumacher define dos tipos de problemas: los convergentes y los divergentes. Los problemas convergentes son aquellos en los cuales las soluciones ofrecidas por los investigadores se acercan cada vez más entre sí, hasta desembocar en una respuesta única, "la" respuesta. Por ejemplo, tomando el problema del diseño de un método de transporte con dos ruedas impulsado por el usuario, uno puede ver cómo históricamente las soluciones fueron sucediéndose en una serie convergente, que dio por resultado la bicicleta. Este diseño ha probado ser extremadamente estable a lo largo del tiempo. Schumacher afirma que la respuesta a un problema convergente es estable porque se ajusta a las leyes físicas del Universo. Cuanta más inteligencia se aplique a estudiarlo, más se acercan las respuestas a una solución ideal.

Los problemas convergentes pueden dividirse en aquellos ya resueltos y los que *aún* no lo han sido –por simple falta de tiempo o herramientas–, ya que no existe la categoría de "insolubles".

Los problemas divergentes son aquellos que al ser estudiados por una gran cantidad de personas hábiles e inteligentes, generan respuestas contradictorias, que no convergen. Por el contrario, cuanto más define cada grupo su postura, más evidente resulta la oposición radical de sus recomendaciones. Schumacher toma como ejemplo el tema de la educación.

"La vida nos enfrenta con el gran problema humano de elegir la manera de educar a nuestros hijos. No tenemos escapatoria; debemos enfrentarlo y para ello le pedimos consejo a un grupo de gente inteligente. Algunos, basados en su clara intuición, nos dicen que 'La educación es el proceso por el cual la cultura existente es comunicada de una generación a otra. Aquellos que (presumiblemente) tienen el conocimiento y la experiencia enseñan, y aquellos que aún no lo poseen aprenden. Para que este proceso sea efectivo, debe haber *autoridad, disciplina y obediencia'*. (...)

"Otro grupo de consejeros, habiendo estudiado el problema con el mayor cuidado, dice: 'La educación constituye, nada más y nada menos, que la creación de un contexto facilitador. El educador es como un buen jardinero, cuya función es preparar un suelo fértil y sano en el que la joven planta pueda crecer con raíces fuertes, para extraer de allí los nutrientes requeridos. La joven planta se desarrollará de acuerdo con las leyes internas de su ser, que son mucho más sutiles de lo que un ser humano puede imaginarse. El desarrollo óptimo ocurre cuando la planta tiene la mayor *libertad* posible para elegir con exactitud los nutrientes que necesita'. (...)

"Si nuestro primer grupo de consejeros está en lo cierto, disciplina y obediencia son 'cosas buenas', de las cuales cuanto más haya, mejor. (...) Extrapolando, una escuela perfecta sería entonces una prisión. Nuestro segundo grupo de consejeros argumenta que la libertad es 'una cosa buena'. Por lo tanto, la libertad perfecta generaría una educación perfecta. La escuela se convertiría en una jungla o quizás en un reducto de lunáticos.

"Libertad y disciplina (obediencia) son un perfecto par de opuestos. No hay compromiso posible. Es uno, o el otro, 'haz lo que te digo', o 'haz lo que te plazca'. La lógica no nos sirve (...). *La vida es más grande que la lógica* (...). Pero si contamos nuestros problemas filosóficos a educadores excelentes (...) nos podrían decir que 'Estas disquisiciones son demasiado abstractas para mí. El punto es que tienes que *amar* a los pequeños monstruos'. Amor, empatía, comprensión y compasión son facultades de un *orden superior* a las necesarias para llevar a cabo una política de disciplina o de libertad (...). La movilización permanente de las citadas facultades es lo que caracteriza a un gran educador."

La única forma de resolver un dilema de este tipo es trascenderlo, encontrando su integración en un nivel superior de conciencia. Es imposible resolver un problema divergente mediante la lógica o la estadística. Tampoco resulta de utilidad establecer una fórmula correcta o encontrar la receta perfecta que permita operar mecánicamente. (Ampliamos este punto en el Capítulo 7, "Esquizofrenia organizacional".)

Esto es extremadamente importante en el mundo de los negocios y las organizaciones. Hay áreas de ese mundo que operan en forma convergente. Por ejemplo, los problemas de ingeniería de operaciones, el diseño mecánico o la programación de ordenadores. Pero no es allí donde se libran las batallas por las ventajas competitivas. La clave estratégica para triunfar está en la región de la divergencia, la región que abarca a los seres humanos, esos seres misteriosos con conciencia, libertad y vida interior. En esa área los problemas son divergentes y sólo pueden trascenderse mediante un salto cuántico existencial. Para combinar con éxito la creatividad y el control, la innovación y el orden, la libertad y la necesidad, y la autonomía individual con la cohesión grupal, es necesario apelar a un nivel superior de conciencia. Es en ese nivel donde los opuestos dejan de serlo para combinarse armoniosamente. Como dice la Biblia, es el nivel donde el león yace junto al cordero, unificados en la paz divina.

Esto parece muy metafísico, pero es totalmente práctico. La integración no puede ser explicada en forma lógica porque es trans-lógica: debe ser experimentada de manera existencial. Por ejemplo, todo padre sabe que el amor, la compasión y la visión de futuro son sus únicas guías al momento de decidir si dejar o no que su hijo tome más helado. Uno quiere maximizar el bienestar y la alegría, no sólo del niño que es, sino del adulto que será. Para ello debe equilibrar el placer presente con la salud futura, forjando una disciplina de vida robusta y flexible. Se puede plantear esto como un problema matemático (maximización polinómica), sin embargo es ilusorio pensar que la solución pasa por una aplicación matemática. La única respuesta posible frente a la situación es sumergirse en la propia humanidad y actuar de acuerdo con la intuición iluminada de la conciencia amorosa.

De la misma forma, es imposible para un ejecutivo decidir en forma lógica "el mejor" diseño organizacional. La ciencia del management, a lo sumo, puede presentarle un menú que contenga alternativas congruentes, pero la decisión final no puede ser guiada por consideraciones técnicas. El ejecutivo necesita ejercer el "arte" de la dirección, basado en su intuición y su conciencia. Por supuesto, cuanto más haya desarrollado este ejecutivo sus facultades superiores (o sus "valores y virtudes", como las llamamos en el Capítulo 24, Tomo 3), mayor será su capacidad para trascender e integrar las polaridades inherentes a la dimensión humana de los negocios.

Referencias

1. Covey, Stephen: *Los siete hábitos de la gente altamente efectiva,* op. cit.
2. Seligman, Martin: *El optimismo se adquiere,* Atlántida, Buenos Aires, 1991.
3. Nadler, Gerald - Hibino, Shozo: *Breakthrough Thinking,* Prima Publishing, CA, 1998.
4. Drucker, Peter: *Las nuevas realidades,* Edhasa, Barcelona, 1988.
5. Mitroff, Ian y Pearson, Christine M.: *Cómo gestionar una crisis,* Gestión, 1997.

6. Goldratt, Eliyahu: *Theory of Constraints*, North River Press Inc., N.Y., 1990.
7. De Bono, Edward: *Aprender a pensar*, Plaza y Janes, Barcelona, 1982.
8. Schumacher, E. F. *Guía para los perplejos*, Debate, Madrid, 1987.

Solución del problema de los 9 puntos

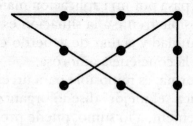

Problema para mentes superiores

Unir los 9 puntos con una sola línea recta.

(La solución, en www.metamanagement.com.ar)

CAPÍTULO 5

MODELOS MENTALES

No vemos las cosas como son. Vemos las cosas como somos.

El Talmud

John: Papá, ¿es ingenuo creer en los fantasmas?
Pirsig: ¿No creerás en los fantasmas, no?
John: No.
Pirsig: Yo tampoco. Ellos carecen de materia y no tienen energía. Por lo tanto, según las leyes de la ciencia, no existen salvo en la mente de las personas.
John: Así es.
Pirsig: Por supuesto, las leyes de la ciencia no contienen materia ni energía y, por consiguiente, tampoco existen salvo en la mente de las personas. Es mejor ser completamente científico, sobre todo en este asunto y negarse a creer tanto en los fantasmas como en las leyes de la ciencia. De esa manera no corres riesgos.
John: Vamos, papá...
Pirsig: No estoy bromeando. Tomemos el ejemplo de la ley de gravedad. Parece natural creer que la ley de gravedad existía antes de Newton. Suena loco pensar que hasta el siglo XVII no había gravedad.
John: Por supuesto.
Pirsig: Entonces, ¿cuándo comenzó a existir esa ley?
John: No entiendo.
Pirsig: Lo que quiero saber es si crees que antes del comienzo de la Tierra, antes de la formación del Sol y las estrellas, aun antes del Big Bang, la ley de gravedad ya existía.
John: Creo que sí.
Pirsig: Estaba allí, sin masa ni energía, sin estar en la mente de nadie porque nadie existía, ni en el espacio porque tampoco había espacio, ni en ninguna parte. ¿Existía de todas maneras esta ley de gravedad?
John: Bueno, no estoy tan seguro.
Pirsig: Si esa ley de gravedad existía, honestamente no sé qué tendría que hacer una cosa para no existir. Esa ley de gravedad pasa todas las pruebas de inexistencia habidas y por haber. No puedo pensar en una sola condición de inexistencia que esa ley no aprobara, o una sola condición de existencia que aprobara. Y sin embargo, tú piensas que existía.
John : Tendría que pensarlo un poco más.
Pirsig: Si lo piensas, vas a dar vueltas y más vueltas, hasta que llegues a la única conclusión racional e inteligente posible: la ley de la gravedad no existía antes de Isaac Newton. Ninguna otra conclusión tiene sentido. Y lo que eso significa es que la ley de gravedad no existe en ninguna parte... ¡Salvo en la cabeza de las personas! ¡Es un fantasma!
Somos rápidos para destruir los fantasmas de otras personas. Creemos que son ignorantes, bárbaros y supersticiosos. Pero nosotros somos igual de ignorantes, bárbaros y supersticiosos con respecto a nuestros propios fantasmas.

Robert Pirsig, *El arte del mantenimiento de la motocicleta*

"¡Es un vaso!" "Son dos caras." "Te digo que es un vaso!" "¿Por qué eres tan testarudo? ¡Son dos caras!" "¡Eres imposible! Mira bien, ¡es un vaso!" "¿Yo soy imposible? ¡Mira quién habla! Cualquiera en su sano juicio puede ver que son dos caras." "Estás equivocado." "¿Yo, equivocado? No, tú estás equivocado." "¿Yo, equivocado? No, eres tú el que está equivocado."

Una imagen, dos maneras de mirarla. ¿Quién está en lo cierto? ¿Quién está equivocado? Más importante: ¿de dónde viene y qué sentido tiene la discusión acerca de la "manera correcta" de mirar la figura?

"Es una mujer joven, con una pluma en el sombrero y un collar." "No, es una mujer vieja con una nariz grande y un pañuelo en la cabeza." "Otra vez la misma historia, ¿por qué siempre me llevas la contra?" "¿Yo, llevarte la contra? Eres tú el que se empecina en ver lo que no existe..."

Esta figura invita intencionalmente a dos interpretaciones. Un truco, por cierto, pero mucho menos complejo que la realidad. El proceso de interpretar la imagen y hablar acerca de esta interpretación refleja las dificultades de vivir en un mundo ambiguo y lleno de posibles conflictos.

La pregunta fundamental es *dónde* está la imagen. Generalmente asumimos que está en la página. También asumimos que hay una sola imagen en la página, y que todo el mundo la vería inmediatamente sin ninguna ambigüedad. Pero la imagen no está en la página –esta contiene solamente puntos de tinta y espacios en blanco– sino que está compuesta en nuestra mente. Activamente construimos el sentido de estos puntos claros y oscuros; del mismo modo que "construimos" las imágenes en la pantalla del televisor y las luces que "se mueven alrededor" de un cartel. Extendiendo esta idea, podemos decir que construimos internamente nuestra (interpretación de la) realidad en vez de percibir lo que está "allí afuera". Los problemas interpersonales aparecen, porque la realidad que uno construye puede ser antitética a la que construye el otro.

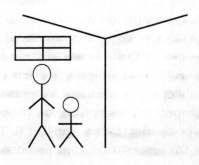

Figura 1

En la Figura 1, alguien puede ver dos personas mirando por una ventana. Esta es una interpretación común en las culturas occidentales. Pero varios antropólogos han mostrado la "misma" imagen a personas pertenecientes a culturas africanas con resultados diferentes. Para este segundo grupo la línea vertical y las diagonales representan una palmera; las dos figuras cercanas son madre e hijo, y la madre está cargando un paquete en la cabeza. Lo que la gente de este grupo "vio" fue una madre y su hijo refugiándose del sol, bajo una palmera.

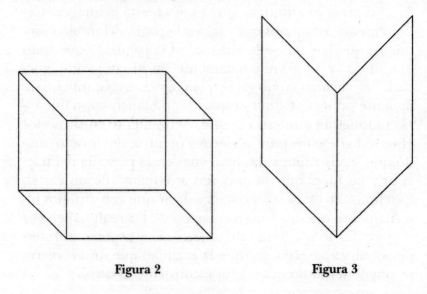

Figura 2   Figura 3

En la Figura 2, uno puede ver una caja tridimensional. ¿Con qué perspectiva se ve? ¿Con la cara al noroeste y la contracara al sudeste, o con la cara al sudeste y la contracara al noroeste? Algunas personas pueden ver inmediatamente cada perspectiva y cambiar de ángulo sin esfuerzo. Otras pueden adoptar un solo punto de vista y tienen gran dificultad para ver desde el otro. Pero si se mira otra vez, quizás pueda ver un hexágono con un rombo en el medio, similar al de la Figura 4.

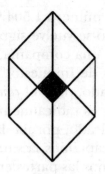

Figura 4

En la Figura 3, se puede ver un libro abierto. ¿Desde qué punto de vista? ¿Está uno mirando las páginas interiores, o la tapa? Si se mira otra vez, quizás no se vea un libro; desde un punto de vista bidimensional, la figura aparece como una gruesa letra "V".

Estas imágenes se llaman "multi-estables" porque permiten varias interpretaciones diferentes, aunque igualmente válidas. De acuerdo con estudios de psicología cognitiva, los seres humanos perciben cada uno de estos dibujos de una manera a la vez (*su* manera), con exclusión de otras maneras posibles. Se puede oscilar entre una percepción y otra, pero es extremadamente difícil ver simultáneamente dos formas diferentes.

Una persona puede ver las ilustraciones de una manera y otra en forma totalmente diferente. Que cada uno vea una cosa u otra, dependerá de los supuestos que use para interpretar los mensajes que su retina le envíe al cerebro, mensajes equivalentes, ya que la figura física es la misma y los sistemas de visión son iguales. Dado que tales supuestos operan automáticamente en forma pre-consciente, ambos individuos pueden estar absolutamente convencidos de que su forma de ver es la única "razonable". Es fácil comprender cómo tales convicciones pueden encender disputas.

Consideremos el número 1.504.983. No significa mucho en sí mismo. Pero se vuelve significativo cuando aparece en el balance de una compañía, tras las palabras "Ingresos Netos Después de Impuestos" y el signo "U$S". El número no ha cambiado, pero el *contexto* en el cual el número *adquiere* sentido, es radicalmente distinto. El contexto influye en el significado, porque la comprensión es un fenómeno holístico: captamos la situación como un todo (*Gestalt*) e interpretamos las partes en relación a ese todo. Así, 1.504.983 en el contexto del balance significa una cosa; en otro contexto (como un censo de población), significa otra.

Podemos distinguir dos tipos de contextos: el *del mundo* y el *mental*. El contexto del mundo es el conjunto de objetos físicos, interpretaciones generalmente aceptadas y prácticas sociales que rodean al elemento en cuestión. En el ejemplo del número, el contexto del mundo es el balance, el significado de los signos, las palabras y los números, el mundo de prácticas contables, el mundo de prácticas empresarias y otra gran cantidad de cosas. El contexto mental es el conjunto de sentidos, supuestos, reglas de razonamiento, inferencias, etc., que nos llevan a hacer determinada interpretación. A ese contexto mental lo llamaremos el *modelo mental*.

Los modelos mentales, como sostiene Peter Senge[1], "son supuestos profundamente arraigados, generalizaciones, ilustraciones, imágenes o historias que influyen sobre cómo entendemos al mundo y cómo actuamos en él". Operan permanentemente en forma subconsciente, en nuestras vidas personales, en el ámbito laboral y en nuestras organizaciones sociales, ayudándonos a dar sentido a la realidad y a operar en ella con efectividad. Los modelos mentales condicionan todas nuestras interpretaciones y acciones. Definen cómo percibimos, sentimos, pensamos e interactuamos.

Distintos modelos mentales pueden motivar distintas percepciones, sentimientos, opiniones y acciones. Por ejemplo, para el contador, el resultado 1.504.983 indica que la compañía está mostrando estabilidad y que debería mantener su curso. Para el vicepresidente de marketing, el resultado prueba que la empresa está estancada y que debería comenzar una nueva campaña de publicidad. Para un miembro del directorio, es un "reprobado" a la política del CEO. Para un inversor, sugiere que es tiempo de vender sus acciones; para otro, que es momento de comprar. El resultado es el mismo, el contexto del mundo es el mismo; lo que explica las diferencias son los distintos modelos mentales.

Las diferentes percepciones, opiniones y acciones no constituyen un problema en sí mismas. Ellas se vuelven conflictivas, sin embargo, cuando cada persona cree que *su* manera de ver las cosas (de acuerdo con su modelo mental) es *la* manera de verlas; al menos, la única "razonable". Por supuesto la de "razonabilidad" es una opinión condicionada por el modelo mental de cada persona. Cada uno cree que su modelo mental es el válido. En vez de utilizar las diferentes percepciones para expandir sus perspectivas e integrarlas en una visión común, cada uno de los interlocutores se aferra a su punto de vista. En vez de indagar sobre el razonamiento del otro para comprender su modelo mental, los interlocutores se traban en una batalla para definir quién tiene la razón, quién tiene la interpretación "correcta" de la realidad.

Los modelos mentales son como el aire: fundamentales para vivir, e invisibles (tan invisibles que desaparecen de la conciencia). Pero a diferencia del aire, que es común para todos, los modelos mentales son individuales, resultado de la biología, lenguaje, cultura e historia personal de cada uno. Cuando se descubre que los modelos mentales son a) fundamentales, b) inconscientes y c) diferentes, puede entenderse por qué hay tantas equívocas interpretaciones y conflictos entre los seres humanos. Los modelos mentales son una espada de doble filo: tan necesarios como peligrosos.

La importancia de los modelos mentales

Imagine que, cada mañana, su mente es una "tabla rasa", completamente limpia de recuerdos, supuestos, significados e ideas. Al salir de su casa, absolutamente todo carece de sentido. En cualquier dirección que mira, usted ve grandes estructuras. También observa criaturas similares a usted mismo pero de diferentes colores y tamaños, que aparecen y desaparecen a través de pequeños rectángulos que hay en las estructuras. Hay una gran faja negra delante de usted. Cajas metálicas con cuatro círculos rodantes se mueven veloces sobre ella, y se empequeñecen hasta desaparecer. Los objetos contienen criaturas parecidas a usted, pero solo en la parte superior.

Por supuesto, en la vida real uno no sufre esta confusión: sabe que está de pie en el frente de su casa, mirando otros edificios, por cuyas puertas la gente entra y sale. Hay personas que andan en coches por la calle asfaltada. De hecho, uno sabe mucho más: que está en su barrio, que es parte de su ciudad, que está en una provincia de su país. Uno sabe que es un residente de esa ciudad y habitante de ese país.

Si alguien quedara atrapado en el estado de confusión inicial, le sería muy difícil hacer nada. Si su modelo mental no filtrara y diera significado a sus percepciones, quedaría paralizado y tendría que prestar atención a cada cosa, reflexionando y analizándola para entenderla. Tendría también que evaluar cada una de sus acciones, comparándola contra infinitas alternativas posibles. Afortunadamente, los modelos mentales permiten experimentar la realidad plena de sentido. Se puede entonces comprender "la realidad" en forma directa. Pero "la realidad" que uno capta, no es "la realidad real", sino "la realidad procesada por su modelo mental".

La razón por la cual los modelos mentales son tan poderosos y peligrosos es su operación automática e invisible. Uno presta atención a la figura en primer plano, el *contenido* de su experiencia, e ignora el trasfondo, el *contexto* en el que uno experimenta lo que experimenta. Este contexto es fundamental ya que dota de sentido al contenido. Numerosos experimentos (similares a los dibujos del comienzo del trabajo) lo demuestran: así como distintos elementos circundantes afectan la interpretación de un elemento central, distintos modelos mentales generan distintas interpretaciones del mismo hecho.

Los modelos mentales son también el archivo que contiene los comportamientos rutinarios. Como vimos en el Capítulo 3, al iniciar una práctica (como conducir un coche, por ejemplo), uno necesita prestar atención consciente para tomar decisiones no programadas. Pero con el correr del tiempo, desarrolla la capacidad de actuar en forma automática, trasladando estas decisiones al inconsciente y aprovechando lo que Gregory Bateson[2] llama "la economía del hábito". Esta economía es fundamental para la vida, ya que sin ella sería imposible actuar con la velocidad requerida por las circunstancias. Pero también tiene un coste: las rutinas automáticas son inflexibles.

Como dice Bateson, "El hábito es una economía mayúscula del pensamiento consciente. Pero los hábitos son notablemente rígidos (...). La economía de prueba y error que se deriva del hábito es solamente posible porque los hábitos son difíciles de reprogamar (*hard-wired*, en la jerga de los ingenieros norteamericanos). La economía consiste precisamente en no ponerse a reexaminar ni redescubrir las premisas del hábito cada vez que el hábito es utilizado. Podemos decir que estas premisas se vuelven en parte 'inconscientes', o que uno desarrolla el hábito de no examinarlas".

La inflexibilidad del hábito es crucial para operar con eficiencia en contextos estables. Como el piloto automático de un avión, el hábito permite que el piloto humano preste atención a otras cosas. Pero volar con piloto automático en medio de una tormenta es muy peligroso. La falta de flexibilidad y adaptación frente a los cambios de contexto es una de las causas principales de la extinción de las especies (como los dinosaurios), las culturas (como la romana), compañías (99 de cada 100 empresas desaparecen en sus primeros 10 años, y el promedio estimado de vida de las compañías *Fortune* 500 es menor a 40 años), familias (60% de los matrimonios en los Estados Unidos termina en divorcio) y personas (según el gobierno norteamericano, en los Estados Unidos el 50% de los fallecimientos antes de los 40 años se pueden atribuir al comportamiento de las personas).

Las fuentes de los modelos mentales

Los filtros a través de los cuales los seres humanos organizamos y damos sentido a nuestras experiencias provienen de cuatro fuentes: la biología, el lenguaje, la cultura y la historia personal. Estas cuatro fuentes determinan también la respuesta "habitual" a ciertas circunstancias, programada en el modelo mental.

Biología

El primer filtro de los modelos mentales es el sistema nervioso. Las personas tenemos limitaciones fisiológicas, que nos impiden percibir ciertos fenómenos con los sentidos. El alcance del oído humano, por ejemplo, es de 20 a 20.000 vibraciones por segundo, mientras que los perros, por ejemplo, pueden oír tonos más agudos y los elefantes tonos más graves. La visión humana nocturna no puede compararse con la felina, y la visión a distancia es muy inferior a la de un halcón. En términos de longitud de onda, los seres humanos podemos ver en forma directa las frecuencias que están entre los 380 y 680 milimicrones, una minúscula parte del espectro electromagnético.

La imposibilidad de percibir implica imposibilidad de actuar. Mientras que un perro puede responder a un silbato ultrasónico, una persona no puede. Mientras que un murciélago puede operar en la oscuridad más absoluta, una persona no está capacitada. Por eso los seres humanos inventamos instrumentos como el sonar y el radar para expandir el rango perceptual de nuestros sentidos y, consiguientemente, nuestra capacidad de acción.

Nuestra interfaz con el mundo es mucho más complicada de lo que pensamos. La teoría objetiva de la percepción afirma que el mundo "allí afuera" crea cambios directos y produce efectos en el sistema nervioso "aquí dentro". Desafiando esta teoría, Humberto Maturana y Francisco Varela[3] argumentan que el mundo exterior sólo puede producir perturbaciones en el sistema nervioso. La experiencia perceptual del sujeto está mucho más determinada por la propia estructura de su sistema nervioso, que por la perturbación externa. En *El árbol del conocimiento*, Maturana y Varela definen al sistema nervioso como un sistema cerrado. Esto se contradice con la noción tradicional que lo define como "un instrumento que consigue información del entorno y construye una representación del mundo, representación que el organismo utiliza para calcular el comportamiento adecuado para su supervivencia". De acuerdo con Maturana y Varela, "en lo que se refiere a la biología y las estructuras cognitivas humanas, el mundo entero de nuestras experiencias está dentro de nosotros, no hay tal cosa como la experiencia de un afuera".

Por ejemplo, una persona normal y un daltónico pueden mirar el mismo paisaje. Cada uno, sin embargo, verá un paisaje diferente. Lo que cambia no es el mundo exterior, sino la capacidad de sus sistemas visuales para experimentar las distintas longitudes de ondas de luz que llamamos "colores". O una persona con mala circulación puede tener frío cuando otra tiene calor. La temperatura es la misma, pero la experiencia interna de cada uno es distinta, porque sus biologías son distintas.

Esta teoría explica por qué todos los seres humanos observan la misma imagen cuando miran un objeto, aun cuando ninguno de ellos puede experimentar por sí mismo el mundo exterior. La similaridad de nuestra biología nos permite operar en una realidad común. Maturana y Varela afirman que lo que uno experimenta es la "(realidad)" y no la "realidad". "(Realidad)", escrita así, entre paréntesis, denota la experiencia interna del campo de energías, externo e incognoscible que llamamos "realidad" sin paréntesis. Vivimos en una (realidad) inter-subjetiva, no porque la (realidad) que vemos sea la realidad real, externa y objetiva, sino porque nuestro entorno despierta respuestas similares en nuestros sistemas nerviosos.

Lenguaje

El segundo filtro de los modelos mentales es el lenguaje. El lenguaje es el medio en el que se estructura la conciencia del ser humano. El lenguaje es el espacio de sentido en el que la (realidad) aparece en forma inteligible y comunicable. Gracias al lenguaje podemos comunicarnos con nosotros mismos y con los demás acerca de lo que existe a nuestro alrededor y en nuestro interior. El lenguaje hace comprensible tanto al mundo como al sujeto que lo experimenta. Por eso, aunque suena sorprendente, los filósofos dicen que *es el lenguaje el que habla al ser humano* más que el ser humano el que habla el lenguaje. Ciertamente es el ser humano el que emite la palabra, pero es la palabra (el concepto) "humano", la que permite que los entes bioquímicos que somos aparezcan en la (realidad) como seres humanos.

La comprensión tradicional del lenguaje es la "teoría de las etiquetas". Según esta teoría, vemos las cosas en el mundo como son y luego les aplicamos un nombre, una etiqueta. Este es el uso primario del lenguaje: un sistema descriptivo para rotular y clasificar las percepciones preexistentes y, por lo tanto, independientes. Esta teoría es sumamente incompleta y sólo da cuenta de una función muy pequeña del lenguaje. Los investigadores de la cognición, el cerebro y la conciencia, han concluido que las categorías lingüísticas no son etiquetas aplicadas a percepciones preexistentes, sino que, por el contrario, ellas precondicionan y definen en primer lugar la percepción: *uno no habla de lo que ve, sino que ve sólo aquello de lo que puede hablar.*

Uno ve sólo aquello de lo que puede hablar porque es cognitivamente ciego más allá de su lenguaje. El ser humano no puede ver rayos infrarrojos u oír ondas ultrasónicas porque su sistema nervioso no puede vibrar en esas frecuencias. De la misma forma, el ser humano sólo puede resonar inteligiblemente con aquella porción de la realidad que sus categorías lingüísticas le permiten experimentar. En la Edad Media, por ejemplo, no existía el concepto "teléfono", no había un espacio lingüístico en el que algo pudiera aparecer como "teléfono". Por eso hubiera sido imposible para alguien "ver" un teléfono o "hablar" por teléfono. Un hombre medieval podría ver "la misma" estructura física que uno contemporáneo (ya que sus sistemas nerviosos son similares), pero *lo* que vería (como objeto inteligible) no sería un teléfono. Podría ser un talismán, un arma, o un adorno, pero no un teléfono.

De la misma forma, un contador puede "observar" cosas en un balance, que un ingeniero mecánico no ve. No es que el ingeniero no vea los mismos números, sino que no tiene las distinciones que tiene el contador (el lenguaje) para interpretar esos números. Un ingeniero mecánico puede "leer" un sistema de ecuaciones diferenciales que resulta totalmente incomprensible para el contador. No es que el contador no vea los mismos signos, sino que no tiene las distinciones que tiene el ingeniero (el lenguaje) para interpretar esos signos. La capacidad para hacer distinciones y ordenar el mundo en categorías operativas es lo que se llama "inteligencia".

Cultura

La tercera fuente de los modelos mentales es la cultura. Uno podría considerar la cultura como un modelo mental colectivo. Como define Edgard Schein[4], "la cultura es un patrón de supuestos básicos compartidos, aprendidos por un grupo durante el proceso de resolver sus problemas de adaptación externa e integración interna. La prueba de que este patrón de supuestos funciona, es que ha operado lo suficientemente bien como para ser considerado válido y, por lo tanto, apto para ser enseñado a los nuevos miembros como la manera correcta de percibir, pensar y sentir los temas atinentes al grupo".

"Aquí la autoridad no se cuestiona." "Aquí las decisiones se toman por consenso." "Aquí le compramos al proveedor que tiene mejores precios." "Aquí desarrollamos relaciones estratégicas de largo plazo con los proveedores." "Aquí los hombres salen a trabajar mientras las mujeres se quedan en casa." "Aquí las mujeres son independientes y hacen su propia vida." "La naturaleza es un recurso para ser utilizado por el hombre." "La naturaleza es sagrada y la función del hombre es preservarla." Cada una de estas frases ilustra una premisa cultural. Las ideas se aglutinan en un modelo mental colectivo que organiza la (realidad) de una cultura.

Dentro de cualquier grupo (familias, profesiones, organizaciones, industrias, naciones), los modelos mentales colectivos se desarrollan en base a experiencias compartidas. A lo largo de su historia, los miembros del grupo deben enfrentarse a desafíos. En respuesta, desarrollan una forma habitual (en el sentido de Bateson) de interpretar las situaciones y de emprender acciones. Esto va convirtiéndose en parte del modelo mental colectivo y pasa de generación en generación como el "conocimiento" del grupo. El problema es que con su retroceso a la noche de los tiempos, tal conocimiento pierde su raíz experiencial para convertirse en una verdad absoluta. En vez de ser "la forma en que nuestro grupo ha respondido efectivamente a los desafíos del pasado", pasa a ser "la *única forma correcta* de responder a los desafíos del presente y del futuro". (En el Capítulo 3, "Aprendiendo a aprender", llamamos a esto la ceguera o incompetencia del experto.)

Un manager que participó en uno de mis cursos me narró una historia sobre un experimento que se hizo con una comunidad de monos. (No tengo una referencia científica, de modo que la historia bien podría ser apócrifa. Aun así, me resultó tan impresionante que creo que vale la pena contarla.) De acuerdo con el relato, un equipo de antropólogos puso a un grupo de monos en una jaula que tenía un plátano cargado de fruta en el medio. Inmediatamente, los monos empezaron a trepar por el tronco, pero en ese momento los investigadores les lanzaron un chorro de agua a alta presión despedido por una manguera de bombero. Mojados y confundidos, los monos volvieron a intentar subir al árbol. Pero cada vez que alguno tocaba el tronco, todos eran "castigados" con el chorro de agua. Luego de dos o tres intentos fallidos, los monos aprendieron la lección: el árbol era "tabú".

En ese momento, los científicos desconectaron la manguera. Por supuesto, ningún mono intentó alcanzar los plátanos. Todos "sabían", gracias a sus repetidas experiencias, que esto no era aconsejable. Entonces, los investigadores intercambiaron a uno de los monos "experimentados" por uno nuevo. Apenas puesto en la jaula, el mono nuevo corrió hacia el plátano. Pero antes de llegar, fue interceptado por los monos experimentados, que le dieron una tremenda paliza. Desconcertado (sin saber que los monos experimentados lo habían golpeado para protegerlo), el nuevo se refugió en un rincón. La escena se repitió un par de veces en los días siguientes. Al cabo de un tiempo, el mono nuevo abandonó sus intentos. Podríamos decir que aceptó el tabú (aun sin saber por qué el árbol era intocable) y se "convirtió" así en uno más de la cultura.

Los investigadores intercambiaron entonces a otro de los monos experimentados por uno nuevo. La historia se repitió, con la variante de que el mono "convertido" también participó de las palizas. Al cabo de un tiempo el mono nuevo fue aculturado, aceptó el tabú y se convirtió en uno más de la comunidad.

Los investigadores siguieron intercambiando uno a uno a todos los monos experimentados y dejando que los monos nuevos fueran aculturados a golpes. Llegó el momento en que no quedaba ninguno de los monos originales en la jaula. Sin embargo, al intercambiar a un mono convertido por un mono nuevo, observaron que el patrón de comportamiento se repetía. En cuanto el mono nuevo se acercaba al árbol, los convertidos le propinaban una golpiza disuasiva. Lo más tragicómico del asunto es que durante todo el tiempo la manguera estuvo desconectada; si los monos hubieran intentado subir al árbol, habrían podido comer la fruta sin ningún problema. Pero, por supuesto, cada vez que *no* subían al árbol, también validaban su teoría de que al no subir no había problemas. Más aún: ninguno de los monos en la jaula había experimentado en forma personal (o mejor dicho, "simiesca") el "castigo de los dioses". Sin embargo, todos "sabían" que no había que acercarse al árbol y que había que castigar a quien rompiera la norma social.

A veces, el hábito fosilizado es peor que la ignorancia. La capacidad de des-aprender es tanto o más importante que la de aprender.

Los modelos mentales colectivos tienen el mismo doble filo que los individuales: por un lado, ayudan al grupo a estructurar una comprensión efectiva y eficiente de su realidad, en base a experiencias pasadas, pero por el otro, determinan el rango de experiencias futuras posibles. Este sistema auto-validante ayuda a mantener estabilidad y significado dentro de un grupo, sin embargo en tiempos de cambios drásticos, la cultura (que es siempre esencialmente conservadora) puede convertirse en un salvavidas de plomo. Los desafíos a las creencias compartidas crean ansiedad y atrincheramiento. Cambiar supuestos culturales es un proceso sumamente arduo.

Historia personal

La cuarta fuerza que da forma a los modelos mentales es la historia personal: raza, sexo, nacionalidad, origen étnico, influencias familiares, condición social y económica, nivel de educación, la forma en que uno fue tratado por sus padres, hermanos, maestros y compañeros de la infancia, la manera en que uno comenzó a trabajar y se volvió auto-suficiente, etc. Todas estas experiencias informan al modelo mental que uno utiliza para navegar por el mundo. De igual manera que las experiencias de aprendizaje colectivas se convierten en la cultura, las experiencias de aprendizaje personales se alojan en los estratos más básicos de la conciencia y crean predisposiciones automáticas a interpretar y actuar.

"Si uno no se rebela, los demás lo pisan." "Es mejor mantenerse invisible para no sufrir." "La inteligencia es la clave para triunfar en el mundo." "La felicidad de la mujer depende de encontrar un buen hombre con quien casarse." "La felicidad de la mujer depende de ser independiente y nunca subordinarse a un hombre." "Los ricos son explotadores." "Los pobres son inútiles." Cada una de estas frases ilustra una premisa del modelo mental que uno adopta desde su más tierna infancia, aun antes de tener alguna capacidad de reflexión crítica. A lo largo de la vida, estas ideas recibidas de manera inconsciente subyacen a infinidad de juicios, actitudes y comportamientos que uno considera "obvios".

Por ejemplo, una niña puede haber crecido en una familia con un padre ausente y, como resultado, pensar que "los hombres no son confiables para cumplir con sus obligaciones". Mientras que un niño en la misma familia se forma la opinión de que "los hombres son libres de hacer lo que quieren". Alguien que creció en la pobreza puede creer que "los únicos políticos que se preocupan por el pueblo son los socialistas". Otro, de una familia conservadora, quizás opine que "votar a los conservadores es la única elección sensata".

Creemos que nuestra historia pertenece al pasado, pero los modelos mentales proyectan ese pasado hacia el presente y el futuro. Al igual que un ordenador, el cerebro tiene acceso permanente a las experiencias de vida acumuladas en la memoria y puede extrapolarlas hacia el presente y el futuro, como guía para la interpretación y la acción. Quien ha tenido un padre autoritario, por ejemplo, puede proyectar esa experiencia sobre un jefe o sobre cualquier otra figura con autoridad en su vida. Aunque sabe que esa persona no es su padre, el proceso de proyección es pre-racional y opera en forma inconsciente.

Esto es especialmente peligroso cuando el modelo mental queda "anclado" a una situación histórica no resuelta. En estos casos, la persona puede quedar atrapada en un circuito repetitivo recreando simbólicamente una y otra vez una experiencia traumática, e intentando cambiar su resultado. Por ejemplo, alguien que explota en rebeldía contra su jefe, puede estar regresando a su infancia en un intento por cerrar asuntos pendientes con su padre. La señal que denota la regresión es la total inconciencia con la que se realiza la acción. De vuelta en su casa, cuando intenta explicarle a su esposa por qué fue despedido, la persona podría decir: "No sé qué me pasó; cuando me dijo que tenía que rehacer el trabajo, perdí los estribos y le grité de todo". Desafortunadamente, atacar al jefe no sirve para nada. Hasta que uno aclare la situación con su padre, rebelarse contra imágenes proyectadas es tan fútil como rascar un espejo para aliviar la comezón de su nariz.

Las experiencias personales, la biología, el lenguaje y la cultura forjan cada modelo mental particular. Ese modelo lleva a asociarse con ciertas personas y no con otras; a pensar de una cierta manera y rechazar otra; a emprender ciertas acciones sin siquiera considerar otras; a decidir qué es aceptable y qué no lo es. Cada persona opera desde su modelo mental y vive naturalmente en "su" (realidad). Pero esta (realidad) puede no ser la misma que perciben otros, cuya biología, lenguaje, cultura e historias personales son diferentes. Todos los seres humanos viven en la misma realidad, pero la experimentan subjetivamente en forma diversa. Por eso es que no todos los seres humanos viven en la misma (realidad), lo cual tiene serias consecuencias.

Comunicación

Así como hay una teoría objetiva de la percepción (representación mental) y una teoría objetiva del lenguaje (etiquetas), también hay una teoría objetiva de la comunicación: la teoría del módem (modulador-demodulador). De acuerdo con la teoría objetiva de la percepción, el sistema nervioso opera representando la realidad externa y la proyecta en la pantalla de la mente. Primero viene el mundo, y después el descubrimiento de sus componentes. De acuerdo con la teoría objetiva del lenguaje, las palabras describen a estos objetos. Primero viene la percepción de las cosas y después la asignación de un nombre a esas cosas. Según la teoría objetiva de la comunicación, las representaciones lingüísticas en la mente del emisor son codificadas y luego enviadas como mensaje al receptor, quien las decodifica y las incorpora a su mente. Como dos ordenadores comunicándose a través de líneas telefónicas, los pensamientos del emisor son transmitidos a la mente del receptor mediante las palabras.

Quien adopta la teoría objetiva de la percepción dice: "Sólo existe lo que percibo con mis sentidos". Quien adopta la teoría objetiva del lenguaje dice: "Lo que nombro es lo que percibo". Y quien adopta la teoría objetiva de la comunicación dice: "Lo que digo es lo que el otro escucha" y "Lo que escucho es lo que el otro dice". Estas ideas constituyen errores fundamentales y son fuentes potenciales de tremendos conflictos. La comprensión de los modelos mentales que presentamos aquí desafía la teoría objetiva de la comunicación, de la misma manera que desafía las teorías objetivas de la percepción y del lenguaje. Lo que cada uno escucha está condicionado por sus modelos mentales. Por lo tanto, entre lo que uno dice y lo que el otro escucha hay una serie de filtros que pueden generar grandes brechas entre el sentido de lo dicho y el sentido de lo escuchado.

Por cierto que hay un proceso físico por el cual la información emitida (sonidos, letras, signos, acciones) llega a quien la recibe (oye, lee, ve, siente). El desarrollo de este proceso físico puede crear distorsiones entre ordenadores y entre seres humanos cuando hay "interferencias en la línea". Por eso es conveniente verificar la legitimidad de los datos recibidos. Los ordenadores hacen esto con un recurso técnico llamado "bit de paridad"; las personas pueden hacerlo resumiendo y verificando que las palabras que escucharon (o leyeron) son las que el otro dijo (o escribió). (Usaremos esta técnica repetidamente para las prácticas sugeridas en el Tomo 2.)

Pero a diferencia de los ordenadores, los seres humanos no intercambian información, sino sentido. Además de escuchar las palabras del otro, para *entender* el mensaje, uno necesita indefectiblemente *darle* sentido a lo que oye. Y este sentido nunca está unívocamente determinado por el significado literal de lo dicho. Por eso, conviene también verificar que el sentido de lo que uno escuchó sea congruente con el sentido de lo que el otro intentó decir. Esta técnica es fundamental para la indagación y la resolución de conflictos.

El sentido de toda comunicación es por naturaleza ambiguo; todo mensaje, para quedar definido, requiere de una acción interpretativa del oyente. Esto es consecuencia de la *polisemia* del lenguaje. *Polisemia* es una palabra de origen griego que significa "de múltiples significados". Palabras, oraciones y textos pueden tener múltiples significados. Por eso deben ser interpretados antes de poder ser comprendidos. Si uno busca una palabra en el diccionario, encontrará por lo menos tres o cuatro acepciones; esta es la polisemia en su nivel más básico. Cuando uno le pide al otro que "corte el pasto", por ejemplo, le está pidiendo algo muy distinto de lo que le solicita cuando le dice que "corte la torta", "corte la soga", "corte la corriente", "corte la comunicación" o "corte el café" (en Argentina, el acto de agregarle un poco de leche). En todas estas expresiones, sin embargo, uno está utilizando literalmente la palabra "cortar". Hay distintos significados de "cortar" y es imposible saber qué quiere decir "cortar" sin más información.

La polisemia constituye un gran desafío para la teoría objetiva de la comunicación. Si una palabra tiene múltiples significados posibles, ¿cómo elegir el correcto? La respuesta es que no hay tal cosa como el significado *correcto* fuera de un contexto específico. El lenguaje está estructurado jerárquicamente: fonemas que forman palabras, palabras que forman oraciones, oraciones que forman textos. Así como el sonido (fonema) de una letra depende de las letras que la circundan –la misma "c" se pronuncia de distintas maneras en la primera y segunda ocurrencia en "machacar"–, la elección de un significado específico para comprender la palabra, depende de la oración en que aparece. Por eso, "el pasto" le da a "cortar" una connotación totalmente diferente de la que le da "el café". (Para complicar aún más las cosas, recordemos que estas connotaciones dependen también del componente cultural del modelo mental. En México, por ejemplo, "cortar el café" es una expresión sin sentido. Paralelamente, en Argentina pocos comprenderían que cuando un español pide un "carajillo" se refiere a un café con unas gotas de brandy.)

Similarmente, la comprensión de la oración depende del texto en que se encuentra. Y la comprensión del texto depende del contexto en que aparece. Ese contexto, que uno interpreta a través de sus modelos mentales, determina el significado de los mensajes que recibe. Por ejemplo, la declaración "te amo" es una cosa cuando Julieta la escucha de Romeo y otra muy distinta cuando Julieta la escucha de su madre. Las palabras son las mismas, pero el sentido es radicalmente diferente. En la actividad empresaria, un pedido ("Por favor, venga a mi oficina cuanto antes") *no es el mismo* cuando lo hace un jefe, un colega, un empleado, un proveedor o el mayor cliente de la compañía. Tampoco es el mismo si quien lo recibe acaba de triunfar ("por favor venga a celebrar"), fracasar ("por favor venga a explicar") o quedó atascado frente a un problema ("por favor venga que lo ayudo"). El pedido es el mismo, el contexto lingüístico en que se efectúa el pedido es el mismo, pero el modelo mental y las circunstancias de quien lo interpreta hacen la diferencia.

Cuando los modelos mentales de quien habla y quien escucha son distintos, pueden producirse serios problemas en la comunicación, como lo descubrió el presidente norteamericano Ronald Reagan durante sus conversaciones sobre restricciones aduaneras con el primer ministro japonés Nakasone. Mientras Reagan abogaba de manera enérgica por un cambio en las regulaciones japonesas, el premier japonés movía la cabeza de arriba abajo al tiempo que decía "*hai*". La traducción literal de "hai" es "sí", por lo que Reagan interpretó que Nakasone acordaba con él. En la conferencia de prensa final, Reagan declaró confiadamente que habían llegado a un acuerdo y que sólo faltaban los detalles del nuevo tratado de comercio que levantaría las restricciones a la importación de mercaderías norteamericanas. A su turno, Nakasone dijo que no había habido ningún acuerdo y que él no estaba preparado para revisar la política japonesa. Esto creó una situación sumamente embarazosa. ¿Qué había ocurrido? Polisemia cultural. En Japón, decir "hai" repetidamente mientras habla la otra persona, significa "sí, lo escucho" en vez de "sí, estoy de acuerdo".

En un diálogo entre un argentino y un chileno, por ejemplo, aun hablando ambos en castellano, podría producirse una desinteligencia parecida: el argentino pregunta "¿Quieres ir al cine?"; si el chileno responde "Ya", (que para él significa "Sí"), el primero entenderá "Ahora mismo". Si el chileno dice: "Ya, ¿cuándo vamos?", el argentino quedará completamente desconcertado por la aparente contradicción.

Otro ejemplo de problemas de comunicación se da en las conversaciones entre europeos y orientales. Cada cultura provee a sus miembros de un estándar diferente con respecto a la distancia física "razonable" en una conversación. Haciendo una generalización aproximada, uno puede decir que los europeos se sienten incómodos al hablar con alguien que esté a menos de 75 centímetros de distancia, mientras que los orientales se sienten incómodos cuando la persona con quien hablan está a más de medio metro. Estos patrones culturales dependen probablemente de las distintas densidades de población de cada país. Al observar este tipo de conversaciones interculturales, descubrí un patrón recurrente: el oriental suele dar un paso adelante para establecer una distancia conversacional "adecuada" (adecuada para él). Unos momentos después, el europeo retrocede para restablecer una distancia conversacional "adecuada" (adecuada para él). Enseguida, el oriental da otro paso al frente; y el europeo otro paso atrás. Y así continúan paseándose durante toda la conversación.

Es importante advertir que los supuestos a partir de los cuales se define la distancia "adecuada" no se encuentran en el primer plano de la conciencia. Nadie, en forma consciente, sigue una regla sobre la distancia que debe guardar en cada situación. Cuando uno se siente incómodo, ajusta su distancia automáticamente. Los diferentes supuestos sobre el espacio personal en distintas culturas están arraigados profundamente en los modelos mentales personales de sus miembros. Igualmente importante es advertir que no hay tal cosa como una distancia "adecuada", independiente de los estándares específicos de cada cultura. El riesgo de los modelos mentales es que, en su operación automática, generan la ilusión de que son transculturales. Así, tanto el europeo como el oriental creen con certeza que la distancia "adecuada" para todo el mundo es la distancia que *su* modelo mental establece como "adecuada".

La certeza

Dados los factores biológicos, lingüísticos, culturales y personales que conforman los modelos mentales y el hecho de que tales modelos mentales siempre operan en forma pre-consciente, no es de extrañar que la gente crea con total convicción cosas como "lo que yo veo es lo que está allí", "lo que yo digo es lo que el otro debería escuchar" y "lo que yo escucho es lo que el otro dice". Pero aunque parezcan razonables, estas frases no son correctas. Más aún, son peligrosas. Como decía Nietzsche, "sólo un demente se deja guiar por la certeza".

Cuando uno cae en la trampa de la certeza, asume que la realidad *tiene* que ser de la manera en que uno ve las cosas y por lo tanto, que todo el mundo *debe* verlas de la misma manera. Si alguien no está de acuerdo con las percepciones, opiniones, sentimientos y acciones de uno, forzosamente debe de estar equivocado, ser ignorante o tonto. La certeza no deja espacio para modelos mentales alternativos, e impide reconocer que la experiencia personal no es la realidad incondicional.

La certeza es uno de los mecanismos de defensa del modelo mental. Así como el sistema inmunológico genera anticuerpos para destruir microorganismos agresores, el modelo mental genera opiniones descalificadoras para destruir los desafíos a sus certezas. Por ejemplo, uno presume inmediatamente que quien se opone a sus ideas tiene un propósito oculto o malas intenciones. O suele ocurrir que uno asume que ya cuenta con toda la información relevante, por lo cual escuchar a los otros es una pérdida de tiempo. La certeza impide que la persona considere situaciones o ideas radicalmente distintas de las de su modelo mental. Si uno cree que *su* verdad es *la* verdad (absoluta y cierta), no puede cambiar cuando cambia el mundo. Queda atrapado en su (realidad) creyendo que es la realidad; estancado en las viejas ideas que le impiden adaptarse.

Una parábola budista ilustra este peligro. Un viajero llega a la orilla de un río. Para cruzarlo, construye una balsa de troncos. Cuando llega al otro lado, se siente tan apegado a la balsa que no quiere abandonarla. La carga entonces sobre sus hombros y comienza a atravesar un bosque, donde la balsa es un extraordinario estorbo. "Sin la balsa jamás habría llegado hasta aquí", se dice. "¿Cómo voy a dejarla? Podría volver a necesitarla." Como una balsa construida en base a experiencias, el modelo mental es necesario para cruzar el río. Pero es muy difícil atravesar el bosque con el viejo modelo mental a cuestas.

Cuando los seres humanos caen en la tentación de la certeza, dicen cosas como: "Escúcheme, así son las cosas *realmente,* yo sé lo que le estoy diciendo". Inconscientes de sus modelos mentales, los "dementes" nietzscheanos viven en un mundo donde las cosas *son* necesariamente de la forma como las ven y donde no hay ninguna variante válida para sus opiniones. En su error se olvidan de que sus percepciones, sus ideas y sus palabras son su verdad, no la verdad. Se olvidan, como apuntan Maturana y Varela, de que "todo lo dicho, es dicho por alguien", alguien que percibe, piensa y se expresa bajo los condicionamientos de su modelo mental. La palabra "realmente", no significa nada. En opinión de Maturana, es un recurso retórico que llama a la obediencia, una falta de respeto que le exige al otro que abandone su modelo mental y adopte el propio.

Esta actitud es fuente de innumerables problemas en las interacciones humanas. Un jefe le dice a su empleado que "en realidad" su trabajo es inaceptable, en vez de decir que él no está satisfecho con su trabajo. Un cliente le dice a su proveedor que "en realidad" el producto es demasiado caro, en vez de decir que él no está dispuesto a pagar su precio. Un manager le dice a otro que "en realidad" tienen que cambiar el diseño del producto, en vez de decir que esos cambios son los que él preferiría. Un CEO le dice a su gente que "en realidad" la compañía debe redimensionarse despidiendo empleados, en vez de decir que él no sabe cómo hacer rentable a la compañía sin reducir sus costes laborales.

La certeza inconsciente también genera desventajas competitivas a nivel nacional. Kenosuke Matsushita, fundador de la corporación japonesa que lleva su nombre, declaró frente a empresarios norteamericanos que "Japón ganará la guerra de la producción. Ustedes no pueden hacer nada al respecto, porque su fracaso deriva de una enfermedad interna. Sus compañías están basadas en los principios de Taylor. Peor aún, sus cabezas mismas están taylorizadas. Ustedes creen firmemente que administrar significa poner a los ejecutivos por un lado y a los trabajadores por el otro. De un lado los que dirigen y del otro los que obedecen (...). Esto no funciona en la nueva economía. Nosotros ganaremos y ustedes perderán, porque no son capaces de librar a sus mentes del taylorismo absoluto que Japón nunca ha tenido".

Los principios de Taylor han servido como un modelo predominante para la producción norteamericana desde los días de Henry Ford. Taylor estudió a artesanos especializados mientras hacían su trabajo, extractó y codificó su conocimiento, y luego analizó el proceso separando la tarea en pequeñas partes, de forma tal que podían ser reproducidas en la línea de producción por obreros no especializados. El taylorismo tuvo éxito durante muchos años y su adopción, extendida como una estrategia de management en los Estados Unidos, colaboró para impulsar a ese país a la vanguardia de la economía mundial. Lamentablemente para los Estados Unidos, las mismas características que dieron éxito al taylorismo en la economía de producción masiva, son las que lo vuelven un fracaso en la economía de los servicios y de la información. Peor aún: el éxito histórico del taylorismo le ha ganado un lugar preeminente (e invisible) en el modelo mental de los empresarios y académicos occidentales.

Lo que Matsushita señala es que el taylorismo es un modelo mental, una construcción que está anquilosando la competitividad norteamericana. Él sostiene que el método de producción japonés (que también se deriva de un modelo mental, aunque diferente del de Taylor) es más efectivo, porque aprovecha con mayor eficacia la inteligencia de todos los trabajadores. Las proposiciones de Matsushita, sin embargo, no constituyen una "verdad"; sus ideas sólo son su interpretación basada en su propio modelo mental. No es cierto que "los norteamericanos están tan encerrados en el taylorismo que no pueden cambiar y que por lo tanto el Japón vencerá"; esta es una opinión. Una opinión, que por otra parte, no puede explicar cómo un creciente número de compañías norteamericanas compiten con éxito con compañías japonesas en los mercados internacionales.

La amnesia

En *La estructura de las revoluciones científicas*, Thomas Kuhn[5] describe cuán difícil es para los científicos recordar que sus paradigmas prevalecientes son desarrollos históricos, en vez de verdades atemporales. Un paradigma es un modelo mental colectivo que articula una visión coherente de la realidad y organiza las teorías existentes. Estos paradigmas comienzan como un desafío revolucionario para la ortodoxia. Pero una vez que son aceptados se convierten en el dogma establecido de la profesión. Con el tiempo, la comunidad científica "olvida" que antes de la última revolución hubo muchos paradigmas que fueron oportunamente desautorizados y que cada uno de ellos, en su momento, parecía ser "el definitivo". Los científicos asumen una y otra vez que el paradigma del momento es el "realmente" definitivo. Por eso se ven sobresaltados una y otra vez por las anomalías (observaciones inconsistentes con el paradigma predominante).

Las revoluciones científicas ocurren cuando se acumulan tantas anomalías que es necesario revisar el paradigma. Estos cambios paradigmáticos, como todos los cambios en los modelos mentales, son traumáticos y muy inconvenientes. Las inconsistencias amenazan el *statu quo* y presagian la defunción de creencias celosamente guardadas. Por eso existe una fuerte inercia para suprimirlas. Pero las anomalías se resisten a desaparecer, lo que anuncia que las categorías del pasado ya no funcionan, que no son la verdad última.

Robert Pirsig[6] proporciona un ejemplo de los peligros de crear categorías y después olvidar que son creaciones: "Los primeros zoólogos clasificaron como mamíferos a aquellos animales que amamantan a sus crías y como reptiles a aquellos que ponen huevos. Esto funcionó hasta que el ornitorrinco, una particular especie de pato, fue descubierto en Australia, poniendo huevos como un perfecto reptil y amamantado a sus crías como un perfecto mamífero. El descubrimiento creó gran conmoción. ¡Qué enigma!, se decía. ¡Qué misterio! ¡Qué maravilla de la naturaleza! Cuando el primer ejemplar llegó a Inglaterra desde Australia hacia el fin del siglo XVIII, los zoólogos pensaron que se hallaban frente a una falsificación. Aún hoy aparecen artículos en revistas de ciencias naturales que se preguntan por qué existe esa paradoja de la naturaleza. Esta pregunta es el colmo del ridículo. El ornitorrinco no está haciendo nada paradójico. Él no tiene ningún problema. El ornitorrinco había estado poniendo huevos y amamantando a sus crías millones de años antes que los zoólogos lo declararan ilegal. El verdadero misterio es cómo observadores científicos, maduros, objetivos y entrenados, pudieron culpar de su error en las categorías, al pobre e inocente ornitorrinco".

En su amnesia, uno cree que las categorías que usa para organizar el mundo provienen precisamente del mundo, en lugar de ser algo que uno inventó y luego incorporó a su modelo mental. Los zoólogos olvidaron que fueron ellos mismos quienes crearon la distinción entre mamíferos y reptiles. La "mamalidad" no es una propiedad inherente al ornitorrinco, tanto como la longitud no es una propiedad inherente a un objeto, o la paciencia no es una cualidad inherente a una persona. La longitud es una comparación entre el objeto y un patrón de medida (dos personas podrían discutir acaloradamente si una pantalla de televisión mide cincuenta centímetros o veinte pulgadas). La paciencia es una atribución que una persona hace sobre una característica de otra, basada en las observaciones de su comportamiento y la comparación de esas observaciones con sus criterios subjetivos sobre la paciencia.

Cuando todo funciona bien, es muy eficiente operar dentro de los esquemas pre-establecidos. Pero cuando aparece un problema aparentemente insoluble (como el ornitorrinco), la amnesia se vuelve inefectiva y bloquea al aprendizaje. Antes de revisar las premisas de los modelos que usa, uno debe recordar que estos modelos y categorías no se derivan directamente de la realidad. Los paradigmas son creaciones humanas, condicionadas por los modelos mentales operantes en el momento de su creación. Para adecuar las categorías a las necesidades del presente, es necesario comprender que si el ornitorrinco hubiera sido nativo del área donde vivieron los primeros zoólogos, estos habrían creado otra forma de distinguir géneros en el reino animal. El problema es que, aunque arbitrarias, las categorías del modelo mental operante ganan realismo y credibilidad a través de su uso continuado. Cuando las ideas retroceden a la noche de los tiempos, se vuelven rígidas y dogmáticas.

Considere el teclado de los ordenadores y las máquinas de escribir. La configuración estándar ("Qwerty") está lejos de ser la más eficiente. Las letras más comunes están ubicadas lejos de los dedos más fuertes, lo cual hace que la escritura al tacto sea relativamente lenta y trabajosa. Cuando el teclado fue desarrollado, esta lentitud no tenía mayores consecuencias ya que la restricción de la velocidad era mecánica; pero ahora no hay piezas físicas que se traben. Todos los estudios han mostrado que un teclado alternativo llamado "Dvorak", permite mucha mayor rapidez. Si Dvorak es mejor, ¿por qué se sigue usando Qwerty? Porque estamos apegados a un modelo histórico y el cambio requeriría dedicar energía para aprender una nueva manera de teclear. Aun cuando ha sido probado que en el largo plazo Dvorak es más eficiente, uno prefiere quedarse con lo que conoce.

El abandono del dogmatismo es absolutamente crítico para encarar todo proceso de reingeniería. Para poder rediseñar los procesos, es necesario recordar que lo que hoy se hace (aun cuando "siempre" se haya hecho así), es simplemente la forma en que el diseñador original resolvió el problema de acuerdo con su modelo mental y sus posibilidades. Con la evolución de la tecnología y los cambios en los mercados, es normal que este proceso deje de ser la mejor forma de operar en las nuevas circunstancias. Pero con la repetición, el proceso va adquiriendo "realidad" hasta que se vuelve la forma "natural" y "obvia" de hacer las cosas. No es nada sorprendente que la reingeniería más difícil no sea la de los materiales, sino la de los modelos mentales. Mientras la gente no salga de su amnesia y abandone la ilusión de que el proceso ortodoxo es el "verdadero", será imposible inducir un cambio en la organización.

La amnesia compuesta

Hay un famoso experimento que demuestra cómo cada ser humano es literalmente "ciego a su ceguera". Todos tenemos un "agujero" (ángulo muerto) en nuestro campo visual, pero no lo notamos, ya que nuestro cerebro lo "rellena" automáticamente mediante una compensación neurológica. Esta adaptación, así y todo, nos lleva a una ceguera compuesta: nos vuelve ciegos a nuestra ceguera original. Cubra su ojo izquierdo y mire fijamente la cruz de la ilustración siguiente. Sostenga la página a unos 40 centímetros de distancia. Muévala hasta que advierta que el círculo negro de la Figura 5 repentinamente desaparece. Ahora observe de la misma forma la Figura 6. ¿Cómo ve la línea que cruza al círculo negro: interrumpida, o continua?

"La explicación normalmente aceptada para este fenómeno", dicen Maturana y Varela "es que en esa posición específica, la imagen del círculo cae en la zona donde la retina se conecta con el nervio óptico y, por lo tanto, no tiene capacidad sensitiva a la luz. Se lo llama 'el punto ciego'. Sin embargo, lo que muy raramente se cuestiona al dar esta explicación, es por qué no andamos por el mundo con un agujero permanente, de ese tamaño, en nuestro campo visual. Nuestra experiencia visual es de un espacio continuo y, a menos que hagamos estas manipulaciones ingeniosas, no percibiremos que de hecho hay una discontinuidad que está siempre allí. Lo fascinante del experimento del punto ciego es que *no vemos que no vemos*." El cerebro corrige automáticamente el punto ciego, haciéndonos creer que nuestro campo visual es completo y continuo.

Figura 5

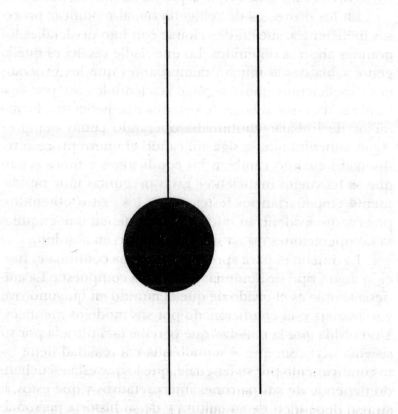

Figura 6

Esta misma tendencia compensatoria aparece en experimentos donde las personas se colocan gafas que invierten las imágenes. Después de unos pocos días de ver todo "patas para arriba" los sujetos comienzan a ver nuevamente como antes de ponerse las gafas. Su mente aprende a re-invertir las imágenes en forma automática. Huelga decir que cuando los sujetos se quitan las gafas, ven todo invertido durante varios días. Lo interesante no es que la mente sea capaz de adaptarse, sino que esta adaptación se vuelve totalmente invisible. No se es consciente de lo que la propia mente está haciendo.

En los proyectos de reingeniería, al modificar procesos ineficientes, suelen describirse con lujo de detalles los grandes ahorros obtenidos. Lo que nadie resalta es que la gente sabía desde mucho tiempo antes que los procesos eran ineficientes, pero seguían haciéndolos así por costumbre. ¿Por qué si la gente pensaba que había una forma mejor de trabajar continuaba operando como siempre? ¿Qué impedirá que se siga aplicando el nuevo proceso rediseñado cuando cambien las condiciones y todos sepan que se ha vuelto ineficiente? Estas preguntas muy rápidamente empañarían los festejos ante los éxitos obtenidos, por cuanto evidencian que el patrón mental que anquilosa las operaciones no ha sido modificado en absoluto.

La dificultad para aprender en forma continua es función de un tipo de amnesia: la amnesia compuesta. La amnesia simple es el olvido de que el mundo en que uno vive y se maneja está condicionado por sus modelos mentales. Uno olvida que la realidad que percibe está filtrada por su sistema nervioso, que el sentido que esa realidad tiene está condicionado por su lenguaje, que lo que está escuchando depende de sus patrones interpretativos y que estos, a su vez, dependen de su cultura y de su historia personal. Uno olvida que sus percepciones y acciones "naturales", son naturales sólo para quienes comparten su mismo modelo mental. Igualmente, uno sigue los procesos operativos habituales, sin revisarlos ni meditar de manera permanente sobre su condicionalidad histórica.

La amnesia compuesta es el olvido del olvido, la amnesia de la amnesia. Como en el experimento del punto ciego del campo visual, uno olvida su olvido y cree que no ha olvidado nada, en la amnesia compuesta uno se olvida de que se ha olvidado. Veamos la diferencia entre las dos amnesias con un ejemplo simple. Supongamos que alguien olvidó dónde ha dejado un bolígrafo; en algún momento de necesidad se pondrá a buscarlo. Supongamos que se olvidó en forma total del bolígrafo (o sea, que se olvidó hasta de su falta); ni siquiera está pensando en ponerse a buscarlo, ya que para él, el bolígrafo no existe.

La amnesia simple es la fuente del hábito; es económica y necesaria. Sería imposible e ineficiente considerar todo, momento a momento, desde fojas cero. La amnesia simple no es el problema: lo que causa dificultades para la comunicación, la efectividad y el aprendizaje es la amnesia compuesta. Aunque uno opere en el día a día con el piloto automático, puede recordar que en situaciones de dificultad es necesario desconectar las rutinas y prestar atención consciente a lo que hace. Esta conciencia permite revisar sin presupuestos las percepciones, pensamientos, emociones y acciones. Cuando uno reconoce que sus ideas están condicionadas por su modelo mental y que su perspectiva tiene puntos ciegos (sobre los cuales, a su vez, puede ser ciego), es capaz de desprenderse de los viejos paradigmas en forma mucho menos traumática.

La buena noticia es que una vez que uno descubre la existencia de los modelos mentales, es imposible caer en la amnesia compuesta. Uno es como un ciego de nacimiento que durante tres segundos tiene la posibilidad de ver, para volver a quedar ciego por el resto de su vida. Es posible que en los años posteriores al momento de videncia, el ciego se olvide de *lo* que vio, pero nunca en su vida se olvidará de *que* vio. Aunque no recuerde el contenido de su experiencia visual, recordará siempre que existe la posibilidad de ver. Aun después de descubrir su existencia, pueden olvidarse los contenidos del modelo mental. Pero una vez que alguien se percata de que la realidad que experimenta está condicionada y organizada por su modelo mental, es imposible caer en la amnesia compuesta; es imposible volver a creer que lo que uno ve es lo que hay, que lo que escucha es lo que el otro dice, o que lo que dice es lo que el otro debe escuchar.

El humor

A la mañana, la madre estaba preparando el desayuno para su hijo. Como este no aparecía, fue hasta su dormitorio y encontró la puerta cerrada. "¿Te sientes bien?", preguntó. "Estoy bien", le contestó una voz desafiante, "simplemente he decidido no ir hoy a la escuela." "¡¿Cómo dices?!", estalló la madre, "¡te has vuelto loco!" "No mamá. Tengo tres buenas razones para no ir a la escuela. Primero, me aburre. Segundo, los maestros me odian. Y tercero, los niños se burlan de mí. Ahí tienes mis tres buenas razones." "Ciertamente tienes tus buenas razones. Pero ahora yo te daré tres mejores razones por las cuales *irás* a la escuela. Primero, soy tu madre y yo digo que debes ir. Segundo, tienes cincuenta y tres años. Y tercero, ¡eres el director de la escuela!"

Dos expedicionarios caminan por la sabana africana. De pronto, se topan con un león. Uno de ellos se quita la mochila, saca un par de zapatillas y empieza a desatarse las botas. "¿Qué haces?", le pregunta su compañero. "Me preparo para correr." "No seas iluso, jamás podrás correr más rápido que el león." "No necesito correr más rápido que el león, ¡sólo necesito correr más rápido que tú!"

El humor es la conciencia de la precariedad de nuestras interpretaciones. La gracia del chiste depende de un giro inesperado. Este desvío intempestivo echa por tierra la historia que habíamos construido sin casi darnos cuenta. Nuestra mente no puede evitar la inferencia de un contexto que dé sentido a nuestra escucha. El chiste nos "mueve la estructura" en una especie de terremoto conceptual. Nuestra sonrisa confiesa: "Creí (con toda seguridad) que las cosas eran de una manera, pero ahora veo que no eran así. Lo que me parecía un hecho resultó ser una equívoca interpretación. El verdadero sentido, ahora tan razonable, al principio del cuento era inimaginable".

El chiste pone de relieve "la insoportable levedad del ser". Nos muestra que la solidez del mundo es una ilusión. La realidad es misteriosa, polisémica, multifacética. El mundo (de sentido) en el que vivimos depende de nuestro "impulso interpretatrivo". El chiste, al igual que el escurridizo correcaminos de la Warner Brothers, nos lleva hasta el borde del abismo y se detiene repentinamente. Dado que, al igual que el pobre coyote, no podemos contra la inercia de nuestros hábitos y seguimos de largo, quedamos suspendidos en el vacío por un instante mágico. Ese vértigo que sentimos al mirar hacia abajo y no encontrar fundamento es el cosquilleo del alma que reconoce la naturaleza precaria e inestable de nuestra (realidad). Como sugiere Heidegger[7], tal vez el fundamento del aparecer es la ausencia del ser, tal vez la existencia no deriva de ninguna esencia, tal vez todo ente se apoya en la nada, danzando sobre un insondable abismo ontológico.

Hace unos días, oí risitas y grititos de placer que venían del cuarto de Michelle, mi hija de dos años. Suponiendo que una sesión de cosquillas se hallaba en curso, me acerqué curioso. Encontré a mi mujer jugando con Michelle, pero no a las cosquillas. Las chispas de alegría eran encendidas por una muñeca que tenía un pañal en la cabeza. Kathy le ponía el pañal en el trasero y Michelle se lo sacaba y, con un estallido de risas, se lo volvía a poner en la cabeza. Me quedé un rato en la puerta de la habitación, disfrutando de cómo mi hija descubría, extasiada, las infinitas posibilidades de la realidad. "Lo que es así (el pañal en el trasero), no es *necesariamente* así", diría Michelle si tuviera capacidad; "todo lo que es de una manera, bien podría ser de otra manera (el pañal en la cabeza)". Ojalá hubiera más adultos con esa conciencia.

"Todo lo que (crees que) es así", nos desafía la realidad burlona, "bien podría no serlo. Todo lo que aparece de este modo, bien podría aparecer de otro. No estés tan seguro de ti mismo, no seas tan petulante. Nadie posee –tú incluido– la llave de la verdad." El predicamento del ser humano es como el de un mudo que trata de explicarle a un sordo lo que ha visto un ciego. Recuerda que humor empieza igual que humildad. La capacidad de tomarse menos en serio es el mejor antídoto contra la certeza. Cada chiste socava nuestra soberbia y nos invita a la prudencia de la duda. En ese espacio de incertidumbre es donde pueden coexistir amorosamente las distintas verdades, facetas parciales de la infinita Verdad.

Referencias

1. Senge, Peter: *La quinta disciplina*, op. cit.
2. Bateson, Gregory: *Pasos hacia una ecología de la mente*, Lumen, Buenos Aires, 1998.
3. Maturana, H. y Varela, F.: *El árbol del conocimiento*, Editorial Universitaria, Stgo. de Chile, 1984.
4. Schein, Edgard: *La cultura empresarial y el liderazgo*, Plaza & Janes, Barcelona, 1988.
5. Kuhn, Thomas: *La estructura de las revoluciones científicas*, Fondo de Cultura Económica, México, 1971.
6. Pirsig, R.: *El zen y el arte del mantenimiento de la motocicleta*, Cuatro Vientos, Stgo. de Chile, 1993.
7. Heidegger, Martin: *Introducción a la metafísica*, Nova, Buenos Aires, 1960.

CAPÍTULO 6

DEL CONTROL UNILATERAL
AL APRENDIZAJE MUTUO

Los temas no humanísticos tales como las estadísticas, los diagramas de flujo, las finanzas o la alta tecnología son esenciales para administrar una empresa exitosa, pero las empresas no quiebran por falta de ese conocimiento tecnológico: su fracaso tiene que ver con las personas. La compañías que quiebran parecen incapaces de aprender que las personas no operan con efectividad no por ser incompetentes en los aspectos técnicos de sus tareas, sino por la forma en que son tratadas por los demás y como ellas tratan a los demás.

William Glasser

Los seres humanos aborrecen (e intentan evitar) ser despersonalizados, ser tratados como una cosa, ser controlados por otros, ser manipulados, no ser apreciados, recibir órdenes, ser dominados, no ser respetados, ser forzados, ser empujados, ser explotados, ser determinados por otros, no ser tomados en cuenta o en serio, ser engañados, sentirse incapaces, sentirse descartables.
Lo que ansían es ser tratados como personas, poseer autodeterminación, tener control sobre su destino, poder planificar y llevar a cabo sus planes, triunfar, asumir responsabilidad, tomar sus propias decisiones con autonomía e iniciativa, y que los demás reconozcan sus capacidades.

Abraham Maslow

Sɪɴ ʟᴀ ʜᴀʙɪᴛᴜᴀʟ ᴄᴀᴄᴏꜰᴏɴíᴀ ᴍᴇᴄáɴɪᴄᴀ ᴇ ʜɪᴅʀáᴜʟɪᴄᴀ *resonando a través de la planta, la fábrica parece fantasmal, como si alguien hubiera apretado el botón de "pausa" y la escena del vídeo hubiera quedado súbitamente congelada. Los gritos histéricos de Ignacio, el gerente de planta, suenan ominosos en el silencio. Jorge, su adjunto, lo escucha sin decir nada.*

"¿Cómo diablos pasó? ¡Una máquina se rompe y para a toda la línea de montaje! Esto es increíble. ¡Juro que alguien pagará por esto!"

"¿Qué dijo Ariel?", pregunta Jorge, refiriéndose al encargado del nuevo sistema computarizado de control de existencias.

"¡Ariel! ¿Quieres saber qué dijo Ariel?", resopla Ignacio. "Ariel dijo que la máquina estará nuevamente en línea mañana por la mañana. ¡Esta demora nos va a arruinar completamente el plan semanal de producción!"

"¿Mañana por la mañana? ¿Por qué tanto tiempo?"

"¡Y yo qué sé!", responde Ignacio. "Ariel se limitó a usar un montón de ampulosas palabras de computación. Igual hubiera sido que me lo explicara en griego. Pero yo conozco la verdadera razón: Ariel se equivocó, perdió de vista el nivel de la mercadería requerida para los trabajos en proceso. A él le lavaron el cerebro los defensores del just-in-time *(producción "justo a tiempo" o "cero-existencias"). Ahora se cree Mister Total Quality y rehúsa bajar al nivel de los simples mortales para enfrentar la realidad de la situación. Ariel y sus ideas grandiosas sobre el* just-in-time *son la verdadera razón de la detención de la línea."*

"Cálmate Ignacio, quizás estés siendo demasiado severo con Ariel. Si estás en desacuerdo sobre la forma como maneja la producción, deberías conversarlo directamente con él", sugiere Jorge. "Eso es lo que nos enseñaron en el curso de comunicación efectiva y cambio cultural."

Ignacio mira a Jorge con sorna: "Comunicación efectiva, un cuerno. Acá el cambio no va a ser cultural, sino de personal; vamos a cambiar a Ariel. Vamos a ver cómo hace Ariel para explicarle 'efectivamente' al vicepresidente que la producción de esta semana estará un 20% por debajo de lo planificado. Se lo va a comer en salsa."

Esa noche, una vez que la situación está bajo control y se han fijado planes de contingencia, Jorge se detiene frente al escritorio de Ignacio. "Ignacio, para mí es serio lo de la comunicación efectiva y el cambio cultural. Creo que deberías tener una conversación franca con Ariel. Tengo algunas ideas para sugerirte."

Ignacio levanta la vista y responde, "De acuerdo, Míster Proceso. Te escucho."

Jorge hace un resumen de sus sugerencias y para su sorpresa, Ignacio acepta que las va a considerar. "Déjame consultarlo con la almohada", le dice, "quizás mañana las ponga en práctica." Al día siguiente, cuando la línea está operando nuevamente a pleno y el zumbido de la maquinaria llena la planta, Ignacio llama a Ariel a su oficina.

"Ariel, Jorge me sugirió que hablara contigo. Él piensa que deberíamos mejorar nuestra comunicación y compartir nuestras ideas francamente...", y agrega con un guiño: "...así podremos evitar que otro desafortunado accidente vuelva a detener la línea."

"Te voy a hablar con franqueza, así quedamos en claro de una vez y para siempre", continúa Ignacio. "Sé que no fue tu intención parar la fábrica. No te estoy acusando de nada. Pero hay algo que quiero que entiendas: si la línea se vuelve a frenar, rodarán cabezas. Compren más chips para los ordenadores de las máquinas, aseguren las existencias requeridas para los procesos de elaboración y planifiquen mantenimientos especiales. Cualquier cosa que piensen que haya que hacer, háganla. Pero por supuesto, no gasten mucho dinero, ni tomen medidas extremas sin que yo las supervise y les de mi conformidad. Queremos operar económicamente, pero también queremos tener esas máquinas funcionando. ¿Entiendes lo que quiero decir, verdad?".

Antes que Ariel pueda responder, Ignacio concluye la "conversación" con una orden. "Bueno, ahora que nos entendemos, ve y haz lo que debes hacer."

Mientras Ariel se aleja, Ignacio llama a Jorge y le dice. "Este asunto de la comunicación efectiva a veces sirve. Tal como lo sugeriste, no critiqué a Ariel en forma directa para no avergonzarlo. Pero lo puse muy claramente al corriente de la situación. Así debe haberlo percibido, porque le pregunté si me había entendido y no dijo que no. No creo que vayamos a tener más problemas como el de ayer." Y con una sonrisa burlona agrega: "Jorge, gracias por tu consejo. Tenías razón cuando dijiste que la buena comunicación es el corazón del liderazgo efectivo."

METAMANAGEMENT 1. PRINCIPIOS

Al igual que Ignacio, muchos managers han estudiado las nuevas teorías sobre administración y recursos humanos. Términos como "trabajo en equipo", "empowerment", "visión", "liderazgo", "participación", "autogestión" y "consenso", aparecen más y más frecuentemente en el lenguaje empresario. Pero la mayoría de estos managers han adoptado el léxico de las nuevas teorías, sin cambiar su viejo modelo autocrático de control unilateral. Entonces, aunque la superficie parezca distinta, el fondo se mantiene igual. Mediante juegos de palabras como los descritos por George Orwell en su novela 1984, la Oficina de la Guerra pasa a llamarse el Ministerio de la Paz, la abdicación y falta de liderazgo se convierten en "empowerment", el resentimiento silencioso se transforma en "cortesía", las agresiones se vuelven "comunicación honesta" y la crítica salvaje se considera "feedback". Aunque el discurso cambia, el comportamiento sigue igual. O, como diría "El Gatopardo", cambia el discurso para que el comportamiento pueda seguir igual.

Modelos mentales

Como explico en el capítulo anterior, los modelos mentales son conjuntos de ideas y creencias, profundamente arraigadas en todo ser humano, que organizan su forma de comprender al mundo y a sí mismo. Los modelos mentales permiten que uno dé sentido a sus circunstancias y opere sobre las mismas. Ellos condicionan las inferencias e interpretaciones que hacemos sobre la realidad, aportando los programas de acción automáticos con los que funcionamos en el día a día. Los modelos mentales son los mapas que usamos para navegar con efectividad en el mundo.

Los modelos mentales son tan omnipresentes y esenciales como el aire. Y tal como el aire, suelen ser invisibles.

Uno puede pasar toda su vida creyendo en la certeza absoluta de sus percepciones y conclusiones, sin darse cuenta de que todo aquello que experimenta y piensa es filtrado y condicionado por su modelo mental. Como gafas coloreadas, los modelos mentales tiñen la vida entera de quien las usa. Y como ocurre con las lentes de color, están tan cerca de los ojos que uno no puede verlas; más bien uno ve **a través** de ellas. Todo individuo extrae y adapta su propio modelo mental de un menú existente en la cultura. En occidente, el modelo que normalmente orienta las acciones personales y de management es el modelo de control unilateral.

El modelo de control unilateral

El mundo de los negocios opera bajo un conjunto de creencias al que llamaremos (siguiendo el trabajo de Argyris y Schön[1]) el "modelo de control unilateral". Este modelo es (y ha sido desde siempre), la guía filosófica del comportamiento de los empresarios. Aunque ha sido útil para la evolución del management hasta el presente, tiene importantes falencias que constituyen barreras a la evolución futura. En entornos de creciente complejidad y velocidad de cambio, el modelo de control unilateral inhibe la efectividad, flexibilidad, innovación, calidad, rentabilidad, competitividad y supervivencia de la organización.

El modelo de control unilateral es una manera de pensar que tiene por objetivo fundamental mantener el control y salvar las apariencias, evitando por todos los medios desprestigiar la imagen o quedar expuesto en un error. Este programa de comportamiento opera de acuerdo con ciertos supuestos, estrategias y tácticas, lo cual da lugar a determinadas consecuencias.

Supuestos del modelo de control unilateral

1. **Soy racional; veo las cosas como en realidad son**. Tengo una perspectiva lógica que toma en cuenta todos los factores relevantes. Mi punto de vista es objetivo, no está obnubilado por la emoción, ni influido por intereses personales. Tengo acceso a la naturaleza verdadera de las situaciones y siempre puedo pensar en formas efectivas de abordarlas. Mis percepciones y acciones no están afectadas por mi modelo mental.

2. **Soy accesible y adaptable (pero sólo si me ofrecen argumentos que yo considere "lógicos")**. Estoy abierto a cambiar mis opiniones, en la medida en que alguien pueda darme un argumento infaliblemente racional que me convenza en mis propios términos. En el caso –altamente improbable– de que me equivoque, estoy dispuesto a cambiar de idea. Por supuesto, la otra persona debe presentarme argumentos irrefutables, que prueben a mi satisfacción que la situación difiere de lo que previamente supuse.

3. **Los demás son irracionales, inaccesibles e inadaptables.** Desafortunadamente, la mayoría de las personas no son racionales como yo. Son mentalmente cerradas y apegadas a sus ideas (erróneas). No ven las cosas con claridad ni quieren ver la verdad. Están aferrados a sus opiniones y a pesar de mis argumentos lógicos (e irrefutables), no están dispuestos a ceder en sus posiciones. La mejor forma de no quedar atrapado por sus ideas es evitarlos (haciendo un "puente" y resolviendo el problema con sus superiores detrás de sus espaldas).

4. **Las opiniones de los demás son inmodificables.** Las personas son como son y no cambiarán. No sir-

ve para nada intentar que modifiquen sus posiciones, ya que están irracionalmente apegados a ellas. Uno debe mirar la situación sin ilusiones y conquistar a quienes se le opongan. Hay que quitar a estos opositores del medio, ya que sus limitaciones son un estorbo a la acción efectiva.

5. **Los errores son crímenes merecedores de castigo.** Si la gente hace lo correcto, nada malo ocurre. Consecuentemente, siempre que algo funciona mal, alguien debe de haber hecho algo incorrecto. Es importante mostrar que obrar mal es intolerable. Si encuentro que alguien cometió un error tengo que castigarlo. Si alguien encuentra que yo cometí un error, me castigará. Por lo tanto, debo ocultar mis errores para evitar consecuencias negativas.

Estos supuestos, tan obvios que se vuelven invisibles, afectan los pensamientos, sentimientos, acciones e interacciones de las personas. Si uno cree que la racionalidad es la única fuente de conocimiento, se sentirá muy incomodo cuando otro muestre sus emociones o mencione su intuición. Si uno cree que no es posible influir en los demás, ni siquiera tratará de dialogar con ellos; o, si lo intenta, sólo lo hará con el objetivo de convencerlos. Si los otros no aceptan los razonamientos de uno es porque son unos testarudos irrecuperables, por lo cual uno tratará de eludirlos o manipularlos. Si algo sale mal, la prioridad es encontrar un culpable (que no sea yo, por supuesto).

Estrategias del modelo de control unilateral

1. **Definir metas unilateralmente y perseguirlas sin aceptar influencias de los demás.** No malgastar tiempo y energía tratando de definir objetivos comunes; ni permitir que los demás influyan en la

determinación de estrategias para alcanzar esos objetivos. Una vez que uno ha definido el objetivo, controlar el proceso asegurándose de que nadie se desvíe de los parámetros preestablecidos (por uno). Considerar a la autoridad jerárquica y la capacidad de premio y castigo como fundamento del poder decisorio.

2. **Ganar a toda costa.** Perseguir los objetivos y estrategias con total decisión, arrollando a todo aquel (o aquello) que se oponga. Asumir que cambiar de idea es una señal de debilidad. Buscar el predominio a toda costa, cooperando sólo con quienes lo ayuden a obtener esos objetivos y oponiéndose a quienes se constituyan en escollos a la efectividad. (Toda oposición es un escollo a la efectividad, ya que uno persigue siempre, por definición, el objetivo "correcto").

3. **Compartir sólo información que apoye el propio punto de vista.** Considerar que la única información relevante es aquella que ayuda a convencer a los demás de que uno está en lo correcto. Manejar la información para que los demás vean que la alternativa que uno propone es la mejor. Eliminar aquellos datos que puedan generar dudas sobre la conveniencia de la posición que uno sostiene.

4. **Dar incentivos externos para asegurarse acatamiento.** Distribuir recompensas y castigos para alentar a las personas a hacer lo que uno quiere. Influir en ellos, a través de motivaciones extrínsecas, para que sigan los cursos de acción que uno desea. Buscar el cumplimiento (en vez del compromiso interno).

5. **Minimizar los sentimientos.** Ser racional, objetivo y aplicar el intelecto. Suprimir los sentimientos (pro-

pios y ajenos), evitando situaciones emocionales. Considerar la expresión de emociones como prueba de incompetencia, mala educación o falta de tacto. Mantener la compostura, operando en forma aparentemente amistosa y sin ofender a nadie.

Tácticas características del modelo de control unilateral

1. **Diseñar y administrar unilateralmente la tarea y el proceso.** Apropiarse y controlar la tarea, planificando en secreto y a solas las acciones. Intentar persuadir y halagar a los demás para que apoyen las definiciones de la situación y las recomendaciones que uno ofrece. Actuar como si uno fuera el único que supiera, sin sombra de duda, qué debe hacerse en esa situación; aun si uno no está seguro. Si alguien no concuerda, asumir que está equivocado y tan atrapado por su error que incluso si uno le explicara su razonamiento, no sería capaz, o no estaría dispuesto, a entenderlo.

2. **Proteger a los demás (y a sí mismo) siendo abstracto y reprimiendo los sentimientos.** Usar abstracciones para mantener ambigüedades en el discurso. Si los demás actúan sin alcanzar el éxito, la explicación es que no entendieron. Dejar espacio para múltiples interpretaciones. Retener información para proteger a los demás (especialmente cuando se trate de juicios negativos sobre su desempeño), decirles mentiras piadosas, suprimir la expresión de sentimientos negativos y ofrecer falsa compasión. Actuar como si la otra persona necesitara ser protegida, ya que no tiene la madurez necesaria para aceptar la verdad. Asumir que, para no herir sus sentimientos, tal protección sólo puede darse en forma secreta.

3. **Reafirmar el propio punto de vista dando por sentada la verdad del razonamiento que la sustenta.** Exponer conclusiones como si fueran hechos. Ocultar los datos, criterios y razonamientos que generan tales conclusiones. Actuar como si los demás no pudieran (o no necesitaran) entender los razonamientos. Hacer inferencias auto-validantes. Operar en base a teorías personales ocultas, imposibles de confrontar o refutar. Por ejemplo, si uno cree que los demás no desean tratar ciertos temas, no sacarlos a la luz, asumiendo que los demás no desean tratarlos. Usar la no discusión de los temas en cuestión como confirmación de que los demás no quieren hablar sobre ellos, sin hacer ninguna verificación.

4. **No indagar en los puntos de vista de los demás.** Preguntar sólo en forma tal que las preguntas apoyen la posición que uno sostiene (y ataquen la posición que el otro sostiene). Actuar como si uno ya supiera que los demás están equivocados y que puede ser vergonzante para ellos que uno exponga sus errores. Ayudarlos a salvar las apariencias no confrontando sus opiniones, e ignorando sus posiciones, aunque socavándolos diplomáticamente. Apelar a manejos políticos fuera de la reunión.

5. **Adoptar el papel de víctima, colocando en los demás el 100% de responsabilidad de los problemas.** Cuando surge un problema, asumir que éste obedece al error de algún otro. Si los demás se comportan en forma decepcionante, pensar que es consecuencia de su carácter negativo, y que uno y su conducta no tienen relación con la forma en que ellos actúan. No considerarse a sí mismo como parte del problema. Si los empleados no toman iniciativa, por ejemplo, suponer que ello ocurre porque son haraganes.

6. **Mantener los temas controvertidos fuera de discusión, pero aparentar que "todo es discutible".** Evitar la discusión abierta de temas urticantes, dilemas, ambigüedades o contradicciones. Tomar decisiones en soledad, a puertas cerradas, mientras se pretende ser un "líder participativo". Asumir que los demás no tienen la capacidad mental y emocional suficiente para tratar abiertamente la situación. Para evitar incomodarlos, fingir que uno *no* está haciendo lo que en realidad está haciendo. Justificar esta hipocresía como necesaria para "protegerse" de los demás.

7. **Evitar la confrontación.** Ignorar o suprimir los conflictos. Utilizar abstracciones o ambigüedades para pretender que hay acuerdos, cuando no los hay. Asumir que las personas podrían ser heridas por la confrontación, ya que no tienen la madurez necesaria para encararla. Evitar todo desacuerdo explícito para evitar "incomodarlos".

Esta descripción del modelo de control unilateral lo evidencia como reprobable, pero sus aspectos negativos aparecen por lo general disfrazados de "virtudes sociales". La justificación de sus comportamientos manipuladores se basa en altos ideales. Esto permite "dormir tranquilos" a quienes operan de esta forma. (Los comentarios hechos a continuación, entre paréntesis, infieren los razonamientos que subyacen a estas interpretaciones.)

Interpretación como virtudes sociales del modelo de control unilateral

1. **Ayuda y apoyo.** Aprobar y premiar a los demás (aunque en opinión de uno no lo merezcan). Decirles lo que uno cree que ellos quieren escuchar, aquello

que los hace sentir bien consigo mismos (ya que su autoestima es débil y demanda sustento externo). Reducir la sensación de daño haciéndoles creer que a uno le importan (aun cuando esto no sea verdad). Acordar con ellos que son otros los que actuaron en forma incorrecta (incentivándolos a sentirse víctimas). Evitar las críticas o comentarios negativos que podrían socavar la sensación de apoyo (ya que su auto-imagen es frágil y necesita protección).

2. **Respeto por los demás.** Tratar con "cortesía" a las otras personas, sin rebatir sus razonamientos o acciones (aun cuando uno crea que están equivocados). Permitirles siempre salvar las apariencias ante eventuales problemas, echando culpas a factores ajenos a su control (ya que no son capaces de asumir responsabilidad por sus acciones). Evitar todo enfrentamiento (estas personas siempre son agresivas, irrespetuosas e improductivas. Además, uno podría quedar en evidencia si el otro tiene razones que muestran que es uno el que está equivocado). No pedir aquello que uno quiere, para no aparecer "imponiéndolo" (pero sentirse resentido si no hacen aquello que "deberían haber sabido que tenían que hacer"). En el extremo, esta "cortesía" se vuelve una enfermedad grave: uno termina despidiendo a aquellas personas a las que no quiso "ofender" con comentarios negativos sobre su desempeño.

3. **Fortaleza.** Argumentar a favor de la posición propia para ganar la discusión (sin tomar en cuenta los méritos de la argumentación de los demás, ya que la propia posición es la que debe prevalecer). Atrincherarse en su opinión cuando los demás lo enfrenten (ellos tienen que estar equivocados, ya que no están de acuerdo con la posición correcta: la que

uno sostiene). Cambiar de idea, tener dudas o sentimientos vulnerables es signo de debilidad (los fuertes son los que se mantienen firmes e inquebrantables frente a toda evidencia). Ocultar cualquier duda que se pueda albergar sobre su postura (de lo contrario, se le estarán dando armas al "enemigo").

4. **Honestidad.** Decir a los demás mentiras piadosas, o verdades parciales (ellos no tienen la madurez necesaria para soportar la verdad sin quebrarse). Expresar esas verdades "con cortesía", así nadie se sentirá molesto (ellos necesitan que uno "suavice" el "golpe"). Alternativamente, decir todo lo que uno piensa y siente en forma literal, sin aplicar ningún filtro. (En el Capítulo 9, Tomo 2, "Conversaciones públicas y privadas", lo denominamos "vómito tóxico".)

5. **Integridad.** Mantenerse apegado a sus principios, valores y creencias sin examinar o verificar sus consecuencias (ya que esta es la manera "correcta" de comportarse, independientemente de los efectos que pueda causar). Sostener con firmeza las "fuertes convicciones personales" que uno tiene (quizás una expresión más adecuada sería "las *rígidas* convicciones personales que uno tiene"). Si cualquiera está en desacuerdo, adoptar una actitud moralista de ofensa e indignación (toda diferencia se considera ataque personal). Descalificar los enfoques que difieren, considerándolas inmorales, antisociales o incivilizados (la verdad de la posición propia se fundamenta en valores absolutos y trascendentes, no en datos ni razonamientos lógicos).

Debido a que el modelo de control unilateral incorpora tácticas para salvar las apariencias, no se manifiesta tan negativo como en realidad es. Pero por debajo de su "cortesía" superficial, es posible descubrir sus turbios objetivos: manipular a los demás para beneficio propio, prevalecer más allá de la razón, sacar ventaja, menoscabar a los otros y ocultar que eso es lo que se está haciendo.

Algunas de las consecuencias más importantes del comportamiento acorde con el modelo de control unilateral

1. **Las personas se comportarán en forma defensiva e inconsistente, buscando controlar y manipular a los demás**. Serán incongruentes y temerosas de ser vulneradas. Ocultarán muchos de sus pensamientos y emociones más importantes. Habrá enfrentamientos reprimidos que se manifestarán en forma solapada, a través de maniobras políticas. Periódicamente habrá estallidos públicos que destruirán la fachada de paz y armonía. Estos estallidos serán tan contraproducentes, que reforzarán la creencia de que es necesario evitar toda confrontación abierta, lo que generará en el futuro aún más represión y maniobras ocultas.

2. **Las relaciones interpersonales y grupales se volverán defensivas**. La dinámica grupal se tornará rígida, enfocada en ganar y perder, en vez de colaborar y aprender. Habrá antagonismo, desconfianza, mala comunicación, aversión al riesgo, conformismo y complacencia para con las normas externas. No habrá compromiso personal con la tarea.

3. **Las personas experimentarán miedo, estrés y enojo**. El estado de ánimo prevaleciente será de ansiedad, cinismo, resignación y resentimiento. Las personas se sentirán desmoralizadas por su incapacidad para controlar (o siquiera entender) sus destinos. Res-

ponderán con rebeldía encubierta o sumisión apática frente a quienes los manipulan. El nivel de colaboración e iniciativa será muy bajo, casi nulo.

4. **Los errores crecerán y se multiplicarán.** La gente estará más preocupada por esconder errores que por resolverlos. En la inconciencia colectiva, estos errores se agrandarán hasta que estallen en crisis inocultables. Habrá mucha más actividad destinada a echar culpas, que a resolver los problemas. Las personas mantendrán en secreto teorías auto-validantes, apoyadas en datos y argumentos ocultos, en vez de exponerlas en forma abierta. La vaguedad y el alto nivel de abstracción en la comunicación conducirán a equívocas interpretaciones, incomprensión e incremento de los errores.

5. **Habrá mínima libertad para explorar nuevas ideas y posibilidades.** Conformismo, baja energía y complacencia serán la norma. Los errores se incrementarán y las personas se resguardarán de ofrecer soluciones que podrían desafiar las creencias y normas establecidas. Habrá una tendencia a pensar sólo "dentro de lo permitido", en vez de ir más allá de las suposiciones aceptadas.

6. **La fijación de metas y procedimientos será autoritaria.** Habrá muchas restricciones para fijar metas en conjunto y para establecer colectivamente las estrategias que posibiliten alcanzar esas metas. Estas restricciones conducirán a un bajo compromiso, sometimiento al pensamiento del grupo (efecto rebaño), conservadurismo y aversión al riesgo. La gente se sentirá privada de su poder, o *disempowered* (lo opuesto a *empowered*).

Las **consecuencias últimas** del modelo de control unilateral son simples y devastadoras: inefectividad, inflexibilidad, carencia de creatividad, baja calidad, altos costes, falta de competitividad, obsolescencia, nula rentabilidad, crisis recurrentes y, finalmente, colapso organizacional.

Abandonar el ejercicio del control (abdicar) no significa alentar el aprendizaje mutuo

Cuando los managers descubren que el modelo de control unilateral es inefectivo, en su fervor por cambiar lo que no funciona pueden irse al otro extremo: abdicar de su autoridad y responsabilidad, y abandonar todo control. Desafortunadamente, esto no funciona. Abandonar el control sin examinar en qué forma los miedos impiden la comunicación abierta, crea tantos problemas como mantener el control unilateral.

En esta era de "organizaciones inteligentes", "empowerment", "liderazgo participativo", "comunidades de aprendizaje" y "achatamiento de los organigramas", la jerarquía ha quedado totalmente desprestigiada (desjerarquizada, podríamos decir). Pero el cambio de estructuras externas sin modificación de los modelos mentales es –como mínimo– inefectivo y, más probablemente, contraproducente. En general, el cambio exterior tiende a preservar la invariablidad interior.

Lo opuesto al modelo de control unilateral es el modelo de "no control". El modelo de no control está fundado en un pensamiento dicotómico: es uno quien decide, o son los otros; no hay espacios intermedios. Esto implica que para no quitar el poder participativo a los demás, uno debe excluirse, sin siquiera expresar lo que piensa. Esta es la única forma de comprometer a los otros: dejarlos descubrir por sí mismos "la verdad que uno ya sabe". La estructura del modelo de no control es notablemente similar al modelo de control unilateral. Ambos tienen el mismo objetivo central e idénticos supuestos fundamentales: mantener el control final (pero aparentando ser "participativo") y evitar la expresión de juicios y sentimientos negativos para no poner en aprietos a los demás (ya que ellos no tienen la madurez necesaria para aprender de sus errores o confrontar diferencias).

Cuando un jefe opera con el modelo de no control, sus subordinados se vuelven hipervigilantes, y desarrollan elaborados sistemas para la "lectura de la mente". En una reunión, por ejemplo, prestarán gran atención cuando el jefe sonría o levante sus cejas, o garabatee en un papel. Todos especularán sobre lo que pasa por su mente, pero nadie se lo preguntará. De todas maneras, el jefe no respondería a tales preguntas porque "al expresar mi opinión, podría quitarle poder participativo al equipo".

Lo que el jefe no percibe es que ocultar sus ideas le quita poder participativo al equipo tanto o más que expresarlas. En la misma forma que una personalidad esquizofrenizante mantiene el control manifestando una gran "dulzura" acompañada de un lenguaje corporal que indica enojo, un jefe puede volver locos a sus empleados siendo "pasivo" y aparentando abandonar el control, mientras mantiene firmemente las riendas en sus manos.

El modelo de aprendizaje mutuo

Los miembros de las organizaciones, sin embargo, no están condenados a trabajar y vivir en situaciones de control unilateral o de no control. Hay una tercera opción: un modelo mental que no sólo incrementa la efectividad en la tarea, sino que también aumenta la calidad de los vínculos y la autoestima de las personas. Lo llamaremos "el modelo de aprendizaje mutuo".

El modelo de aprendizaje mutuo está basado en supuestos y objetivos diferentes de los del modelo de control unilateral. Por lo tanto, genera distintas estrategias que producen distintas consecuencias.

Supuestos del modelo de aprendizaje mutuo

1. **Soy un ser humano limitado por mis modelos mentales.** Mis opiniones dependen de mis datos, razonamientos, emociones e intereses. Mi modelo mental filtra mis percepciones y condiciona mis interpretaciones. Mi punto de vista es siempre parcial. No puedo reclamar ninguna certeza sobre cómo son las cosas, o cómo evolucionarán en el futuro. Mis creencias son sólo descripciones factibles de la situación. No tengo el monopolio de la "verdad". Siempre existe la posibilidad de que esté equivocado.

2. **Los pensamientos de los demás tienen una lógica intrínseca.** Así como mis modelos mentales dan un sentido a mis experiencias, los (distintos) modelos mentales de los demás pueden dar un sentido (distinto) a sus experiencias. Sea cual fuere la posición que los otros sostengan, tienen razones auto-consistentes para sostener sus posiciones. Estoy abierto a entender la lógica inherente a su enfoque, de acuerdo con sus modelos mentales. Con esa comprensión, puedo intentar compatibilizar los distintos puntos de vista en una imagen más abarcadora.

3. **Todos los seres humanos pueden actuar en forma racional y al mismo tiempo abrirse a las opiniones de los otros.** Si hay voluntad y compromiso con el diálogo, podemos entendernos unos a otros y aprender juntos. Los otros están esforzándose, tal

como yo lo hago, para hacer lo mejor que pueden, dentro de las restricciones de sus modelos mentales. Cada uno de nosotros puede contribuir a lograr una solución colectiva. Somos lo suficientemente maduros como para aceptar preguntas y responder a la indagación con apertura y revisión crítico-constructiva. La indagación productiva alienta el aprendizaje de todos los participantes.

4. **Las restricciones son incentivos para aguzar el ingenio.** Las personas y las situaciones son fluidas y maleables. Pueden ser miradas con infinitas perspectivas. Desde ciertos puntos de vista, las restricciones no se ven tan inalterables como desde otros. Siempre hay espacio para la negociación. Aun cuando un factor limitante sea inmodificable, puedo elegir cómo responder a él en la forma más efectiva, honorable e íntegra que esté a mi alcance. Así como la fuerza de gravedad fortalece los músculos, las restricciones fortalecen el espíritu.

5. **Los errores son oportunidades de aprendizaje dignas de investigación.** Los problemas son oportunidades para revisar los procesos que los generaron y así aprender a trabajar con mayor efectividad. Las dificultades generalmente obedecen a procesos fallidos más que a culpas personales. Cambiar la filosofía de la habilidad para culpar por la de la habilidad para responder no sólo mejora el funcionamiento del equipo en la tarea, sino que también profundiza los vínculos y la autoestima personal.

Estos supuestos generan un espacio emocional muy diferente del modelo de control unilateral. Cuando las personas operan de acuerdo con el modelo de aprendizaje mutuo, las emociones prevalecientes son las de entusiasmo, alegría y paz. En tal estado de ánimo, se vuelve posible compartir responsabilidades; aceptar que las visiones de los demás pueden ser tan válidas como las propias, y que todos pueden contribuir a solucionar el problema.

Estrategias del modelo de aprendizaje mutuo

1. **Definir las metas en forma consensuada y perseguir su cumplimiento en forma colectiva.** Abrir a la negociación, tanto los objetivos como las estrategias. Hacer de todo el proceso un ejercicio compartido, desde la definición del problema, hasta la exploración de posibles soluciones y la aplicación de acciones correctivas. Controlar los desvíos comparando las acciones con los compromisos personales que ha asumido cada uno. Este consenso no implica abdicación del jefe, sino que reserva las decisiones de la autoridad sólo para aquellos casos donde sea imposible alcanzar el consenso en un tiempo razonable.

2. **Aprender a toda costa.** Buscar por sobre toda alternativa actuar con efectividad creciente. Si alguien tiene ideas o propuestas distintas de las de uno, considerarlas como una posibilidad de enriquecimiento. Asumir que cambiar de idea, cuando uno descubre una mejor alternativa, es señal de fuerza y flexibilidad. Mantenerse abierto, para estar siempre dispuesto a reconsiderar la validez del objetivo y la efectividad del método que uno utiliza para alcanzarlo.

3. **Compartir toda la información relevante.** Proveer a los demás de datos, ejemplos concretos y juicios fundados, para que puedan hacer por sí mismos interpretaciones válidas. Crear condiciones de indaga-

ción productiva que inviten a aportar información, ejemplos concretos y juicios fundados. Tomar decisiones considerando entre todos la información completa y compartir las dudas cuando la información es insuficiente o se carece de ella. En vez de ver la decisión como un juego de suma cero (donde cuando hay uno que gana, otro pierde), tomarla como una oportunidad de crear valor para todos.

4. **Maximizar el compromiso interno mediante elecciones informadas y libres.** Una elección es informada cuando está fundada en datos ciertos. Cuanto más consciente esté una persona de cuáles son las variables relevantes para su decisión, más tenderá a tomar una decisión informada. Una elección es libre en la medida en que quien la toma puede definir sus propios objetivos y, sin coerción externa, definir también cómo lograr esos objetivos. Alentar a las personas a sentirse responsables y comprometidas con sus elecciones es también propósito de este modelo.

5. **Aceptar todos los sentimientos de las personas como expresiones válidas.** Conversar abiertamente los temas con carga emocional, en una atmósfera de comprensión y respeto. Reconocer que los seres humanos son emocionales y que los sentimientos son componentes críticos de su comportamiento. Considerar válidos todos los sentimientos y, al mismo tiempo, indagar en las creencias que subyacen a ellos.

Estos objetivos cambian radicalmente la comunicación y el proceso de toma de decisiones, que pasan del control unilateral al aprendizaje mutuo. Cuando la gente actúa después de haber sido partícipe activa en la conversación y sigue un determinado curso de acción porque le parece la mejor elección, su comportamiento es muy diferente de cuando su motivación primaria es la de protegerse, manipular a los otros e imponerles sus ideas.

Tácticas características del modelo de aprendizaje mutuo

1. **Diseñar y administrar colectivamente la tarea y el proceso.** Compartir el control para que todos experimenten libertad de elección y compromiso interior. Dejar que los interesados participen en la definición de las metas y en el diseño del camino para alcanzarlas. Invitar a todos a expresar sus puntos de vista, para luego negociar por consenso la tarea y el proceso. Conectar los objetivos del grupo con las necesidades y los intereses de sus miembros.

2. **Establecer un entorno con baja defensividad y alto aprendizaje.** Expresarse lo más concreta y claramente posible. Exponer las ideas propias y alentar a los demás a manifestar sus reacciones en contrario y sus desacuerdos. Solicitar comentarios y desafíos a los argumentos de uno. Alentar a otros a exponer sus ideas e indagar en ellas. Usar ilustraciones concretas y aclarar significados para que todos entiendan. Actuar desde el presupuesto de que la otra persona tiene la madurez necesaria para escuchar y aprender de la opinión de uno. Asumir que el otro no necesita ser protegido, ya que tiene la sensatez suficiente para manejar sus sentimientos.

3. **Explicitar el razonamiento que sustenta la perspectiva propia, haciéndolo discutible.** Exponer las razones que le hacen a uno adoptar su posición.

Aceptar que el punto de vista de uno no es el único posible, que puede contener errores y que los demás pueden entenderlo, y aun así estar en desacuerdo. Verificar en forma pública las inferencias. Operar en base a teorías explícitas y empíricamente contrastables. Por ejemplo, si uno cree que los demás no desean tratar ciertos temas, verificarlo y expresar su preocupación diciendo algo como: "Considero que estos temas son muy relevantes, pero me temo que algunos puedan pensar que son inapropiados. ¿Qué les parece?". Alentar a todos los demás a operar del mismo modo.

4. **Indagar sobre las perspectivas de los demás.** Preguntar con ánimo de aprender. Considerar que los otros tienen contribuciones valiosas para aportar y que la indagación siempre agrega valor: si uno encuentra que las opiniones de los otros son útiles y fundadas, puede incorporarlas a su pensamiento; si no es así, puede desafiarlas y crear una perspectiva compartida aprovechando los conflictos, en vez de evitarlos. Indagar sobre los datos, razonamientos, expectativas, intereses y sugerencias para la acción.

5. **Adoptar el papel de protagonista, apropiándose del 100% de la responsabilidad por el problema.** Asumir que uno siempre es parte del problema que experimenta y que, por consiguiente, siempre puede ser parte de su solución. Considerar que el comportamiento propio puede estar afectando a los demás y contribuyendo a la inefectividad del grupo. Si los empleados no toman iniciativas, por ejemplo, suponer que esto es (en parte) debido a que uno no ha acordado con ellos, de manera efectiva, la forma de trabajar en equipo; o que uno no

METAMANAGEMENT 1. PRINCIPIOS

les ha proporcionado el entrenamiento o las herramientas para hacerlo. Verificar estas teorías públicamente, conversando el tema con el equipo. Preguntar a los miembros del mismo si es uno quien está afectando su poder participativo o haciéndoles difícil asumir iniciativas.

6. **Propiciar que todo sea discutible, especialmente los temas controvertidos y los dilemas.** Al encontrar un conflicto, un obstáculo o un dilema, conversar abiertamente sobre él. Permitir la discusión tanto del texto (tema) como del contexto (espacio de relaciones en el que se discute el tema). Buscar formas alternativas de pensar y de abordar la situación que permitan superar el dilema. Asumir que los otros son lo suficientemente maduros como para hacer frente a las contradicciones y las paradojas de la vida.

7. **Invitar a la confrontación productiva.** Permitir que los conflictos o las emociones encontradas salgan a la superficie. No suprimir el conflicto, sino exponerlo a la luz de la conciencia del equipo. No reprimir emociones difíciles como el enfado, la vergüenza o el miedo.

El modelo de aprendizaje mutuo nace de una nueva comprensión de las virtudes sociales tradicionales.

Nueva interpretación de las virtudes sociales tradicionales

1. **Ayuda y apoyo.** Incentivar en los demás la toma de responsabilidad incondicional por su vida. Ofrecerles las opiniones que uno tiene como información válida para su crecimiento. Recordar que ellos son capaces de crecer, hacerse cargo de las consecuen-

cias de sus actos y reflexionar sobre la congruencia entre sus acciones, objetivos y valores. Desafiarlos a confrontar aquellos supuestos, prejuicios y temores que puedan frenar su desarrollo. Apoyar su crecimiento a través de una comunicación abierta de adulto a adulto.

2. **Respeto por los otros.** Atribuir a las demás personas una elevada capacidad para la auto-reflexión y auto-crítica. Confrontar en forma productiva sus posiciones o acciones aun cuando uno esté en desacuerdo. Alentarlos a buscar la efectividad basados en un sentido de responsabilidad y de elección personal. Considerar la confrontación respetuosa como un ejemplo de estima por el otro. Pedir aquello que uno desea, reconociendo que el otro siempre tiene derecho a negarse o puede negociar ese pedido.

3. **Fortaleza.** Exponer la posición propia con el objeto de presentar el razonamiento y someterlo a la verificación de los demás (en lugar de intentar "ganar", convenciéndolos). Invitar a la oposición a explicar sus desacuerdos, manteniendo una actitud abierta y de auto-reflexión. Saber que cambiar de idea (cuando uno está convencido) es un signo de flexibilidad y fortaleza. Al igual que los materiales físicos, la fuerza está mucho más correlacionada con la elasticidad que con la rigidez. Los materiales inelásticos son sumamente quebradizos.

4. **Honestidad.** Decir la verdad en forma responsable (ver el Capítulo 10, Tomo 2, "Observaciones y opiniones"), aun cuando pueda irritar a otros, o socavar ideas tradicionalmente aceptadas. Compartir toda la información pertinente en forma tal que permita

mantener conversaciones abiertas. Minimizar las comunicaciones secretas, evitando distorsiones y ocultamientos. Mantener todas las conversaciones relevantes dentro del espacio compartido por el grupo. Hacerse responsable de procesar las ideas automáticas "crudas" y tóxicas, para expresarlas en forma productiva.

5. **Integridad.** Sostener los principios, valores y creencias con los que uno se encuentra identificado y comprometido, reconociendo que otras personas pueden ser más afines con otros principios, valores y creencias. Si aparecen disensos significativos, adoptar una actitud humilde, reconociendo que puede haber sistemas de valores diferentes, pero igualmente válidos. El valor fundamental del modelo de aprendizaje mutuo es el respeto por la autonomía del ser humano para elegir cómo vivir su vida. Este derecho sólo está limitado por el igual derecho que tienen los demás.

El modelo de aprendizaje mutuo tiene enormes **consecuencias** tanto para el comportamiento cómo para el aprendizaje.

1. **Las personas no necesitarán comportarse en forma defensiva o manipuladora.** Actuarán con congruencia y sin temor a equivocarse. Compartirán de manera productiva la mayoría de sus pensamientos y sentimientos. Los juegos políticos y los enfrentamientos reprimidos serán desalentados.

2. **Las relaciones interpersonales y grupales se volverán menos defensivas.** La dinámica grupal se tornará flexible al cambiar el enfoque de ganar y perder por el de colaborar y aprender. Habrá compañerismo, con-

fianza, comunicación abierta, iniciativa, innovación y compromiso personal con los objetivos compartidos.

3. **Las personas experimentarán entusiasmo, calma y satisfacción.** El estado de ánimo prevaleciente será de paz, curiosidad y gratitud. Las personas se sentirán felices de trabajar en un entorno donde pueden controlar sus destinos. Responderán con lealtad y responsabilidad frente a la organización. El nivel de colaboración e iniciativa será muy alto.

4. **Los errores serán resueltos en forma rápida y los procesos continuamente mejorados.** La gente estará más preocupada por resolver los errores que por ocultarlos. A la luz de la conciencia, estos errores se convertirán en tesoros que permitirán mejorar continuamente los procesos. Las personas reaccionarán de inmediato ante resultados decepcionantes y los tomarán como una oportunidad para aprender. Habrá discusiones rápidas y concretas para la resolución de problemas específicos. El grupo experimentará la satisfacción de responder a los problemas con efectividad e integridad.

5. **Habrá máxima libertad para explorar nuevas ideas y posibilidades.** Las personas y los equipos exhibirán ansias de mejora continua, alta energía y entusiasmo en su camino hacia la excelencia. Los errores serán descubiertos, acotados y resueltos sin demora. No habrá temor de desafiar las normas y creencias vigentes. El pensamiento creativo e innovador se volverá la norma.

6. **La fijación de metas y procedimientos será colectiva (consensuada).** A través de una comunicación

abierta, los equipos determinarán sus metas y estrategias por consenso. Todos los participantes comprenderán qué hay que hacer y por qué tiene sentido hacerlo. Trabajando de esta manera, el grupo experimentará frente a los desafíos un alto compromiso interno, respeto mutuo y entusiasmo. La gente se sentirá con poder (*empowered*).

Las consecuencias últimas del modelo de aprendizaje mutuo son el sueño de todo manager: efectividad, flexibilidad, innovación, alta calidad, bajos costes, competitividad, mejoramiento continuo, alta rentabilidad, desarrollo personal y crecimiento organizacional.

El manager en el modelo de aprendizaje mutuo

William Glasser[2] ha considerado el efecto de los diferentes modelos mentales en la efectividad y la calidad del management. Sus conceptos reflejan en forma bastante aproximada la distinción que hemos trazado entre el modelo de control unilateral y el modelo de aprendizaje mutuo. En el lenguaje de Glasser, el modelo de aprendizaje mutuo sugiere cambiar el estilo de "jefatura" por el de "liderazgo".

Jefatura. Glasser diferencia entre "mandar" (control unilateral) y "liderar" (aprendizaje mutuo). En el estilo autoritario del manager como jefe, este opera en forma unilateral de la siguiente manera:

- fija autoritariamente los objetivos para la organización;
- fija autoritariamente las tareas y parámetros para sus colaboradores;
- determina por sí mismo el proceso de trabajo, sin consultar a sus colaboradores;

- mide y evalúa por sí mismo el trabajo, sin conversar con sus colaboradores;
- utiliza premios y castigos para hacer que sus colaboradores sigan los procedimientos fijados.

Este estilo de management imposibilita la efectividad, porque el autoritarismo destruye tanto a las personas como la calidad de los resultados. En palabras de Deming –citado en *La quinta disciplina*[3]–, uno de los padres fundadores del movimiento de calidad, "Las personas nacen con cualidades intrínsecas: motivación, autoestima, dignidad, curiosidad por aprender, alegría por descubrir. Las fuerzas de la destrucción aparecen con la promoción de la copia, el premio al mejor disfraz, notas escolares, trofeos y así en escala ascendente se califica a las personas, equipos, divisiones: premio al que sobresale, castigo al rezagado. La dirección por objetivos, los cupos, los pagos de incentivos, los planes de negocios instituidos para cada división, causan problemas nuevos, desconocidos e inciertos".

Peter Senge elabora estos conceptos en un artículo publicado en la *Sloan Management Review*[4]: "Los seres humanos estamos hechos para aprender. Venimos al mundo animados por un insaciable impulso de explorar y experimentar. Un bebé tiene todas las aptitudes necesarias para, a su debido tiempo, caminar, hablar y dominar los secretos de apilar ocho bloques de un juego sin que se caigan. Lamentablemente, las instituciones educativas de nuestra sociedad se orientan hacia el control más que hacia el aprendizaje; recompensan a los individuos por trabajar de acuerdo con la inspiración ajena y no por cultivar su natural curiosidad y deseo de saber. El niño que ingresa a la escuela, rápidamente descubre que todo consiste en dar respuestas precisas y evitar los errores; el mandato no es menos compulsivo para managers con aspiraciones. (...) Es una ironía que, por determinar que el trabajo esté sujeto

319

[al control unilateral y] a la aprobación de algún otro, las corporaciones den nacimiento a condiciones que las predestinan a un desempeño mediocre".

Liderazgo. Para operar en la economía del futuro, dice Glasser, los managers deberán adoptar el papel de líderes.

- Un líder es responsable de la consistencia entre el propósito y la identidad trascendente de la organización. El líder es totalmente responsable de asegurar que haya un futuro para las personas a quienes lidera. Para que los trabajadores produzcan un trabajo de calidad y pongan su esfuerzo y compromiso en la tarea, deben estar convencidos de que allí, en la compañía, hay un futuro para ellos.
- Los trabajadores trabajan *en* el sistema. El líder trabaja *sobre* el sistema, hasta ver que ese sistema genera productos con la mayor calidad, al más bajo coste posible (con cuidado de los seres humanos que operan en él). El líder es responsable del sistema como un todo.

El líder se caracteriza por las siguientes acciones:

- con el objeto de desarrollar una visión compartida, integra a aquellos a quienes lidera en una conversación sobre la visión, misión, objetivos y valores de la organización;
- define las tareas y procesos en conjunto con su equipo;
- comparte sus expectativas sobre el desempeño y co-diseña con el equipo métodos con los cuales esas expectativas puedan lograrse. Permite la innovación y estimula el sentido de auto-control;
- minimiza las evaluaciones ajenas y da poder al equipo para medir y evaluar su propio rendimiento;

- actúa como facilitador, proveyendo las mejores herramientas y procesos para el equipo, al tiempo que crea una atmósfera amistosa, no-opositora y no-coercitiva.

Cuando los managers, en vez de mandar con el estilo del control unilateral, lideran en el estilo del aprendizaje mutuo:

- el entorno de trabajo se hace cálido y estimulante. Los empleados confían en los líderes, sabiendo que ellos tienen su bienestar en mente. En la relación entre superiores y subordinados existe claridad y mutuo reconocimiento;
- los empleados entienden la misión fundamental y los valores de la compañía. Ven a esos valores en acción en las políticas de la compañía y en las decisiones empresarias;
- los empleados realizan sólo trabajo útil (entienden en qué forma su trabajo es útil para el sistema total). Contribuyen activamente a la utilidad de lo que se está haciendo;
- los empleados aprenden a auto-evaluarse, son desafiados y se esmeran para mejorar continuamente la calidad de su trabajo. Desarrollan un sentido de orgullo y de pertenencia a través de la creatividad y del trabajo en equipo;
- los empleados son reconocidos por sus esfuerzos en forma tal, que se sienten respetados y valorizados como participantes clave para el éxito de la empresa.

Para demostrar su compromiso y confianza hacia esta filosofía de liderazgo, dice Glasser, los managers necesitan tomar la iniciativa y mostrarse como seres humanos interesados en desarrollar relaciones auténticas con aquellos a quienes lideran. También es crucial que eviten censurar a sus empleados a través de ataques personales. Esto no significa que eludan los temas difíciles o los problemas. Como veremos en el Capítulo 17, Tomo 2, "Comunicación multidimensional", es posible confrontar constructivamente una situación o un comportamiento, sin ser agresivo con la persona.

Tal vez la mejor definición del gran líder, el propulsor del modelo de aprendizaje mutuo, fue dada hace más de 2000 años por Lao Tse:

> *El peor líder es aquel a quien la gente desprecia.*
> *El buen líder es aquel a quien la gente reverencia.*
> *El gran líder es aquel que hace decir a la gente:*
> *"lo hicimos nosotros mismos".*

Cambiar los modelos mentales es posible, aunque nada fácil

Más que lentes, los modelos mentales son como la córnea del ojo. No es tan fácil desembarazarse de aquellos modelos que no permiten enfocar correctamente.

Algunos de los obstáculos para cambiar los modelos mentales son:

- el razonamiento y accionar humano es fundamentalmente automático y pre-consciente, de forma tal que los modelos mentales operan en forma invisible. Uno suele no ser consciente cuando un particular modelo mental condiciona sus acciones o procesos de pensamiento. Uno actúa "naturalmente", sin darse cuenta de que la "naturalidad" está condicionada por el modelo mental en uso;
- los modelos mentales filtran y sacan de la conciencia aquellas experiencias que son incongruentes

con el modelo mental en uso. Así uno suprime inconscientemente experiencias que pueden desafiar sus creencias, sin siquiera saber a nivel consciente que lo está haciendo. El modelo mental tiene una especie de "sistema inmunológico" que manda "anticuerpos" para desactivar los pensamientos capaces de desafiar sus postulados;

- uno no quiere arriesgarse a perder prestigio o a estar equivocado, dado que ello amenaza su autoimagen y su identidad pública. Entonces, se aferra a sus patrones de comportamiento y pensamiento establecidos, aun cuando ellos demuestren repetidamente su inefectividad. Uno se identifica profundamente con su modelo mental, por lo cual interpreta una objeción al mismo como un ataque a su persona;

- uno no quiere arriesgarse a perturbar o avergonzar a otros. No les revela su verdad porque teme que esta pueda representar un desafío para sus modelos mentales. (Uno asume que los demás están identificados con su modelo mental y que una objeción al mismo sería considerada como un ataque personal.) Análogamente, uno espera que los demás le oculten sus verdades cuando ellas pueden representar un riesgo para su modelo mental.

Al comprobar cuán poderosos son los modelos mentales en la conformación de la realidad que uno experimenta, y en qué forma sutil impiden la aparición de contradicciones, podría preguntarse: ¿cómo se puede experimentar algo que desafíe las estructuras y los supuestos previos sobre la realidad, cuando son esas mismas estructuras y supuestos previos los que determinan lo que puede experimentar? ¿Cómo puede uno aprender y trascender algunas de las ideas contraproducentes de su modelo mental, cuando son estas mismas ideas las que condicionan lo que le es posible pensar?

La respuesta depende de la "permeabilidad" del modelo mental a las anomalías. Una anomalía es un hecho imposible, pero innegable. Por supuesto, "imposible" es un juicio que depende del modelo mental. Cuando la evidencia innegable confronta la imposibilidad supuesta, uno necesita cambiar su definición de lo que es posible (y con ello, su modelo mental), o negar la realidad de su experiencia. Este es exactamente el proceso evolutivo que Thomas Kuhn[5] describe en su libro *La estructura de las revoluciones científicas*. Cuando se acumulan suficientes anomalías, la comunidad científica se ve forzada a revisar su modelo mental colectivo, aquello que Kuhn denomina "paradigma". A nivel personal, cuando uno se cansa de intentar resolver sus problemas infructuosamente, se halla listo para examinar la validez de su modelo mental. La acumulación de anomalías lo fuerza a revisar su paradigma.

Algunos modelos, como el del aprendizaje mutuo, son auto-reflexivos. Es decir, incluyen la posibilidad de revisarse a sí mismos para evaluar su propia efectividad. Esto los abre a aceptar evidencias sobre la utilidad del cambio. Otros modelos, como el del control unilateral, son refractantes. Es decir, excluyen la posibilidad de revisarse a la luz de una evidencia contradictoria. Salir del modelo de control unilateral requiere un "salto cuántico" mediante el cual uno puede encontrar un punto de vista más abarcativo que le permita considerar al modelo mental como una *parte* de la conciencia, en vez del *todo*. Jerárquicamente, uno sube a un peldaño superior, desde el cual el modelo del control unilateral puede ser examinado a la luz de un modelo más abarcativo. Este proceso puede ilustrarse mediante la distinción de tres tipos de aprendizaje.

Aprendizaje de lazo simple, doble y triple

La transición del modelo de control unilateral al de aprendizaje mutuo no puede sólo ocurrir a través de cambios cosméticos en el lenguaje. Cambiar los modelos mentales demanda un gran esfuerzo personal. Crear una cultura de apertura y mejora continua requiere una transformación personal, transformación que representa el nivel más profundo de aprendizaje.

En el Capítulo 1, "Aprendizaje, saber y poder", se señala que aprender es incrementar la capacidad de acción para obtener los resultados deseados. Por eso, el proceso de aprendizaje siempre se inicia con una brecha entre lo que *queremos* lograr y lo que *podemos* lograr. A veces podemos cerrar esa brecha simplemente eligiendo una acción distinta. En otros casos, no podemos cerrar esa brecha tan fácilmente. Debemos entonces expandir nuestras competencias para hacer cosas que no podíamos hacer previamente. Esta expansión implica, a veces, un cambio en nuestros modelos mentales.

Gregory Bateson[6] desarrolló un conjunto de distinciones sobre el aprendizaje y los cambios en los modelos mentales. Diferenció varios tipos de aprendizaje usando las leyes físicas del movimiento como metáfora: aprendizaje 0 (cuerpo en reposo o en posición fija), aprendizaje 1 (velocidad o tasa de cambio en la posición), aprendizaje 2 (aceleración o tasa de cambio en la velocidad), aprendizaje 3 (tasa de cambio en la aceleración). De la combinación del modelo de Bateson con el que presentamos en el capítulo anterior, podemos armar el diagrama de la página siguiente.

Esta figura describe el camino desde la toma de conciencia hasta la acción. En primer lugar, comprendemos el entorno a través de nuestro modelo mental. Seleccionamos automáticamente qué es relevante y creamos un cuadro de situación. Es importante recordar que este cuadro no es una "representación objetiva" de la realidad, sino

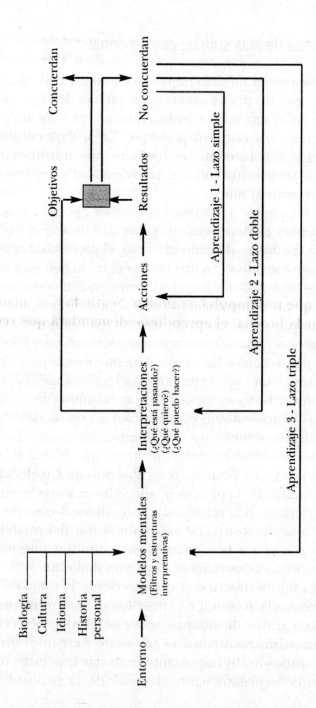

Figura 3. Aprendizaje 1, 2 y 3

una interpretación condicionada por nuestros modelos mentales. Como hemos visto en el capítulo anterior, y como estudiaremos con más detalle en "La escalera de inferencias" (Capítulo 12, Tomo 2), *los datos constituyen siempre un primer nivel de interpretación.*

Al evaluar la situación, determinamos un rango de posibles acciones. Comparamos los resultados proyectados de esas acciones con nuestros objetivos y elegimos la acción que tenga la mayor probabilidad de lograr los resultados que buscamos. La ejecución de esta acción genera resultados. Si esos resultados concuerdan con nuestros deseos, quedamos satisfechos y no experimentamos la necesidad de modificar nuestra acción. Pero si el resultado no concuerda con nuestros deseos, sentimos una insatisfacción que nos impulsa a cambiar. Según la dificultad para cerrar la brecha, el aprendizaje demandará que reconsideremos nuestras acciones, pensamientos y sentimientos a distintos niveles de profundidad.

El aprendizaje 0, o no aprendizaje, es una situación en la que la persona no cambia su acción a pesar de fracasar una y otra vez. Aunque estamos insatisfechos, preferimos dejar las cosas como están.

El aprendizaje 1 es un proceso simple de feedback, en el que la persona detecta y corrige el error (falta de concordancia entre resultados y objetivos) y cambia su respuesta específica, pero manteniéndose dentro del mismo conjunto de opciones que tenía antes. Por ejemplo, si tengo frío, prendo la calefacción o me pongo un abrigo. El aprendizaje 1 toma la situación como dada y soluciona el problema eligiendo una acción dentro de los parámetros preestablecidos para lograr los objetivos predeterminados.

Cuando el aprendizaje 1 no es suficiente para corregir el error, es necesario ir aguas arriba para considerar la validez de nuestra interpretación. Este cuadro de situación contiene una imagen de lo que está pasando, una definición del conjunto de acciones posibles y una declaración de objetivos a conseguir.

El aprendizaje 2, o de lazo doble, es un cambio en la definición del problema: una modificación en el conjunto de acciones posibles, un cambio en los objetivos y un cambio en la forma de interpretar la situación. Este cambio abre nuevas posibilidades para la acción más allá del rango del aprendizaje 1. Por ejemplo, si sigo sufriendo frío a pesar de la calefacción y el abrigo, puedo pensar en mudarme a un lugar más cálido. La opción de mudarme no estaba antes en mi pantalla de radar; apareció al tomar distancia y considerar la situación desde otro punto de vista.

Cuando el aprendizaje 2 resulta inefectivo, hay otro paso posible: investigar el modelo mental que condiciona las interpretaciones que somos capaces de construir. Se trata del aprendizaje 3 o de lazo triple.

El aprendizaje 3 es un cambio en la forma de generar interpretaciones. Es salir del modelo mental con el que operamos y considerar otros. Supongamos que luego de mudarme a una región más cálida sigo insatisfecho. Ahora me molesta el calor y añoro la nieve de mis montañas natales. Me encuentro en un dilema: si vivo en un clima templado, echo de menos el frío; si vivo en un clima frío, echo de menos el calor. Para salir de ese dilema necesito dar un salto cuántico y cambiar radicalmente mi enfoque de la situación.

Como se explica en el capítulo anterior, nuestros modelos mentales evolucionan condicionados por la biología, el lenguaje, la cultura y la historia personal. En el aprendizaje 3, comenzamos a examinar cómo esos factores crean una predisposición para interpretar el mundo en formas que nos hacen infelices y nos ponen en estado de estrés. Descubrimos entonces que así como el presente es el futuro del pasado (lo que pasa hoy es consecuencia de inercias históricas), el presente es también el pasado del futuro (lo que haga hoy puede modificar esa inercia y crear un futuro distinto). Tal vez mi problema no es el frío ni el calor, sino un estado de insatisfacción más primario que se manifiesta sintomáticamente como un desajuste a cualquier clima. Tal vez pueda investigar esa insatisfacción primaria y resolver mi problema sin cambiar de ambiente. (Volveremos a tratar este tema con mayor profundidad en el Capítulo 20, "El dilema del cambio", en el Tomo 3.)

Diferentes escuelas tienen distintos métodos para alentar a los estudiantes a dar este "salto cuántico" fuera del modelo mental. Bateson estudió al zen como un ejemplo notable. En *Pasos hacia una ecología de la mente*, cuenta la historia de un maestro zen que sostiene un bastón sobre la cabeza de un alumno y dice: "Si afirmas que este bastón es real, te golpearé con él. Si afirmas que este bastón no es real, te golpearé con él. Si no afirmas ninguna de las dos cosas, te golpearé con él". El acertijo fuerza el estudiante a ir más allá del rango de alternativas propuestas y a expandir el marco del problema. Por ejemplo, en lugar de hablar, podría simplemente tomar el bastón de las manos del maestro. Se trata de darse cuenta de que uno no tiene porqué aceptar el limitado menú de opciones que se presentan a sí mismas como "obvias".

Ningún menú de restaurante dice "si no le gusta ningún plato de la carta, elija levantarse y probar otro restaurante". Esa opción solo aparece cuando uno expande su mirada. De la misma manera, los problemas insidiosos o recalcitrantes incentivan a la persona a ampliar su punto de vista. Esta ampliación es lo que permite modificar el modelo mental, abriendo nuevas posibilidades. Cuando uno ha probado todas las estrategias del modelo de control unilateral y sigue sintiéndose insatisfecho con su efectividad, sus relaciones con los demás y su calidad de vida, está listo para el aprendizaje 3. Es entonces cuando puede trascender su condicionamiento cultural y empezar a vivir en un marco de aprendizaje mutuo.

Ignacio, Jorge y Ariel

Si Ignacio operara desde el modelo mental de aprendizaje mutuo, su reacción ante el problema y su conversación con Ariel hubieran sido muy distintas.

Ignacio estaba en ascuas. El programa de producción estaba amenazado por la interrupción de la línea de montaje. Cuando estaba por estallar y descargar su ira sobre el primero que se cruzara en su camino, se detuvo, tomó una respiración profunda para calmarse, meditó unos instantes sobre su situación y caminó resuelta y serenamente hacia su oficina. Tomó el intercomunicador y dijo: "Jorge y Ariel, por favor venid a mi oficina, necesito vuestra ayuda con urgencia".

Cuando Ariel y Jorge llegaron, Ignacio les pidió que tomaran asiento y les dijo: "A mi entender tenemos tres problemas. El primero es la máquina fuera de servicio. Tenemos que determinar qué está mal, cómo repararla y conseguir que la línea de montaje se ponga nuevamente en funcionamiento. El segundo problema es el programa de producción. Tenemos que ajustarlo para minimizar el impacto de este quiebre en nuestras entregas. El tercero son los clientes. Necesitamos planificar una estrategia para notificarlos de lo ocurrido y hacernos cargo de las consecuencias que pueda acarrearles. Después que despejemos todo este lío, podemos sentarnos y ver qué deberíamos haber hecho en forma diferente para evitar el problema. ¿Qué os parece?"

"Creo que tenemos un problema aún más inmediato" dijo Ariel. "El vicepresidente de operaciones piensa traer un grupo de clientes a la planta esta tarde. Quizás deberíamos llamarlo e informarle acerca de la situación. Probablemente querrá re-agendar la visita o ir a otra planta."

"¡Dios mío, estás en lo cierto!", gimió Ignacio tomando el teléfono. "Me había olvidado. Odio hacer esto, pero sería peor si Marcelo llega aquí con los clientes y encuentra la línea detenida. Ya mismo me hago cargo."

"Por lo menos el primer problema está bajo control" afirmó Ignacio después de colgar el teléfono. "El jefe no se puso contento, pero apreció que le hayamos evitado verse avergonzado frente a los clientes. Veamos los otros problemas."

"Nuestros clientes están esperando la entrega con gran impaciencia. La novedad del retraso no los hará felices", continuó Ignacio, "pero lo que pasó, pasó, y nada podemos hacer para cambiarlo. Ariel, ¿cuánto tiempo te llevará poner la línea en funcionamiento? Para hablar con los clientes necesito saber qué podemos prometerles."

"Si tenemos suerte, podría tener la planta funcionando a las 6 de la tarde", respondió Ariel.

"¿Y si no tenemos suerte?", replicó Ignacio.

"Mañana por la mañana."

"¿Puedes prometerme una solución para mañana a las 8?"

"Sí. Aunque me tome la noche entera."

"Gracias, Ariel. Aprecio tu esfuerzo. Jorge, por favor avísales a nuestros clientes. Diles lo que sucedió y asegúrales que tendremos un nuevo programa de entregas preparado para mañana a las 9. Haremos todo lo posible para minimizar sus problemas. Diles también que evaluaremos el sistema para determinar qué sucedió y cómo podemos evitar que vuelva a ocurrir. Reunámonos mañana a las 7, para ver como están andando las cosas. Cuando todo esté nuevamente encaminado, veremos qué podemos aprender de este condenado incidente. Definitivamente quisiera tomar medidas para que no se repita."

Ariel puso todo su empeño y creatividad y consiguió que la línea volviera a funcionar a las cinco de la tarde. Ciertamente hubo un retraso en las entregas, pero fue menor del que inicialmente se temía. Al día siguiente, Ariel y Jorge se sentaron de nuevo con Ignacio.

"Ariel, estoy impresionado por lo rápido que pusiste en funcionamiento la línea", dijo Ignacio. "Gran trabajo. Jorge, ¿qué dijeron los clientes?"

"Al principio algunos entraron un poco en pánico" contestó. "Verónica, de Tecnotrón, se enojó bastante. Pero cuando les expliqué todo honestamente, se calmaron y dijeron que harían ajustes. Algunos incluso me agradecieron por haber sido franco con ellos. Aunque no estaban felices, reconocieron nuestra honestidad, nuestra rapidez en avisarles y nuestro obvio compromiso con ellos."

"Me tranquiliza oír esto", dijo Ignacio. "Gracias a los dos. Esto pudo haber sido un desastre, pero gracias a ustedes, creo que terminará siendo solo una pequeña molestia." Se reclinó en su silla y miró hacia arriba, al cielorraso. "Ahora que superamos la crisis, analicemos qué ocurrió y qué podríamos haber hecho para evitarlo."

Ariel respondió: "Me he preguntado eso mismo desde ayer a la mañana. Creo que el problema ha sido consecuencia de una combinación de factores incontrolables, como la ruptura de la máquina, y controlables, como la falta de existencias de productos en proceso. De esto último me hago totalmente responsable. Entusiasmado con el *just-in-time*, no calculé la posibilidad de tener que operar con una máquina en reparaciones. Si hubiera mantenido una reserva de productos intermedios, seguramente podríamos haber seguido operando durante el tiempo que nos llevó reparar la máquina rota. Lo siento. Creo que me dejé llevar por mi afán de conseguir los beneficios financieros y de calidad prometidos por el sistema.

"Creo que todos nos confiamos un poco más de lo conveniente", dijo Ignacio. "Aunque tú preparaste el plan de reducción de existencias, yo fui el que lo aprobé. También me siento responsable. ¿Qué podríamos hacer ahora para mejorar el sistema?"

"Permíteme estudiar la situación y traer una propuesta para mañana. Necesito hacer unos cálculos para ver cómo podríamos crear un pequeño colchón de seguridad sin demasiados costes", contestó Ariel. "¿Qué os parece si nos reunimos al fin del día?"

"Perfecto," acordaron al unísono Ignacio y Jorge.

Mientras se despedía, Ignacio reflexionó en voz alta: "Ayer, cuando la línea se detuvo, mi corazón también lo hizo. No estaba feliz. Pero ahora, casi me alegro de haber tenido un problema relativamente pequeño que nos obligara a revisar nuestra política de inventarios. Sin él nunca hubiéramos tenido esta conversación y tal vez habríamos quedado expuestos a un problema mucho más grave en el futuro. Os agradezco vuestra ayuda y el compromiso con la tarea que demostraron."

* * *

Las herramientas que se introducen en el Tomo 2 son capaces de crear este clima de trabajo. Pero las herramientas son inútiles sin un usuario apropiado, un usuario con el modelo mental de aprendizaje mutuo.

Referencias

1. Argyris, Chris y Schön, Donald: *Theory in Practice*, Jossey-Bass, San Francisco, 1974.
2. Glasser, William: *The Control Theory Manager*, Harper Business, New York, 1994.
3. Senge, Peter: *La quinta disciplina*, op. cit.
4. Senge, Peter: "La nueva tarea del líder", *Sloan Management Review*, otoño 1990.
5. Kuhn, Thomas: *La estructura de las revoluciones científicas*, op. cit.
6. Bateson, Gregory: *Pasos hacia una ecología de la mente*, op. cit.

CAPÍTULO 7

ESQUIZOFRENIA ORGANIZACIONAL

—Tome asiento, Mercedes –invita Claudia–. En nombre de todos los integrantes del departamento, le doy la bienvenida. Espero que su trabajo con nosotros le resulte interesante y pleno de satisfacciones.

Es el primer día de Mercedes como investigadora asociada en Block, Barnes & Co., empresa de estudios demográficos. Claudia es su manager. Después de intercambiar saludos, Claudia entra en tema.

—Soy partidaria de la política de puertas abiertas –explica–. Si usted tiene un problema o una sugerencia, venga a verme. Siempre quiero estar al corriente. No necesita guardarse nada, especialmente si se trata de críticas o ideas sobre cómo mejorar la conducción del departamento. Estoy convencida de que la comunicación abierta mejora nuestras relaciones y promueve el trabajo en equipo. Me enorgullezco de incorporar sólo investigadores con autonomía, personas capaces de tomar iniciativas y caminos innovadores, aun si estos caminos escapan a la descripción de sus tareas habituales. Siempre hay espacio para mejorar. Por lo tanto, la aliento a decir siempre lo que piensa, a asumir riesgos y a hacer preguntas. Estoy aquí para servirla y ayudarla. ¿De acuerdo?

Un rato más tarde, Mercedes sale a almorzar con dos de sus nuevos compañeros, Cecilia y Gustavo. Después de pedir la comida, Gustavo le comenta a Cecilia lo acontecido a otro miembro del equipo:

—Hoy a Norberto le dieron duro. Le trajo a la jefa una propuesta para reorganizar la carga de trabajo del departamento. Pobre, él fue tan entusiasmado y ella lo sacó volando. "Guárdese sus brillantes ideas", le dijo Claudia, "aquí mando yo. Vuelva a su oficina y a su investigación, ese es el trabajo por el cual le pagamos". –Gustavo ríe cínicamente.

Confundida, Mercedes mira a Gustavo. Cecilia le reprocha:

—*Vamos, Gustavo, no espantemos a Mercedes en su primer día.*

—*No, no hay problema* –dice Mercedes–. *Pero estoy desconcertada. Claudia fue muy insistente acerca de cuánto aprecia las sugerencias.*

Los otros cruzan una mirada cómplice:

—*Ah, te dio el discurso* –suspira Gustavo–. *Seguro que te contó también de la política de puertas abiertas. Y eso de que las críticas son bienvenidas y que ella está aquí para servirte, bla, bla, bla. ¿No es cierto?*

—*Exactamente* –asiente Mercedes, preocupada.

—*Mercedes, te voy a contar la verdad sobre cómo son aquí las cosas* –explica Cecilia–. *Claudia les dice eso a todos los empleados nuevos. Es posible que hasta se lo crea. Pero no es así como actúa. Te aconsejo que te cuides de ella. Dile sólo lo que ella quiere oír. Evita a toda costa las controversias y ni se te ocurra ir a su oficina sin una cita previa.*

—*Cuidado con las ideas de cambio* –agrega Gustavo–. *La única iniciativa que a ella le gusta es que tengas tu trabajo al día. Guárdate tus ideas acerca del funcionamiento del departamento. Es mucho más saludable mantener la boca cerrada, como Norberto lo acaba de descubrir. Y no te creas ni por un segundo ese asunto acerca de que ella está aquí para servirte. Ella espera que hagas tu trabajo correctamente y sin molestarla. Más bien piensa que eres tú quien está aquí para servirla a ella.*

—*Y lo más importante* –sigue Cecilia– *haz como que las cosas funcionan en la forma que Claudia te dijo. Hay que fingir que la comunicación es fluida, que somos un equipo muy unido, que somos la gran familia de Block, Barnes & Co. El que no juega este juego, rápidamente se mete en problemas.*

—*Ahora que sabes la verdadera historia* –dice Gustavo con otra sonrisa cínica–, *te doy la real bienvenida a nuestro departamento. Sigue nuestro consejo: cuídate de Claudia y vas a tener éxito en Block, Barnes & Co.*

La cultura de Block, Barnes & Co. tiene normas implícitas comunes a muchas organizaciones: códigos de conducta contradictorios, paradójicos e incongruentes.

- Haga que su superior piense que usted no tiene problemas, aun si los tiene.
- Asuma riesgos, pero no vaya a equivocarse.
- Mantenga a los demás informados, pero oculte los errores.
- Diga la verdad, pero no traiga malas noticias.
- Triunfe sobre los demás, pero haga que parezca que nadie ha perdido.
- Trabaje "en equipo", pero recuerde que lo que cuenta en realidad es su desempeño individual.
- Exprese sus ideas con autonomía, pero no contradiga a sus superiores.
- Sea creativo, pero no altere los procedimientos tradicionales.
- Prometa sólo lo que puede cumplir, pero nunca diga "no" a los pedidos de su superior.
- Haga preguntas, pero nunca admita ignorancia.
- Piense en el sistema global, pero preocúpese sólo de los resultados de su área.
- Piense en el largo plazo, pero preocúpese sólo por la obtención de resultados inmediatos.
- Actúe como si ninguna de estas reglas existiera.

Una gran mayoría de las organizaciones parecen operar en base al ocultamiento y con la pretensión de que lo que está pasando no es lo que en realidad está pasando. Para sobrevivir en este tipo de culturas, hay que sortear contradicciones imposibles. Más aún, hay que fingir que esas contradicciones no existen, lo cual hace imposible discutirlas o modificarlas. No es sorprendente entonces que el nivel de estrés termine por generar infartos o depresiones. El ocultamiento y la represión de la realidad son las semillas de todas las enfermedades mentales y psicofísicas.

Ciertos patrones de comportamiento, que –siguiendo a Chris Argyris[1]– llamaremos "rutinas defensivas organizacionales", generan graves ineficiencias, destruyen los vínculos y afectan la estabilidad mental de las personas. Veremos cómo operan y qué se puede hacer para desactivarlas o, al menos, impedir que nos enloquezcan.

Lo que uno dice, lo que uno hace

En sus estudios sobre comportamiento de los managers, Chris Argyris y Donald Schön[2] encontraron que cuando les preguntaban cómo reaccionarían ante ciertas circunstancias, los managers respondían con su "teoría manifiesta" (o teoría oficial) para cada situación, un modelo de acción consistente con ciertos valores de los que estaban orgullosos. En este nivel, la mayoría de los managers dice comportarse de acuerdo con el modelo de aprendizaje mutuo. Por ejemplo, Claudia cree en la participación (al menos como declaración pública), por ello, su teoría oficial la lleva a invitar a los empleados a compartir sus ideas.

Pero observando el comportamiento efectivo de miles de sujetos, Argyris y Schön descubrieron que lo que los managers dicen hacer es bastante diferente de lo que realmente hacen. La forma práctica de actuar, las verdaderas reglas que utilizan, derivan de lo que estos autores llaman la "teoría en uso". En este nivel la mayoría de los managers se comporta de acuerdo con el modelo de control unilateral. La teoría en uso puede ser incompatible con la oficial. Esto no implica necesariamente hipocresía; la persona en cuestión puede ser inconsciente de que hay una disparidad entre las dos teorías. Por ejemplo, Claudia le teme al descontrol y a la pérdida de autoridad, por lo que su teoría en uso la conduce a desincentivar toda expresión de autonomía: suprimir las iniciativas, silenciar las críticas, cuidar la imagen, desalentar las preguntas, mantener el control y hacer que las cosas funcionen de la misma forma en que siempre lo han hecho. Lo que ella *dice* que hace (tal vez hasta lo que ella *cree* que hace) no se ajusta a lo que ella verdaderamente *hace*. Esta divergencia debe permanecer oculta, ya que, una vez manifiesta, se vuelve insostenible. Por eso nadie puede traerla a colación sin sufrir severas consecuencias. Como escribe Argyris: "Si [los individuos] no pueden hablar sobre las inconsistencias entre las teorías manifiestas y las teorías en uso, esas inconsistencias continuarán proliferando, pero si se hablan, uno puede meterse en problemas".

La diferencia entre las teorías oficiales y las teorías en uso no es sólo patrimonio de las personas. Las organizaciones muestran la misma brecha entre sus declaraciones y sus acciones. En *The Neurotic Organization* (La organización neurótica), Kets de Vries y Danny Miller[3] presentan algunos de los "mitos corporativos" más comunes, fantasías compartidas tales como: "somos buenos miembros de esta comunidad" (mientras contaminan el lago del pueblo), "nuestros trabajadores tienen plena autonomía" (mientras despiden a cualquiera que cuestione la autoridad), "la calidad es lo más importante" (mientras venden productos fallados).

Dilbert, una tira cómica que satiriza al doble mensaje de las corporaciones, tiene un episodio especialmente punzante acerca de uno de los mensajes más corrientemente afirmados, y más corrientemente violados: "la gente es nuestro recurso más importante". En el primer cuadro, se ve al jefe de Dilbert que anuncia "nuestros empleados son el decimoséptimo recurso más importante". En el segundo cuadro, Dilbert comenta: "Temo preguntar cuál es el decimosexto". En el tercer cuadro, el jefe contesta: "Los pisapapeles".

Para eludir el enfrentamiento con las incompatibilidades entre sus teorías manifiestas y sus teorías en uso, las personas (y las organizaciones) utilizan mensajes ambiguos o paradójicos. Estos mensajes contradictorios les permiten soslayar la inconsistencia entre sus valores manifiestos y sus valores reales. En las organizaciones, esta dinámica afecta profundamente la relación entre los jefes y los subordinados, pero donde más estragos causa es en la familia.

Gregory Bateson y la teoría del doble vínculo

Bateson[4], antropólogo, psicólogo y filósofo sistémico, desarrolló una teoría acerca de la esquizofrenia basada en el análisis de la comunicación. La teoría batesoniana del "doble vínculo" sugiere que la psiquis de un niño se escinde (o se "esquiza"), cuando este recibe en forma permanente mensajes contradictorios de su familia. El doble vínculo ocurre cuando:

1) existen, por lo menos, dos partes, la *víctima* y el *victimario;*
2) la víctima tiene un vínculo intenso y vital para su supervivencia con el victimario (tal como el vínculo de un niño con su madre);
3) el victimario tiene poder para aplicar castigos a la víctima;
4) el victimario envía mensajes contradictorios que ponen en una trampa a la víctima. Esta recibe:
   a) una orden primaria bajo amenaza de castigo y
   b) una orden secundaria (posiblemente en un meta-lenguaje), contradictoria con la orden primaria, también bajo amenaza de castigo;
5) las contradicciones no pueden ser discutidas ni indagadas, bajo amenaza de castigo;

6) la indiscutibilidad debe ser disimulada, también bajo amenaza de castigo;

7) la víctima no puede escapar del vínculo que la liga al victimario.

Bateson ilustra su teoría con una historia clínica. Cuenta el caso de uno de sus pacientes, un joven esquizofrénico, quien recibió en el hospital la visita de su madre: "Él estaba contento al verla e impulsivamente la abrazó. En ese momento, ella se puso rígida. Él retiró sus brazos y entonces ella le preguntó: '¿Qué sucede, no me quieres más?' Él se sonrojó y ella le dijo: 'Querido, no debes avergonzarte tan fácilmente, no tengas miedo de demostrar tus sentimientos'. Entonces, el paciente tuvo un brote psicótico, atacó a un enfermero que estaba en la sala y fue necesario ponerle un chaleco de fuerza".

El dilema del hijo puede ser comprendido al revelar el mensaje contradictorio de la madre:

a) si no me abrazas cariñosamente, no me quieres (la velada amenaza es: si tú no me quieres, te castigaré no queriéndote);

b) si me abrazas, me pones incómoda y rígida (la velada amenaza es: si me haces poner incómoda y rígida, te castigaré distanciándome).

Es importante destacar que el segundo mensaje, el que genera la paradoja, está expresado en un lenguaje no-verbal (el ponerse rígida). Ese lenguaje corporal o gestual es lo que Bateson llama meta-lenguaje.

Bateson escribe: "Este resultado [el brote esquizofrénico] podría haberse evitado si el joven hubiera sido capaz de decir, 'Madre, siento que cuando te abrazo te pones incómoda y tienes dificultad para aceptar mi gesto de afecto. Por eso retiré mis brazos'. Sin embargo, el paciente esquizofrénico no tiene esta posibilidad. Su intensa dependencia y las rutinas históricas, le impiden hablar sobre el comportamiento comunicacional de su madre. Por otro lado, la madre lo fuerza a aceptar su interpretación de la secuencia, una descripción que pone al hijo en una situación insostenible".

Las teorías médicas actuales sugieren que la esquizofrenia se origina en un desequilibrio químico en el cerebro; pero no todos los individuos con una predisposición química desarrollan los síntomas de la enfermedad. Para que las condiciones físico-químicas devengan en el trastorno mental es necesario un factor adicional: un disparador.

Para Bateson, la esquizofrenia es activada cuando la víctima de un mensaje contradictorio es incapaz de metacomunicarse; es decir, no puede hablar sobre la forma de comunicarse. Más que la contradicción original, el daño profundo proviene de la incapacidad para traducir el meta-mensaje al lenguaje verbal y conversar sobre lo ocurrido. La meta-comunicación es esencial para los seres humanos, argumenta Bateson, pero para la víctima de un doble vínculo es imposible hablar sobre ello. La víctima no puede revelar esas contradicciones a la persona que las está perpetrando, ya que sería castigada; tampoco puede discutir la imposibilidad de revelar tales contradicciones, ya que también sería castigada.

Incapaz de adaptarse a su entorno contradictorio, incapaz de conversar sobre las contradicciones, incapaz de cambiar el equilibrio de poder en el doble vínculo de la relación con su padre o madre, e incapaz de huir, la víctima de Bateson se convierte en una candidata perfecta para caer en la esquizofrenia. No requiere un gran salto lógico trasladar esta situación al ámbito laboral, donde la salud mental de las personas está sujeta a severas presiones. Las contradicciones, indiscutibilidades y amenazas, son endémicas en las organizaciones.

Rutinas defensivas organizacionales

Las ideas de Argyris se derivan de las de Gregory Bateson. Argyris llama "rutinas defensivas organizacionales" a ciertos patrones de conducta de los miembros de una organización. Estas conductas intentan proteger la auto-imagen y el control de quien no quiere enfrentar la brecha entre su teoría manifiesta y su teoría en uso.

Como explica Argyris, las rutinas defensivas organizacionales son las estrategias que evitan que las personas, o los grupos, se sientan expuestos a la vergüenza. Las rutinas evitan que las personas sean responsables de la inconsistencia entre sus palabras y sus acciones. Las rutinas defensivas son estrategias auto-protectoras del modelo de control unilateral, detienen el aprendizaje e intentan reafirmar la seguridad personal, mientras hunden a la organización en una espiral de auto-destrucción.

Las rutinas defensivas organizacionales son muy similares al "doble vínculo" de Bateson:

1) hay por lo menos dos partes, la *autoridad* y el *subordinado*;
2) el subordinado cree que depende de la autoridad para su bienestar;
3) la autoridad tiene el poder de aplicar castigos (disminuir el bienestar) al subordinado;
4) la autoridad envía mensajes contradictorios que ponen al subordinado en un dilema:
   a) cumplir con una orden primaria respaldada por una amenaza de castigo, o
   b) cumplir con una orden secundaria (que puede ser comunicada en un meta-lenguaje), contradictoria con la orden primaria, también respaldada por una amenaza de castigo;

5) la autoridad no permite que las contradicciones existentes en sus mensajes sean discutidas o cuestionadas, bajo amenaza de castigo;

6) la autoridad no permite que esa indiscutibilidad sea discutida, o cuestionada, bajo amenaza de castigo;

7) el subordinado juzga que no puede escapar de la autoridad sin perder su bienestar.

Un claro ejemplo lo proporciona el caso de un manager de planta que le dice al operario que siempre que note un defecto, debe detener de inmediato la línea de producción. Al día siguiente, el manager advierte al operador que frente a un pedido con orden de expedición inmediata, nunca debe detener la línea. En el caso de que aparezca un defecto al procesar un pedido con orden de expedición inmediata, el operador se encontrará atrapado en un dilema: si detiene la línea se meterá en problemas, si no detiene la línea, también se meterá en problemas.

Si el operario le pidiera al superior que le ayudase a resolver la aparente contradicción, un manager esquizofrenizante podría responder: "En esta planta, los hombres inteligentes y autónomos llegan lejos, pero los que se ponen 'pesados' son despedidos. Los inteligentes se las arreglan solos, mientras que los otros no. ¿Soy claro?". En este punto, el operario "comprenderá" que le conviene jugar de acuerdo con esas reglas, aun cuando ellas siempre lo condenen a perder.

Los jefes pueden poner a los empleados en dilemas, cuando para amenazarlos usan su autoridad, pero los empleados también pueden poner a los jefes en dilemas. Un empleado resentido puede "castigar" a su jefe retirando su colaboración o hasta saboteando el trabajo. Este poder le da la capacidad de encerrar a su jefe en un doble vínculo.

Típicamente, los empleados ponen a sus jefes en dificultades cuando piensan:

- si no me da todos los recursos que quiero, no creeré en sus declaraciones de apoyo. Si me da todo lo que quiero, le pediré más;
- si no me garantiza que mis fracasos no me traerán consecuencias, no asumiré ningún riesgo. Si me da esas garantías, no me preocuparé por ser prudente;
- si no hace lo que recomiendo, lo consideraré autoritario y autocrático. Si lo hace, lo consideraré débil e indeciso;
- si me exige, lo consideraré insensible y abusador. Si no me exige, actuaré según la ley del menor esfuerzo.

Estos dilemas son los que hacen que ciertos managers elijan "abdicar" a su posición de autoridad y control explícito, para manipular a sus empleados mediante estrategias solapadas. Como explicamos en el Capítulo 6, "Del control unilateral al aprendizaje mutuo", esto sólo genera escaladas de resentimiento y falta de colaboración.

Los costes de las rutinas defensivas

Las rutinas defensivas pueden causar estragos en todo tipo de organización, desde una corporación multinacional hasta una empresa familiar. No sólo atentan contra los resultados económicos; también perjudican las relaciones entre las personas y su salud mental. "Las comunicaciones de doble vínculo impiden que emerjan tanto la confianza mutua como la iniciativa", escriben de Vries y Miller, "estimulan el rencor, esconden los conflictos y propician una atmósfera de falso consenso. Para los subordinados, lo más fácil es rendirse y renunciar a toda iniciativa. La parálisis en la acción se vuelve un lugar común."

Las rutinas defensivas conducen a la manipulación y a los juegos políticos. Los miembros de la organización están más interesados en mantenerse a cubierto (salvar las apariencias), que en solucionar los problemas. Sus principales esfuerzos tienen por objeto aumentar su influencia, evitando la posibilidad de ser descubiertos en un error. El objetivo principal no es evitar el error. El objetivo es evitar que *se descubra* cualquier error. Como "la mejor defensa es el ataque", la mejor manera de no llamar la atención sobre las propias acciones es buscar culpas en las acciones de los demás. Las interacciones se vuelven desconfiadas y paranoicas.

Argyris escribe: "A medida que los participantes propagan y perpetúan las rutinas defensivas, las inconsistencias, los artificios y la ceguera para con el propio ejercicio de esas rutinas, se vuelven parte de la trama de la cultura organizacional".

Síntomas de esquizofrenia organizacional

1) *Cultura de la víctima*: la gente busca (y encuentra) defectos en la organización, sin aceptar ninguna responsabilidad para encarar su corrección.

2) *Negatividad*: la gente acentúa lo negativo y le quita todo relieve a lo positivo.

3) *Triunfalismo hipócrita*: la gente declara valores y objetivos que sabe que son imposibles de poner en práctica, y actúa como si esos valores y objetivos fueran posibles, atacando a quienes cuestionan su factibilidad.

Cuando las relaciones entre los miembros de la organización se vuelven esquizofrénicas y de enfrentamiento, la organización cae en una parálisis depresiva. Esta parálisis hace que los errores crezcan y se intensifiquen, lo que obliga a realizar aún mayores esfuerzos para ocultarlos y resta más energía a su atención y corrección. En el extremo, la organización naufraga hacia un abismo material y psicológico, arrastrando a quienes no la abandonan a tiempo.

Pseudo-comunidad

En su trabajo con grupos, Scott Peck[5] descubrió un patrón de comportamiento similar al que Argyris observó en corporaciones. Al inicio de su relación, las personas se comportan "como si" fueran una verdadera comunidad. Todo el mundo se lleva bien y se relaciona amigablemente. El problema es que esta "amistad" superficial tiende a soslayar temas difíciles o de enfrentamiento. Aunque la gente aparenta estar en buenas relaciones, existe un desasosiego, una cierta ansiedad. Se percibe un sentimiento de que el equilibrio del grupo es inestable.

Esta inestabilidad es similar a la de la primera etapa del "camino del héroe" descrito en el Capítulo 3, "Aprendiendo a aprender". Existen en el grupo fuerzas subterráneas no integradas —disonancias, agresividad, diferencias, juicios negativos, etc.— que amenazan con destruir la (ilusión de) armonía existente. Las apariencias engañan: aunque las máscaras sonrían, las caras detrás de ellas no son felices. Pero el grupo quiere mantener la semblanza de unidad, aun al precio de la hipocresía. Por eso desarrolla rutinas defensivas, llamadas a veces "normas de cortesía", que destierran las diferencias a un rincón oscuro donde nadie les presta atención.

Incluso los terapeutas profesionales caen en esta trampa de la pseudo-comunidad. Peck describe una experiencia desconcertante que tuvo con un grupo de psicólogos. "Los participantes trataron de crear una comunidad instantánea", relata, "siendo extremadamente gentiles los unos con los otros y evitando todo desacuerdo (...) Me quedé completamente sorprendido cuando me encontré con la pseudo-comunidad; especialmente porque había sido creada por expertos que habían hecho muchísimo trabajo psicoanalítico sobre sí mismos. En pocos minutos estaban compartiendo detalles profundos e íntimos de sus vidas. Y durante el primer recreo, ya se estaban abrazando. Bah, comunidad instantánea." Por supuesto, la comunidad instantánea no existe. Lo que existe es una serie de rutinas defensivas que generan la pseudo-comunidad.

Esta tensión entre una superficie apacible y un fondo de conflictos reprimidos desencadena la segunda etapa del proceso comunitario; Scott Peck la describe como "caos". En esta fase, las disonancias irrumpen en escena. Aparecen las disputas, los argumentos cortantes, los antagonismos. La "paz" preexistente parece haber sido destruida, pero como vimos en el camino del héroe, lo único destruido es la ilusión de paz. Quien no comprende el proceso de desmantelamiento de las rutinas defensivas experimenta la desilusión como una involución; quien tiene una visión sistémica, sabe que esto es en realidad un desarrollo. Los primeros empuñarán argumentos conservadores, clamando la vuelta a los tradicionales "buenos tiempos de antaño"; los segundos se mantendrán serenos, sabiendo que el caos es un pasaje iniciático hacia la madurez comunitaria.

La tercera etapa es la de "silencio". Según Peck, el grupo ha llegado al final de su paciencia. Ya no quedan fuerzas para aparentar. La gente está confundida, desorientada, desilusionada. Este es un momento definitorio, donde la disolución está a la mano. Si los miembros rehúsan afrontar esta crisis como un desafío personal, si no la toman como una invitación ineludible a expandir su conciencia para aceptar al otro como legítimo en sus diferencias, el grupo morirá. Por otro lado, si cada persona se torna hacia su interior, encontrando un respeto incondicional por sí mismo y por todos los demás, el grupo evolucionará hasta la última etapa, constituyéndose en una verdadera comunidad.

Una dinámica similar, dice Stephen Covey[6], se da en el seno de la familia. En una primera etapa, la relación entre padres e hijos es de dependencia. La rebelión adolescente inaugura un período de caos, que termina en el silencio (desconexión) de la independencia. La madurez final ocurre con el descubrimiento de la inter-dependencia. Cada una de estas transiciones trastorna el equilibrio previo, por lo que suelen vivirse con angustia. Simultáneamente, cada una de estas transiciones es vital para la evolución de la familia. En la vida organizacional, se da un fenómeno paralelo. La desactivación de las rutinas defensivas trastorna la semblanza de serenidad previa, disparando fuerzas reactivas que intentan conservar el *statu quo*. Por eso, al iniciar todo proceso de cambio, es fundamental comprender que la ansiedad e incertidumbre son elementos necesarios para el crecimiento.

De la misma forma que un buen padre comprende que el distanciamiento del adolescente es un hito en su desarrollo (y el de la relación padre-hijo), un buen manager comprende que las turbulencias ocasionadas por el desmantelamiento de las rutinas defensivas son un hito en el desarrollo de la organización.

Cómo desactivar las rutinas defensivas

La vida organizacional está plagada de inconsistencias, ambigüedades, dilemas y contradicciones. Uno quiere que sus empleados asuman riesgos, pero no quiere que se equivoquen; uno quiere que le cuenten los problemas, pero prefiere no recibir malas noticias; uno quiere que comprendan claramente sus instrucciones, pero no quiere que le roben demasiado tiempo con preguntas, y así siguiendo.

¿Quién es el "inocente" que se anima a tirar la primera piedra? ¿Quién puede decir que jamás emitió un mensaje contradictorio? Cada uno puede reconocer en su interior las inconsistencias que hay entre sus propios deseos y entre estos y sus acciones. Por fortuna, tales inconsistencias no condenan necesariamente a las personas a crear entornos esquizofrénicos.

El activador fundamental de un doble vínculo no es el dilema original, sino la ausencia de meta-comunicación, la incapacidad para analizar en conjunto la comunicación, lo que llamamos "indiscutibilidad". El problema no es que existan inconsistencias, ambigüedades y contradicciones; el problema es que tales inconsistencias, ambigüedades y contradicciones son *indiscutibles*. En una rutina defensiva es imposible manifestar los dilemas o cuestionar la coherencia de aquello que para uno parece inconsistente. (Peor aún: uno ni siquiera puede expresar su dificultad para discutir el mensaje o pedir explicaciones sobre la directiva recibida. La meta-meta-comunicación tampoco es factible; la indiscutibilidad en sí misma es indiscutible.)

Por consiguiente, la mejor estrategia para desactivar un doble vínculo es exponerlo, y convertirlo en tema central de la comunicación (en vez de su trasfondo). Parafraseando a Gregory Bateson, toda comunicación puede ser mágicamente modificada si es acompañada de una meta-comunicación. En tanto la contradicción no es reconocida, tiene poder absorbente. Pero cuando sale a la luz, la conversación no puede continuar como si nada ocurriera. Esta interrupción abre el espacio de la meta-conversación, la conversación que posibilita disolver el doble vínculo.

Resulta fácil considerar al victimario como el único agente (causante activo) de este doble vínculo, y a la víctima como participante pasivo. Esta visión proporciona un cómodo mapa moral que clasifica a las personas en buenas y malas, culpables e inocentes. El problema es que la inocencia se adquiere a expensas del poder. Si el único causante del doble vínculo es el victimario, también él es el único que puede dejar de producirlo. En esta interpretación, la víctima queda sin poder efectivo para cambiar nada.

El doble vínculo es un fenómeno sistémico en el cual ambos, la víctima y el victimario, necesitan representar sus papeles. Si alguno de los participantes se sale de su patrón, des-cubriendo la trama del juego, las rutinas defensivas pierden su poder. Basta que haya una sola persona con conciencia y valentía, para romper el círculo vicioso de ineficiencia, alienación y sufrimiento. No importa cuán difícil aparezca la situación, el ser humano siempre tiene capacidad para responder, capacidad para elegir entre conciencia o ceguera, empatía u odio, compasión o juicio, valor o cobardía. Para deshacer el doble-vínculo es necesario partir de la premisa: "Si estoy sufriendo, es mi problema; nadie tiene tanto incentivo como yo para detener este sufrimiento, por lo que me corresponde hacer algo al respecto".

El principio operativo es que quien tiene la conciencia del problema, tiene también la capacidad de responder a él, la *respons-habilidad*. Si es el victimario quien se da cuenta del dilema en el que está poniendo a sus víctimas, él puede prestar atención al problema y modificar la situación usando su autoridad. Si es la víctima quien se da cuenta del dilema (esta es la situación más corriente, ya que el sufrimiento es un fuerte "despertador"), necesitará ciertas habilidades extra, dado que no tiene la misma autoridad que el victimario para desarticular las amenazas y la indiscutibilidad.

Las rutinas defensivas se resuelven disolviéndolas. Es imposible deshacer una contradicción, ya que la contradicción no es un objeto, sino una forma de dar sentido (o mejor dicho, de no poder darlo) a un mensaje. Todo dilema es una interpretación de quien no puede compatibilizar las premisas que lo producen. Que alguien encuentre o no congruencia entre las distintas partes de un razonamiento, depende de las creencias y supuestos de quien lo analiza. Por ejemplo, "mayor producción con menos recursos" suena paradójico hasta que uno considera la posibilidad de aumentar la productividad. O "mayor calidad a menor coste" es algo carente de sentido hasta que uno abandona el supuesto de que la calidad es sólo función de la cantidad de inspectores que controlan los productos terminados. Precisamente, los dilemas aparentes son los que fuerzan los cambios de paradigmas. La clave está en volver discutibles a esos dilemas.

Proceso para discutir lo indiscutible

Una metodología para meta-conversaciones responsables sobre las rutinas defensivas puede seguir los siguientes pasos.

a) **Preparación individual**. Antes de iniciar la conversación, tómese un momento para centrarse y respire profundamente. Pregúntese cuál es el dilema en que se encuentra y cómo lo afecta. Considere también en qué forma su comportamiento personal podría afectar al otro. Pregúntese por qué quiere tener la conversación, qué quiere resolver, o qué quiere conseguir. Verifique si sus propósitos (tarea, relación, identidad) son congruentes con sus valores personales y revalide el compromiso consigo mismo de comportarse de manera que lo enorgullezca. Recuerde que en la contradicción se halla la clave para mejorar su efectividad, optimizar su relación con el otro y comportarse con integridad, aun en circunstancias difíciles.

b) **Definición de contexto**. Al iniciar la conversación, explique a su interlocutor cuál es su intención y pregúntele si él está dispuesto a conversar sobre el problema. Trate de adoptar una actitud "de servicio", enfatizando de qué forma la dificultad no es sólo suya, sino que también afecta a su interlocutor. Por ejemplo: "Al no saber si usted quiere que lo consulte o no, puedo llegar a tomar decisiones sin poner en su conocimiento asuntos en los que usted habría querido participar..." Verifique que la situación (tiempo, lugar y otros factores de contexto) sea la adecuada para la conversación. Si el momento es oportuno para los dos, siga adelante; si no lo es, intente fijar una cita a conveniencia de ambos, para hablar del tema.

1. **Exposición de la contradicción y sus efectos**. Presente su interpretación de las premisas contradictorias, reconociendo que es *su* interpretación, que tal vez sea incompleta o tenga bases falsas. Explique que, según su comprensión, frente al pedido que escucha, usted no sabe cómo actuar en forma congruente. Es fundamental que asuma responsabilidad por esta interpretación. No es que las premisas sean paradójicas en sí mismas, sino que usted no entiende la lógica por la cual pueden hacerse compatibles. Explique los efectos perniciosos (para el otro y para usted) de esta situación, y pida ayuda. Podría decir, por ejemplo: "Por un lado, escucho que satisfacer al cliente es nuestra primera prioridad; por otro lado, recibo un tirón de orejas cada vez que le doy a un cliente algún beneficio sin coste adicional. No sé cómo comportarme entonces, ya que estos regalitos son los que a mi entender deleitan a nuestros clientes. Me ayudaría muchísimo conocer su enfoque. ¿Cómo ve usted la situación?".

2. **Indagación**. Pregunte a su interlocutor sobre sus interpretaciones, datos, razonamiento, intereses y pedidos concretos. Recuerde que usted no está tratando de "probar" que las premisas son contradictorias, sino de entender la perspectiva del otro, de actuar con efectividad y de reducir su estrés.

3. **Escucha (en silencio) y verificación de comprensión**. No interrumpa a su interlocutor. Déjelo explayarse, escuchándolo en silencio. Al final, haga un resumen y verifique si entendió preguntándole si lo captó bien. Si lo que escuchó tiene sentido para usted, verifique que las consecuencias para la acción que usted deduce son congruentes con las expectativas de su interlocutor. Si el enfoque del otro sigue sin tener sentido para usted, vuelva al punto 1 diciendo: "Su pedido aún no me resulta claro...". Un ejemplo sería: "Le pido disculpas si le parezco demasiado insistente, pero aún no entiendo cómo puedo saber si quiere que lo consulte o no en un caso determinado. Soy consciente de que usted tiene muchísimas responsabilidades y no quiero robarle más tiempo del necesario, pero si voy a serle útil, es importante aprender los criterios a seguir para decidir si elevarle o no un tema".

4. **Desafío a la indiscutibilidad (opcional)**. Si su interlocutor intenta cerrar la conversación sin despejar sus dudas, veladamente lo acusa de hostigamiento, o lo amenaza, insista en que su objetivo no es agresivo ni irrespetuoso, sino todo lo contrario. Lo que usted está tratando de descubrir es cómo servir mejor a su jefe (cliente, cónyuge, etc.) Esta técnica se llama *one down* e implica ponerse "por debajo" de la autoridad del otro, intentando sólo ser

servicial. Las preguntas no se orientan a confundir al otro, sino a pedirle que despeje la confusión que uno experimenta al tratar de ayudarlo. (Es absolutamente fundamental no usar esto como una triquiñuela. Para que funcione, la única manera es que la intención de servicio sea honesta.)

5. **Autoprotección material y psicológica (opcional)**. Cuando las estrategias condicionales fallan, lo que queda es perseguir los objetivos incondicionales. Los objetivos condicionales o de resultado son aquellos que requieren de la cooperación de factores externos, o sea los que están fuera del control de la persona. En este caso, por ejemplo, algunos objetivos condicionales podrían ser: entender al otro, establecer una mejor relación de trabajo, recibir ayuda, etc. Los objetivos incondicionales o de proceso son aquellos que no dependen de ningún factor externo a la voluntad de la persona. En este caso, por ejemplo, algunos objetivos incondicionales podrían ser comportarse con integridad, expresar las dificultades en forma respetuosa, escuchar al otro con buena voluntad, mantener una actitud de servicio, etc.

Tres objetivos incondicionales particularmente importantes son: preservar el bienestar material, preservar la integridad y preservar la salud mental. Si el interlocutor persiste en impedir la conversación mediante ataques o amenazas, uno siempre puede elegir "retirarse", reconociendo que no hay espacio para resolver el problema. A esa altura, uno puede elegir quedarse en su trabajo, a sabiendas de que periódicamente tendrá que soportar ciertos "castigos" por fallar; o renunciar e irse. Una tercera opción puede ser considerar opciones para marcharse en caso de necesitarlo. Aceptar la realidad con compasión por uno mismo y por el otro ("¿**Puedes** imaginarte lo difícil que ha de ser vivir así, amenazando a todo aquel que no te entienda?"), a sabiendas de que uno siempre, siempre, tiene opciones. Esta capacidad incondicional para responder es la última línea en la defensa de la salud mental del ser humano.

Ejemplo

En la historia inicial, Mercedes podría indagar sobre algunas de las contradicciones que percibió entre el discurso de Claudia y los dichos de sus empleados. Cuando escuchó decir a su nueva jefa que ella quería oír sugerencias y después supo por sus empleados que lo más conveniente era no sugerirle nada, Mercedes podría haberle preguntado:

—Claudia, para mí es muy importante comprender en qué forma usted espera que la ayude en su tarea. Cuando dice que quiere oír mis sugerencias, escucho que está expresando interés en mis ideas y que me pide que se las ofrezca. ¿Correcto?

—Correcto –replica Claudia.

—Por otro lado –podría continuar Mercedes–, he oído que algunas personas que le han traído críticas y recomendaciones no tuvieron una recepción del todo feliz, como el caso de Norberto, por ejemplo. ¿Está de acuerdo?

—Sí.

—Bueno, ahora necesito su ayuda. Quisiera hacerle mis sugerencias sin repetir los errores de otros. ¿Qué hicieron ellos para fracasar y qué podría yo hacer, que fuera distinto, para serle más útil?

En este punto, Claudia podría tomar cualquiera de estos dos caminos: aflojarse o endurecerse.

De aflojarse es posible que exprese:

—Es cierto Mercedes, a veces tengo poca paciencia y soy algo áspera. Pero la verdad es que odio que traten de mandarme, ¡especialmente mis empleados! Ya que mencionó el ejemplo, déjeme contarle qué pasó con Norberto. Él no vino a mi oficina con una sugerencia, sino con una demanda. Con tono exigente me dijo que "así, las cosas no podían seguir" y que "urgentemente tenía que reducir la carga de trabajo de la gente o alguien iba a tener un *surmenage* por mi culpa". Respiré hondo y le pedí que me explicara el problema. ¿Sabe cuál fue su respuesta? "El problema es que usted nos vuelve locos", me dijo, "debe ser menos exigente". En ese momento perdí la paciencia y lo saqué de mi oficina de una oreja. Pero lo que me molestó no fue que me viniera a contar lo que él percibía como un problema. Lo que me sacó de las casillas es que llegó con aire de prepotencia a decirme qué tenía que hacer. Como si él fuera el jefe y yo la empleada. ¿No le parece exasperante?

(Este caso es un excelente ejemplo de cómo los empleados pueden atrapar a su jefe en un "doble vínculo". Según explica Claudia, Norberto no fue a "ofrecerle una sugerencia" sino a "demandarle obediencia". Sin embargo, la negativa –tal vez demasiado enérgica, pero en cierta forma justificada– de Claudia es inmediatamente interpretada como un abuso de poder y una contradicción flagrante a sus declaraciones de invitación a la participación. Si Claudia quisiera modificar esta deriva cultural necesitaría llamar a una reunión y plantear su dilema ante el equipo.)

De endurecerse, Claudia podría decir:

—Vea, Mercedes, no me gusta repetir mis instrucciones. Estas son perfectamente claras. Siga mis reglas y nos llevaremos estupendamente bien. No preste atención a los chismes de Radio Pasillo.

En este punto, Mercedes podría responder:

—Discúlpeme Claudia, tal vez sea una tonta, pero prefiero sentirme así ahora y no defraudarla en el futuro. Sus instrucciones pueden ser perfectamente claras, pero yo todavía no las entiendo.

Si Claudia le pregunta: "¿Qué no entiende?", seguiría una meta-conversación. Si Claudia se atrinchera aún más, y dice algo así como "Usted puede sentirse como una tonta porque está actuando tontamente, no tengo tiempo para estas pamplinas; adiós", Mercedes haría bien en retirarse y pensar seriamente si quiere trabajar para una jefa capaz de poner en peligro su salud mental.

Si se queda o se va será su decisión. Pero cualquier cosa que Mercedes haga, será elegida desde una posición de conciencia y responsabilidad. Ella podría decirse: "No me gusta nada cómo Claudia trata a la gente, pero este trabajo es muy importante para mí; suficientemente importante como para que esté dispuesta a soportar a Claudia por ahora. Si no necesitara tanto este trabajo, me iría de inmediato. Pero en este momento esa no es una opción que pueda tomar; tendré que aprender a trabajar con ella, minimizando el daño que pueda causarme hasta que encuentre (o desarrolle) alguna oportunidad mejor. Mientras tanto, haré todo lo que pueda para trabajar a su servicio con la mayor efectividad".

Estas ideas de Mercedes probablemente no cambien por sí mismas la actitud de su jefa, pero evitarán que se sienta atrapada. El bienestar psicológico de Mercedes estará mejor resguardado y ella podrá soportar posibles incidentes, sin caer en el resentimiento ni en la resignación.

Ella podría aceptar que, por el momento, elige quedarse, pero que eso no la pone en un callejón sin salida. Su elección está al servicio del desarrollo de nuevas posibilidades. Así, Mercedes deja de ser una víctima y se convierte en la protagonista de su vida.

Un cuento de Bertold Brecht ilustra cómo es posible preservar la integridad, la dignidad y la salud mental aun en situaciones de extrema dificultad. Durante la Segunda Guerra Mundial, un estanciero polaco fue apresado por los nazis. Un oficial invasor tomó posesión de su casa y le dijo: "Hoy me siento magnánimo, así que en vez de mandarte a un campo de concentración, te haré una oferta. Si quieres seguir con vida, tendrás que obedecerme. A partir de este momento, serás mi sirviente. Dormiré en tu casa y tú dormirás en el establo. Lustrarás mis botas y lavarás mi ropa. Cocinarás y limpiarás para mí. Si no lo haces, te mataré. *¿Aceptas mi oferta?*". El dueño de la estancia bajó la cabeza y se retiró en silencio. Durante los siguientes cuatro años vivió en el establo y fue el sirviente del nazi; lustró sus botas y lavó su ropa, cocinó y limpió. Pero llegó el día en que Polonia fue conquistada por el ejercito soviético. Mientras los soldados rusos se llevaban preso al oficial nazi, pasaron junto al estanciero. Este levantó su cabeza y, mirando al nazi a los ojos le dijo: *"No"*.

Block, Barnes & Co

Si Claudia y su equipo hubiera sido capaces de establecer una cultura libre de rutinas defensivas, el primer día de trabajo de Mercedes habría sido muy distinto.

El personal de investigación en Block, Barnes & Co, se junta en la sala de reuniones para su encuentro semanal. Claudia inicia la reunión:

—Bienvenidos –dice–, especialmente a nuestra nueva investigadora asociada, Mercedes Anderson.

Un coro de bienvenida saluda a Mercedes.

—Mercedes –explica Claudia–: en Block, Barnes & Co tenemos una forma particular de comenzar nuestras reuniones. La llamamos *check-in*.

Claudia explica qué es un check-in:

—Se trata de una manera de asegurarnos de que nuestras mentes están realmente aquí, en lugar de flotar quién sabe por dónde, y de que en la reunión nos ocupemos de las cosas que verdaderamente nos importan. (Ver el Capítulo 8, Tomo 2, "Check-in".) Claudia comienza la ronda, y luego cada persona en la sala expresa lo que le preocupa.

Cecilia dice:

—Me siento frustrada con el proyecto Tokai. Acabo de conseguir cierta información que orienta la investigación en una dirección totalmente distinta. O renegociamos con ellos, o necesitaré ayuda para cumplir con el plazo de entrega. Podría seguir adelante como si nada y terminar a tiempo, pero el trabajo será de mala calidad. Estoy en un apuro: o hago lo correcto para el cliente y llego tarde, o me hago la distraída y llego a tiempo sin pedir ayuda. No sé qué hacer.

Gustavo sigue:

—El check-in de Cecilia me recuerda la conversación que ella y yo tuvimos ayer sobre la carga de trabajo. Le comentaba mi preocupación por todas las veces que tengo que quedarme a trabajar fuera de hora, e incluso venir los fines de semana. Pero lo peor es que durante esas ocasiones, descubro que casi todos estamos en la oficina. Me preocupa que estemos trabajando "hasta que las velas no ardan". Esta puede ser una solución en el corto plazo, pero si seguimos así, los que vamos a arder somos nosotros, y ahí sí que vamos a tener serios problemas...

Debido a los check-in de Cecilia y Gustavo, Claudia decide enfocar el resto de la reunión en las cargas de trabajo:

—Yo también estoy preocupada por el tema. Aunque quiero que seamos productivos, no quiero que nos quememos y terminemos produciendo investigaciones de mala calidad.

El equipo considera la situación y aparecen una variedad de comentarios. Claudia alienta a cada persona a presentar su óptica personal y sus sugerencias. Hasta Mercedes ofrece algunas ideas a partir de sus experiencias en su anterior empleo. Hacia el final de la reunión, el equipo toma varias decisiones dentro de su esfera de influencia y Claudia se lleva una lista de opciones que escapan a su autoridad, para negociar con su jefe.

Al salir de la sala de reuniones después del check-out, Claudia le explica a Mercedes:

—La reunión de hoy fue un poco más agitada que lo normal, aunque igualmente imprevisible. Nunca se sabe qué pasará cuando destapamos la olla en el check-in.

—Me impresiona el sentido de equipo que tienen –responde Mercedes–. No estoy acostumbrada a que los temas difíciles se traten con tanta apertura. Tengo la sensación de que aquí las personas son valoradas como profesionales y como seres humanos.

—Así es –responde Claudia–. Tratamos de mantener los canales de comunicación abiertos. Cuando tenemos problemas, los informamos, corregimos, y seguimos adelante sin resentimientos. Aprendimos, a un alto precio, que lo que no se habla en la reunión se habla en los pasillos. Es preferible no andar con chismes y decir nuestras verdades cara a cara, de manera honorable. Creo que esta es la mejor manera de trabajar y convivir...

Referencias

1. Argyris, Chris: *Overcoming Organizational Defenses,* op. cit.
2. Argyris, Chris y Schön, Donald: *Theory in Practice,* op. cit.
3. Kets de Vries, Manfred F.R. y Miller, Danny: *The Neurotic Organization,* Jossey-Bass, San Francisco, 1984.
4. Bateson, Gregory: *Pasos hacia una ecología de la mente,* op. cit.
5. Peck, Scott: *The Different Drum: Community Making and Peace,* Touchstone, 1998.
6. Covey, Stephen: *Los siete hábitos de la gente altamente efectiva,* op. cit.

ACERCA DEL AUTOR

EL DR. FREDY KOFMAN obtuvo su Licenciatura en Economía en la
Universidad de Buenos Aires (1984), y su PhD en Economía en
la Universidad de California, Berkeley (1990). Es fundador y
presidente de *Leading Learning Communities Inc.* (Liderazgo de
comunidades de aprendizaje), consultora internacional en temas de efectividad organizacional y maestría personal.

En 1984 y 1985 fue profesor de Crecimiento Económico en
la Facultad de Ciencias Económicas de la Universidad de Buenos
Aires. Desde 1990 hasta 1995 fue profesor de Sistemas de Infor-
mación Contable y Control de Gestión en la Escuela de Negocios
Sloan del MIT e Investigador Senior del Organizational Learning
Center del MIT dirigido por el Dr. Peter Senge. El Dr. Kofman y el
Dr. Senge han conducido juntos decenas de seminarios en los Es-
tados Unidos, Venezuela, Perú, Chile y Argentina.

Desde 1996, el Dr. Kofman se dedica a la formación de ejecutivos y al desarrollo de la conciencia en los negocios –y en la
vida– a través de *Leading Learning Communities*. Su actividad académica se concentra en el *Integral Institute (I-I)*, fundado por el filósofo norteamericano Ken Wilber. El Dr. Kofman y Ken Wilber
(y otros cuatro ejecutivos) están elaborando un modelo de liderazgo integral basado en el desarrollo cognitivo, emocional y espiritual de la persona.

El Dr. Kofman ha sido reconocido como Instructor Sobre-
saliente por la Universidad de California en 1988, Profesor So-
bresaliente del MIT en 1992 y Profesor del Año de la Escuela de
Negocios Sloan en 1993. En 1990, su tesis "Teoría de contratos
óptimos bajo riesgo de colusión", obtuvo el premio internacional de la *Review of Economic Studies* como uno de los nuevos desarrollos más significativos en el campo de la teoría económica.

Su ensayo "Communities of Commitment", en co-autoría con Peter Senge, ha sido publicado en más de 10 revistas especializadas y libros en los Estados Unidos, Latinoamérica y Europa. Otras de sus obras han sido publicadas en *La quinta disciplina en la práctica*, y en periódicos científicos como *Management Science, The Journal of Organizational Behavior, Econometrica, The Journal of Industrial Economics, The Journal of Public Economics* y *The Systems Thinker*. Su trabajo de explicación y extensión del modelo wilberiano ha sido publicado electrónicamente en www.worldofkenwilber.com.

El Dr. Kofman ha desarrollado programas sobre liderazgo, aprendizaje en equipo, maestría personal y efectividad organizacional para más de cinco mil managers de compañías como General Motors, Chrysler, Ford, EDS, Detroit Edison, Shell, Intel, Hewlett-Packard y Phillips en los Estados Unidos y en Europa. En América Latina sus ideas han sido llevadas a cabo en empresas como Grupo Clarín, EDS, Citibank, Microsoft, Grupo Techint, Sociedad Comercial del Plata, Telecom Argentina, Molinos Río de la Plata, Banco Río, La Nación, Ferrum, FV, Miniphone, Banco Boston, Banco Francés, Gancia, Pluspetrol, American Express y Grupo HSBC.

Más allá del ámbito empresario, el Dr. Kofman ha creado un programa de crecimiento personal y comunicación efectiva para individuos, familias y pequeñas organizaciones. Basado en los contenidos de *Metamanagement*, "Vida, Libertad y Conciencia" apunta al desarrollo de una conciencia libertaria en el ámbito personal, interpersonal, social y espiritual.

Fredy Kofman es argentino y vive en Boulder, Colorado, EE.UU., con su esposa Katherine Fellows-Kofman y sus seis hijos: Janette, Sophie, Rebecca, Tomás, Paloma y Michelle. Cuando no está haciendo consultoría o escribiendo, suele encontrárselo en retiros de meditación, corriendo maratones o escalando y esquiando en las montañas.

Para obtener mayor información sobre *Metamanagement* y las actividades de Fredy Kofman comunicarse con Leading Learning Communities, Viamonte 1454, 2° Cuerpo, 10° piso, Oficina 'E', C1055AAB, Buenos Aires, Argentina; teléfonos: (+5411) 4775-9228 y 4777-6765; fax: (+5411) 4775-9841; e-mail: luisk@velocom.com.ar; y website: www.leadlearn.com.ar.

Este libro se terminó de imprimir en el mes de enero de 2003
en los Talleres Gráficos Color Efe, Paso 192, Avellaneda,
Buenos Aires, Argentina.